Theorie des Aufstands

Emilio Lussu

Theorie des Aufstands

Europaverlag

Titel des italienischen Originals *Teoria dell'insurrezione*

Übersetzt von Anton Zahorsky-Suchodolsky und Gertraud Kanda

Lektorat Gertraud Kanda

Umschlag von Georg Schmid
© 1969 by Jaca Book Milano
Deutsche Rechte 1974 by Europa Verlags-AG Wien
Printed in Austria
Gesetzt im Filmsatzzentrum Deutsch-Wagram
Druck Elbemühl Wien
ISBN 3-203-50439-1

Inhalt

Ist Revolutions-Nostalgie zeitgemäß?	7
Einleitung zur italienischen Ausgabe	12
Vorwort zur in Frankreich erschienenen Ausgabe . . .	13
Über den Aufstand	17
Lenins Theorie des Aufstands	23
Der Blanquismus	30
Der Aufstand Mazzinis	39
Die Überlegenheit der Zahl	46
Zahlenmäßige Überlegenheit und Hauptziel	53
Die Masse	60
Das Kleinbürgertum	67
Die Bauern	74
Erste Unterstützung durch die Massen	81
Kampfparolen	86
Krieg und Aufstand	92
Tyrannenmord und Terrorismus	100
Die bewaffnete Avantgarde	107
Organisation der bewaffneten Avantgarde	114
Revolutionäre Disziplin	122
Aufstand und Heer	129
Defensive: Der Aufstand des Schutzbunds	138
Die Führung der Offensive	151
Asturien	159
Die Wahl des Zeitpunkts	167
Das Komplott	175
Planung und Aktion	182
Barrikaden	187
Der Aufstand auf dem Land	193
Realisierung des Sieges	199

Ist Revolutions-Nostalgie zeitgemäß?

> Verärgerte Bürgerliche sind
> noch keine Revolutionäre.
> *Kurt Tucholsky*

Die Frage nach der Aktualität einer *Theorie des Aufstands* drängt sich auf. Sie ist mehr als berechtigt angesichts des Umstands, daß der Begriff *Aufstand* drauf und dran ist, aus dem geistigen Gesichtskreis vieler Mitteleuropäer eliminiert zu werden. In neueren Nachschlagewerken – eine nicht unwesentliche Indikation – kommt er nicht mehr vor. An seiner Stelle sozusagen findet sich, offenbar absichtslos, das Stichwort *Aufstieg, sozialer*.

In den zwanziger Jahren gab es in den Lexika immerhin noch die nicht ganz stubenreine Gedankenverbindung »Aufstand sv. w. Aufruhr«, worunter man zu verstehen hatte: ». . . jede Zusammenrottung, bei der gegen die gesetzmäßige Tätigkeit der Träger öffentlicher Gewalt gewalttätiger Widerstand geleistet wird.« Freilich fehlte eine kritische Definition der *gesetzmäßigen Tätigkeit* der Träger *öffentlicher Gewalt*. Ganz zu schweigen davon, daß man offenkundig keinerlei Anstoß an der Formel *öffentliche Gewalt* nahm. (Die Schöpfer der österreichischen Bundesverfassung waren immerhin so sensibel, den Begriff *Gewalt* in der Präambel durch die Vokabel *Recht* zu ersetzen, was vierzehn Jahre danach die *öffentliche Gewalt* durchaus nicht hinderte, ihrem Namen alle Unehre zu machen.) Solche Gewalt hat nichts zu fürchten, solange sie nicht überwunden ist. Auf ihr Recht pochende *Aufrührer* hingegen müssen stets damit rechnen, daß »schon die Teilnahme an einer öffentlichen Zusammenrottung, bei der Widerstand gegen die Staats*gewalt* . . . mit vereinten Kräften geleistet wird« zuchthausreif inkriminabel ist.

Soweit also der lexikalisch erhobene Zeigefinger, erhoben sozusagen in Abwesenheit der Weltgeschichte, deren Lokomotiven . . . (aber das ist ja, gottbehüte, von Marx). Von der Gewalttätigkeit der öffentlichen Gewalt ist in den öffentlichen Informationsfibeln zur Zeit nicht die Rede. Da unterscheidet man den »gewaltsamen Umsturz von unten«, die Revolution, vom Umsturz von oben, der schlicht verharmlosend, unter Weglassung des Hinweises auf immerhin mögliche Gewaltsamkeit, als *Staatsstreich* bezeichnet wird. Solche Neckischkeit erfolgt angeblich zur Durchsetzung und Festigung einer neuen *Ordnung*. Im Gegensatz dazu zielt der »gewaltsame Umsturz« auf die Umwälzung einer bestehenden Gesellschafts*ordnung* ab. Selbstverständlich ist es »nur in ganz wenigen Fällen der Revolution erspart geblieben, mit den Mitteln des Terrors zu arbeiten«. Beim Staatsstreich, für den exakte Angaben in dieser Hinsicht fehlen, ist offenbar die Vokabel *arbeiten* nicht verwendbar. Es hätte also zu lauten: Er kommt selten ohne Terror aus.

Lexikalische Begriffsbestimmungen waren nicht immer so schlimm.

Um 1910 las man es noch anders, da hieß es etwas sachlicher: »Aufstand siehe Aufruhr« und weiter: »Aufruhr (Aufstand, Insurrektion, Tumult), öffentliche Auflehnung, Empörung gegen die Obrigkeit. Erhebung des Volkes . . .« Das ist recht ehrlich, und es enthält sich vor allem wertender Vorurteile (wie etwa: *gesetzmäßige Tätigkeit*).

Was nun die *Obrigkeit* betrifft, die weltliche versteht sich, so hat selbst eine so retardierende Kraft wie die katholische Kirche deren Wertigkeit entschieden vermindert. Galt die längste Zeit jegliche *Autorität* als gottgewollt – selbst wenn sie ein *autoritäres* Regiment führte –, so billigt man nun, mit gewissen ethischen Einschränkungen, den gewaltsamen Widerstand und sogar die revolutionäre Aktion gegen Regime, die ihre Macht inhuman mißbrauchen. In der dabei angewendeten Sicht bleiben die Kriterien freilich unklar, und die moralische Abgrenzung zwischen Toleranz und Gewaltanwendung verfließt wie eh und je. Den Mitteleuropäer ficht solches jedoch nicht an, wenngleich er Revolution samt Konterrevolution manchmal direkt vor das Haus geliefert erhält (wobei die Reihenfolge manchmal propagandistisch unterschiedlich gewertet wird): Ostberlin, Ungarn, Polen – in Wiederholung –, ČSSR. (Ob das in Paris 1968 eine Revolution war?) Der Mitteleuropäer bevorzugt Staaten als Urlaubsländer, in denen die Obrigkeit sich aus wildgewordenen Obristen rekrutiert, wenn sich diese nicht einstweilen zu Generalen gemacht haben sollten. Studentenrevolten im eigenen Land geben höchstens einen Denkanstoß in Richtung passend erscheinender *Notstandsgesetze*.

Kurt Tucholsky hat geschrieben: »Die deutsche Revolution hat im Jahre 1918 im Saale stattgefunden. Das, was sich da abgespielt hat, ist keine Revolution gewesen.« Immerhin hat es für eine Konterrevolution und daran anschließende Reaktion gereicht sowie für einen weiteren Weltkrieg, der auf wechselnden Kriegsschauplätzen immer noch im Gange ist: Korea, Vietnam, Nahost sind – neben anderen – offenbar Phasen eines international gewordenen, überregionalen Bürgerkriegs. Was sich vor einer Generation noch in lokalem oder nationalem Bereich abgespielt hat, scheint nun, eine Stufe höher gehoben, aus dem Zustand spontaner Improvisation in die Sphäre perfekter Planung getreten zu sein. »Bürgerkriege sind auch Kriege. Wer den Klassenkampf anerkennt, der kann nicht umhin, auch Bürgerkriege anzuerkennen, die in jeder Klassengesellschaft eine natürliche, unter gewissen Umständen unvermeidliche Weiterführung, Entwicklung und Verschärfung des Klassenkampfes darstellen.« Diese heute dialektisch verändert aufzunehmende Feststellung Lenins (1916, im Aufsatz *Das Militärprogramm der proletarischen Revolution*) sollte nicht damit beiseite geschoben werden, daß man der Einfachheit halber den Klassenkampf in Abrede stellt, und sei es auch nur deswegen, weil er im engeren Beobachtungsbereich, aus welchen Gründen immer, zur Zeit »im Saale« stattfindet.

Wem Lenin als Kriegstheoretiker nicht zusagen sollte, dem kann auf passende Weise geholfen werden: »Der Krieg ist ein bloße Fortsetzung der Politik mit anderen Mitteln ... *(Er ist)* nicht bloß ein politischer Akt, sondern ein wahres politisches Instrument ... eine Fortsetzung des politischen Verkehrs, ein Durchführen desselben mit anderen Mitteln.« Diese Charakterisierung verdankt die Welt dem preußischen General Karl von Clausewitz (1780–1831). Sie findet sich im Kopfkissenbuch aller Militärs, dem postum von der Generalswitwe publizierten Credo des Militarismus *Vom Kriege*, erschienen 1832. Da nun »Bürgerkriege auch Kriege« sind, ziemt es dem Zivilisten, ohne daß er unbedingt zum Aufruhr neigen muß, sich ernsthaft mit dem Phänomen *Bewaffneter Aufstand* auseinanderzusetzen. Ohne Zweifel hat ihm dabei die Obrigkeit einiges voraus. Sie reagiert seismographisch im Bestreben, ihre *Untrigkeit* von möglicher – selbst theoretischer – Konfrontation fernzuhalten: Als die *Europäische Verlagsanstalt* (Frankfurt/Main 1968) einen Sammelband von Schriften des französischen Revolutionärs Louis Auguste Blanqui (1805–1881) unter dem Titel *Instruktionen für den Aufstand* herausgab, in dem auch das Schnittmodell einer Barrikade abgebildet war, verfiel der Band prompt vorsorglicher Beschlagnahme. Der obrigkeitliche Irrtum war jedoch aufklärbar, und die Bürger durften über den Bürgerkrieg lesen.

Vom Bürgerkrieg und vom Barrikadenkampf handelt auch Emilio Lussus *Teoria dell'insurrezione* und das, ohne der Mode ihrer Erscheinungszeit zu folgen, die manchenorts spöttisch *revolutionäre Gymnastik* genannt wurde. Lussu hält sich weitgehend der tönenden Phrase fern. »Der bewaffnete Aufstand ist die höchste Form des politischen Kampfes des Proletariats ... Der Aufstand ist eine Kunst, ebenso wie der Krieg oder andere Künste *(sic!)* ...«, so zu lesen in der Einleitung eines einschlägigen kommunistischen Lehrbuchs, *Der bewaffnete Aufstand*, in den zwanziger Jahren in Deutschland erschienen. Lussu hat diesen von den sowjetischen Generalen Unschlicht und Tuchatschewski, Ho Tschi Minh und dem deutschen Aufstandsspezialisten Kippenberger verfaßten Band studiert und die darin analysierten Modellfälle in Auswahl kritisch dargelegt. Den Ruhrkampf, die Februarkämpfe des Jahres 1934 in Österreich und den Aufstand der asturischen Bergleute analysierte er eigenständig. Man bedauert heute, daß er eine Auseinandersetzung mit dem chinesischen Bürgerkrieg unterlassen hat, »weil die wirtschaftlichen, politischen und sozialen Verhältnisse Asiens von unseren europäischen doch zu sehr abweichen«. Lussu scheint dabei jenem Vorurteil erlegen zu sein, das Lenin zwei Jahrzehnte zuvor beim Namen genannt hat: »... Was wir Europäer ... mit uns eigentümlichem, niederträchtigem europäischem Chauvinismus ›Kolonialkriege‹ nennen, das sind oft ... Aufstände ... dieser unterdrückten Völker.« Gerade in dieser Richtung sollte Lussus Buch jedoch heute gelesen werden. Der wirtschaftlich unterentwickelte, der arme Großteil der Welt sieht der europäischen Szene der zwanziger Jahre in vielen Zügen ähnlich, und er ist auf exemplarische Weise Schauplatz revolutionärer Kriege: lokaler und überregionaler. Chile und der Nahe Osten sind die im Augenblick aktuellsten

Beispielsfälle. Aber die Schauplätze haben die Tendenz, sich plötzlich zu verlagern: Griechenland, Portugal, Spanien, Osteuropa oder Südafrika sind *höffige* Gebiete.

Emilio Lussu, Jahrgang 1890, Sarde, Landsmann des wenig jüngeren Antonio Gramsci, ist in einer Atmosphäre latenter Rebellion aufgewachsen. Gramsci schrieb darüber: »Der Instinkt der Rebellion regte sich ... zunächst gegen die Reichen im Dorf ..., dann gegen alle Reichen, welche die Bauern Sardiniens unterdrückten.« Der sardische Kampfruf *Ins Meer mit den Kontinentalen!* klingt – dialektisch umgesetzt – heute aus allen Elendswinkeln der Welt.

Nach dem Ersten Weltkrieg, den Lussu als Offizier mitmachte, wurde er zum Mitgründer des sozialrevolutionären *Partito sardo d'azione*. Als er, nach Mussolinis Machtantritt, sich einer faschistischen Horde, die in sein Haus eindrang, mit Waffengewalt widersetzte, trug ihm dies die Verbannung auf die Insel Lipari ein. Die spektakuläre Flucht von der Insel, die Teilnahme am spanischen Bürgerkrieg, eine rege politisch-publizistische Tätigkeit in der Emigration waren die Zwischenstadien vor der Organisierung des Widerstands in der Heimat. Nach deren Befreiung wirkte Lussu als Minister im ersten Nachkriegskabinett Parri und bis 1968 als Senator im römischen Parlament. Seine sozialistische Weltanschauung entstammt einem bäuerlichen Sozialismus mit dem Ausblick auf die unterentwickelten Regionen Italiens, auf das *Meridione*. Also bedarf die Hinwendung zur sogenannten *Dritten Welt* keines besonderen Anstoßes. Claus Gatterer hat diesen Sozialismus als einen charakterisiert, »der nicht bereit ist, sich mit Brosamen vom Tisch der Mächtigen und ›Konzessionen‹ von oben zu bescheiden, weil da auch noch die Menschenwürde im Spiel ist, weil es da auch noch um die elementarsten Grundrechte, um die Gleichberechtigung der Bürger geht«. Und das ist, wohlgemerkt, in einem nicht gar so abgelegenen Teil Europas angesiedelt, einem der möglichen Aufstandsschauplätze. Womit sich der Bogen in der nächsten geographischen Umgebung schließt.

Der Buchtitel *Theorie des Aufstands* ist insofern irreführend, als der Autor – weitgehend der von ihm beobachteten Wirklichkeit folgend – eine Taktik (weniger eine Strategie) des Aufstands entwirft. Er tut dies skeptisch, nicht ohne Ironie und ohne die Flucht vorwärts anzutreten, in die vorlaute, andere anfeuernde Parole. Lussus taktischer Begriff folgt der klassischen Vorstellung, die im griechischen Begriff der *Kunst des Aufstellens* oder, wenn man will, in der Clausewitzschen Lehre vom *Gebrauch der Streitkräfte im Gefecht* ihren Ursprung hat, was im trockenen militärischen Jargon einfach *Truppenführung* genannt wird, allerdings in einem anderen, betont demokratischen Sinn zu verstehen ist. Er überlegt, wie es sich dabei gehört, auch die wesentlichen vorausgehenden und ebenso die erforderlichen nachfolgenden Maßnahmen, bewegt sich also vordergründig durchaus im Sinne der militärwissenschaftlichen Tradition. Daß der strategische Entwurf, der Umriß revolutionärer

Kriegführung im großen, eher bläßlich bleibt, liegt an der Erfassung des Aufstandsbegriffs durch Lussu, der ihn vor allem als lokales Phänomen betrachtet.

Kritische Leser mögen überdies einwenden, daß die militärische Taktik sich durch die rasche Entwicklung der Waffentechnik entscheidend gewandelt habe und somit eine bejahrte Theorie des Aufstands sicherlich überholt sei. Dem ist entgegenzuhalten, daß der Wandel der sozialen Ordnung die Gewaltanwendung im politischen Kräftespiel keineswegs aufgehoben, sondern lediglich räumlich verschoben hat. Die davon betroffenen Schauplätze gleichen jenen Milieus in wirtschaftlicher und soziologischer Hinsicht, die Lussu vor geraumer Zeit beobachtet hat. Und da die Revolutionen offenbar noch geraume Zeit die Lokomotiven der Weltgeschichte bleiben dürften, hat Lussus Theorie des Aufstands nach wie vor erheblichen Aktualitätsbezug. Wer den Umgang mit solch anrüchiger Literatur scheuen sollte, der sei auf ein beruhigendes Heine-Wort verwiesen:

Franzosen und Briten sind von Natur
Ganz ohne Gemüt; Gemüt hat nur
Der Deutsche, er wird gemütlich bleiben
Sogar im terroristischen Treiben.

Womit allerdings niemand präjudiziert sein soll.

Hugo Pepper

Einleitung
zur italienischen Ausgabe

Diese in einem Schweizer Sanatorium niedergeschriebene Abhandlung erschien 1936 in Frankreich in der Reihe der Veröffentlichungen *Gerechtigkeit und Freiheit* (»Giustizia e libertà«), kurz vor dem Ausbruch des Spanischen Bürgerkrieges. Als man mich nun aufforderte, die Studie in Italien im Klima der republikanischen Demokratie wiederzuveröffentlichen, stellte ich mir die Frage, ob ich den ursprünglichen Text unverändert beibehalten oder aber ihn im Lichte der Geschehnisse dieser letzten fünfzehn Jahre vervollständigen, also ändern sollte.

Obzwar ich bereits damals eine reichhaltige Dokumentation zur Hand hatte – alles, was sich in italienischer, französischer, spanischer, portugiesischer, englischer und deutscher Sprache auftreiben ließ – ist es unzweifelhaft, daß ich bei einer Revision der Studie auf Grund meiner reicheren Erfahrung und gereifteren Ideologie nicht wenige Korrekturen und Ergänzungen anbringen müßte. Doch will mir scheinen, daß die Grundzüge und die Grundeinstellung der Abhandlung dadurch zwar nicht beeinträchtigt würden, dennoch aber ihr wesentlicher Charakter als getreue Dokumentation und als Zeugnis aus einer bedeutsamen historischen Epoche leiden würde – und gerade das sollte als echter Beitrag zur politischen Kultur beibehalten werden. Deshalb habe ich es vorgezogen, in dieser Ausgabe keinerlei Änderungen im Text oder in den Fußnoten vorzunehmen.

Auch die Entwicklung der Verhältnisse in Italien nahm einen anderen Verlauf, als man angenommen hatte; doch diese Abhandlung will ja eine kritische Studie und keine prophetische Schau sein.

Der Partisanenkrieg schließlich hat in Italien und anderswo ein Ausmaß gehabt, wie es in der Vergangenheit nicht denkbar gewesen wäre. Dies ändert jedoch in keiner Weise die theoretischen Grundsätze des Aufstands, wie sie in dieser auf allgemeiner Erfahrung fußenden Studie festgelegt worden sind.

Emilio Lussu

Vorwort zur in Frankreich erschienenen Ausgabe

Januar 1936

Über das Thema der Insurrektion, des Aufstands gibt es keine interessante Literatur, mit Ausnahme des trefflichen Buches von Neuberg, der allerdings für Europa nur zwei kleine, örtlich begrenzte Aufstände kannte und untersuchte. Diese Lücke in der zeitgenössischen politischen Literatur ist verständlich. Nur revolutionäre Parteien, die »in einem Lande unter revolutionären Verhältnissen existieren«, sind an diesen Problemen überhaupt interessiert.

Heute ist das Problem des Aufstands für einige Länder unter faschistischer Diktatur aktuell geworden. Und man läuft, wenn man darüber schreibt, nicht mehr Gefahr, für einen Schwärmer, einen eitlen Feigling oder einen weltfremden Professor der Strategie gehalten zu werden. In Friedenszeiten werden viele Studien über den Krieg geschrieben; warum sollte es ein eitles Unterfangen sein, in Zeiten erzwungener Muße über den Aufstand zu schreiben?

Diese Arbeit setzt voraus, daß der Leser über die wichtigsten Aufstände der Gegenwart unterrichtet ist. Eine in Einzelheiten gehende Abhandlung über die bedeutendsten Aufstände der Nachkriegszeit hätte zu einem sehr umfangreichen, schwer verdaulichen Kompendium geführt. In den folgenden kritischen Betrachtungen werde ich einzelne Aufstände in komprimierter Form wieder wachrufen.

Der bolschewistische Oktoberaufstand wird bevorzugt behandelt. Er ist ja in der Tat der einzige Aufstand unserer Tage, der unter Führung einer politischen und militärischen Avantgarde siegreich abgeschlossen worden ist. Die bolschewistische Partei ist die einzige, die den Aufstand gewagt hat und dabei einer Theorie des Aufstands gefolgt ist. In der Untersuchung der Oktoberrevolution und der anderen Aufstände wurde keinem vorgefaßten Gedanken Raum gegeben. Ich habe alle Aufstände ohne Rücksicht auf die politische Farbe der Parteien, die sie organisiert und ausgelöst haben, untersucht und jeweils nur jene Elemente festgehalten, die den Erfolg oder Mißerfolg des Unternehmens bedungen haben – ähnlich wie ein Militärkritiker eine Schlacht studieren kann, ohne daß sein Urteil von der Nationalität der daran beteiligten Heere beeinflußt zu werden braucht.

Damit ist nicht gesagt, daß ich keinen Fehler begangen hätte. Es ist sehr schwierig, alles zusammenzutragen, was zur Rekonstruktion einer Schlacht zwischen regulären Truppenverbänden unerläßlich ist.

Viel schlimmer ist es damit im Falle von Aufständen bestellt. Wer aktiv daran teilgenommen hat, sieht nur den Abschnitt, an dem er selbst gestanden ist. Jeder hat bestimmte Ereignisse mit eigenen Augen gesehen und mißt daher gern sekundären Tatsachen, die im Zusammenhang der ganzen Entwicklung der Aktion völlig bedeutungslos sind, übermäßige Bedeutung zu. In der Nacherzählung sind alle ungenau in der Darstellung des Geschehens. Dazu kommt, daß bei gescheiterten Aufständen viele Episoden unbekannt geblieben sind und für immer unbekannt bleiben werden; vieles ist verkannt worden. Die beteiligten Personen, die den Aufstand überlebt haben, fühlen sich veranlaßt, manche Details zu verheimlichen oder entstellt wiederzugeben, um dem Gegner keine Beweise in die Hände zu spielen, die eine schlimmere Vergeltung ermöglichten.

Auch Tatsachen ohne politische Bedeutung bleiben unbestimmt. Zum Beispiel: Wann sind die aufständischen Bergarbeiter in Oviedo eingedrungen? Für das Gesamtbild der militärischen Aktion wäre ein genaues Datum von großem Interesse. In einem mit A. R. gezeichneten dokumentierten Artikel im *Monde* (Nr. 314 vom November 1934, S. 15) wird behauptet, das sei am Samstag, dem 6. Oktober, gewesen. Tasca nennt in einem ebenfalls dokumentierten Artikel in *Politica Socialista* (Nr. 2, Jahrgang 1935, S. 161) den 9. Oktober. Bellarmino Tomas, einer der obersten Führer der Bergarbeitergewerkschaft und des Aufstands, gibt den 8. Oktober an (Interview im *Populaire*, Paris, 5. Jänner 1935). Manuel Grossi, ebenfalls ein namhafter Führer des Aufstands, behauptete hingegen in seinem Buche *Der Aufstand in Asturien*, es sei der Morgen des 6. Oktobers gewesen, und beschreibt dabei auch die Kämpfe. Um diese Abweichungen zu klären, habe ich mich mit Bellarmino Tomas, der ins Ausland geflüchtet ist, in Verbindung zu setzen versucht, doch kam der Kontakt nicht zustande.

Ich habe nur ein Beispiel genannt. Ich könnte für die Oktoberrevolution, für den spanischen Aufstand und besonders für die österreichischen Februarkämpfe Dutzende ähnlicher Beispiele anführen, was Zeiten, Örtlichkeiten und Tatsachen anlangt. Der Leser möge es daher nicht meinem Mangel an Sorgfalt zuschreiben, wenn er – besser informiert – da oder dort in meiner Abhandlung eine Unrichtigkeit entdeckt. Wenn manche interessante Vorkommnisse hier fehlen sollten, so deshalb, weil es mir nicht gelang, schriftliche Unterlagen oder mündliche Zeugnisse zu erhalten, obwohl ich mich vielfach an die direkt Beteiligten in den Kreisen der politischen Emigration in Paris und in der Schweiz gewandt habe.

Eine Untersuchung der Aufstände in China glaubte ich außer acht lassen zu müssen, einerseits weil es keine veröffentlichte Dokumentation darüber gibt, andererseits weil die wirtschaftlichen, politischen und sozialen Verhältnisse Asiens von unseren europäischen doch zu sehr abweichen.

Ich hatte mir vorgenommen, über den Aufstand im allgemeinen zu schreiben, ohne der Lage in Italien eine besondere Bedeutung beizumessen; doch mußte ich später feststellen, daß dies nicht möglich war. Italien durchlebt derzeit eine außergewöhnliche Situation. Falls wir sie nicht zu unserem Vorteil zu nutzen wissen, wird der Faschismus uns noch lange erhalten bleiben. Daher ist der eigentliche Anstoß für diese Arbeit die Hoffnung, daß die politischen Führer des italienischen Proletariats dazu gebracht werden können, die Probleme der Volkserhebung, des Aufstands so zu studieren, wie man Nationalökonomie, Finanzwissenschaft oder Außenpolitik studiert. Die Volkserhebung, für die wir alle unsere Kräfte einsetzen müssen, wird das Ergebnis der Vorbereitung und Tüchtigkeit vieler sein. Die nackte Wirklichkeit der Aufstände, wie sie in dieser Abhandlung dargelegt wird, bedeutet, daß man keine Zeit mehr dazu hat, sich mit Theorie und Technik des Aufstands zu befassen, wenn die günstige Stunde einmal geschlagen hat, die politische Macht mit Gewalt zu ergreifen. Dann ist jeder auf seinem Gebiet dazu gezwungen, das Beste zu geben, alles, was er weiß und kann, in die Tat umzusetzen. Es gilt also, vieles gründlich zu wissen, um etwas tun zu können.

Die Lage in Italien bietet keine andere Alternative: Entweder gelingt es dem Proletariat, die politische Macht zu ergreifen, oder wir werden das Ende dieses Regimes nie erleben. Wie die Dinge heute liegen, verfügt das italienische Proletariat außer der Gewalt über kein anderes Mittel zur Ergreifung der Macht.

Wer glaubt, mit Hilfe von Kombinationen parlamentarischen Stils den Auflösungsprozeß des Faschismus beschleunigen zu können, verlängert ungewollt das Leben des Regimes. Der italienische Faschismus hat letztlich nur einen Feind: das Proletariat, und es gibt nur eine Taktik gegen ihn: die revolutionäre.

Ich gehöre zu denen, die vom Ausland aus lange Zeit ununterbrochen mit Italien in Beziehung gestanden sind. Diese Tatsache kann mir wohl niemand abstreiten. Nur die allerdings noch schwache und mangelhaft organisierte Arbeiterklasse hat dank einer heldenmütigen Minderheit eine unbeugsame Einstellung gegenüber dem Faschismus bewahrt. Andere ernst zu nehmende Oppositionsparteien sind nicht vorhanden. Wozu die paar isolierten Persönlichkeiten aufzählen, die Ausnahmen darstellen? Das liberal-demokratische Bürgertum wurde hinweggefegt oder hat sich dem Regime verschrieben. Es zählt in Italien nicht mehr. Bürgertum, Kirche, Monarchie werden niemals gegen den Faschismus, also gegen sich selbst, Stellung beziehen, selbst wenn sich die Krise noch weitaus verschärfen sollte. Das wäre Selbstmord. Sie wissen, daß sie mit dem Faschismus stürzen oder ihm bald ins Grab folgen würden. In Italien gäbe auch der Zusammenbruch des Faschismus, nicht anders als in Rußland der Sturz des Zarentums, einer dauerhaften Zwischenherrschaft der bürgerlichen Demokratie keine Chance. Die gewaltige traditionelle Kraftidee der Monarchie ist endgültig zuschanden geworden. Jene Optimisten, die meinen, die Monarchie könnte sich rehabilitieren, indem sie sich an das Heer wendet und Mussolini dazu zwingt, zugunsten eines Kabinetts von Generälen und alten Parlamentariern auf die Macht zu verzichten, sind in einem schweren Irrtum befangen. Mussolini wird zehn Staatsstreiche hintereinander riskieren, er wird die Verschwörer hinrichten lassen, wie es Hitler am 30. Juni getan hat, er wird es auf den offenen Kampf auf Straßen und Plätzen ankommen lassen und wird zu jeder Wahnsinnstat bereit sein, ehe er die Macht kampflos preisgibt. Seiner Kontrolle unterstehen gegenwärtig alle Kommandostellen des Heeres und die ganze Miliz, und er versteht es in überzeugender Weise, den Großteil der sportlichen Jugend hinter sich zu halten. Freilich denkt der König nicht im Traum daran, Mussolini zu stürzen. Dies erschiene ihm sicherlich als Wahnidee.

Nur ein Volksaufstand vermag also das Regime zu stürzen. Dieser Aufgabe stehen ungeheure Schwierigkeiten entgegen. Doch gibt es keine anderen Lösungen.

Das Proletariat muß sich neu organisieren und sich darauf vorbereiten, die Revolte in dem Augenblick anzuführen, der sich als günstig erweisen wird.

Juni 1936

Der plötzliche Zusammenbruch des Widerstands in Abessinien ändert, trotz gegenteiligen Anscheins, nicht viel an der politischen Lage in Italien. Das italienische Volk ist nun zu Zwangsarbeit verurteilt, um ein Prestige-Kaiserreich am Leben zu erhalten. Der Faschismus wird, nach all den Siegesräuschen und Triumphen, schwerste Rückschläge in Kauf nehmen müssen. Das Kaiserreich wird die herrschenden Klassen nur noch mehr bloßstellen. Die italienische Krise kann nun erst recht nur noch auf revolutionärem Wege gelöst werden.

Emilio Lussu

Über den Aufstand

In dieser Abhandlung wird die ethisch-juridische Seite der Volkserhebung, des Aufstands, nicht in Betracht gezogen. Gibt es ein Recht für den Aufstand? Die Frage ist müßig. Die amerikanische Revolution hat mit der Erklärung von Philadelphia, die französische mit der Verkündung der Bürger- und Menschenrechte den Volksaufstand gegen die Unterdrückung rationalisiert. Die bolschewistische Revolution hat sich nicht einmal die Mühe genommen, die Rechtmäßigkeit ihres Handelns mit der üblichen Motivierung zu rechtfertigen. Lenin betrachtete – Clausewitz im Sinne Kautskys ergänzend – den Bürgerkrieg wie den Krieg als Fortsetzung der Politik mit anderen Mitteln. Eine Definition will nicht viel heißen, denn mit gleicher Logik ließe sich der Satz umkehren und so formulieren, daß die Politik die Fortsetzung des Krieges und des Bürgerkrieges mit anderen Mitteln sei. Darüber hat Spengler so manche tiefsinnigen Betrachtungen über Krieg und Frieden angestellt.

Wie dem auch sei – Aufstand und Krieg sind analoge Größen einer analogen Gleichung. Falls die Beziehungen zwischen zwei Staaten nicht mehr auf normalem Wege mit Hilfe der völkerrechtlichen Bestimmungen geregelt werden können, kommt es eben zum Krieg. Wenn die politische Auseinandersetzung infolge der nicht mehr anerkannten Landesgesetze ausartet, kommt es zum Aufstand. Im einen und im anderen Fall ergeben sich daraus neue Rechte. Dieser Prozeß ist an sich ganz normal, denn der Ursprung des Rechtes ist nirgendwo anders zu suchen als in der siegreichen Gewalt.

Diese Studie berücksichtigt nur den Aufstand, mithin also nur eine Phase, jedoch die wichtigste und grundlegende des politischen Zyklus, den man als Revolution bezeichnet. Revolution ist das Ganze, der Aufstand nur ein Teil davon.

Nicht jeder beliebige bewaffnete Gewaltakt, der die politische Machtergreifung zum Ziele hat, kann als Aufstand gelten. In der Praxis kann sich nicht nur die Masse des Volkes erheben, sondern auch eine aristokratische Minderheit. Diese zweite Hypothese wird hier nicht in Betracht gezogen.

Die Untersuchung befaßt sich also nur mit der Volkserhebung und trachtet die Grundsätze festzulegen, die seinen glücklichen Ausgang bedingen – nicht etwa unter der Führung des Bürgertums, sondern im Zeichen des Proletariats, der Avantgarde der Nation. Unser Thema ist also die klassische Form des Aufstands in unserem Jahrhundert.

Politische Bewegungen, die mit Hilfe der Armee oder gar im Zeichen der Armee darauf aus sind, gewaltsam Männer durch andere Männer, Parteien durch andere Parteien zu ersetzen, sind letztlich nichts anderes als klasseninterne Familienkonflikte um Futterkrippen und haben – unbeschadet aller äußeren Aufmachung – mit unserem Thema nichts gemein. Hier handelt es sich einfach um Verschwörungen, nicht um Aufstände, um *pronunciamentos,* um Staatsstreiche. Nicht selten gelingt es Führern solcher Pseudorevolutionen, breite Schichten des Volkes mit sich zu reißen, doch gehört es zum System, daß das Volk sehr bald die Rolle des Opfers auf sich nehmen muß. Zu dieser Sorte von »Aufständen« gehören im allgemeinen die sogenannten »Revolutionen« in Lateinamerika – mit Ausnahme jener in Mexiko, die das Industrieproletariat und die Massen der Landbevölkerung (Lohnempfänger und arme Bauern) im Kampfe gegen die festverankerten Kräfte der nationalen Reaktion – Kirche und Großgrundbesitz –, wenn auch nicht zur Eroberung der Macht im Staate, so doch wenigstens zur Teilnahme am Staate geführt haben.

Als Staatsstreiche, nicht als Aufstände, sind ferner auch alle jene Verschwörungen anzusehen, die in einigen Ländern Europas die Kräfte der Reaktion in den Sattel gehoben haben, einschließlich des Faschismus, trotz seiner futuristischen Phraseologie. Die faschistische Geschichtsschreibung selbst spricht in gemäßigter Form von einem Aufstand. Der sogenannte »Marsch auf Rom« läßt sich indes schwerlich als solcher bezeichnen: Er war, wie man weiß, ein höchst kompliziertes Manöver, in welchem Mussolini angeblich »marschierte«, in Wahrheit aber wartend in Mailand saß, während die »Legionen« in den verschiedensten Gegenden Mittelitaliens blinde Kuh spielten, wobei sie unentgeltlich oder zu ermäßigten Preisen in Sonderzügen reisten, die ihnen die Verwaltung der Staatsbahnen eigens zur Verfügung gestellt hatte. Curzio Malaparte, der an diesem kühnen Unternehmen teilgenommen hat, indem er in den Straßen von Florenz umhertobte, hat sich von Machiavelli inspirieren lassen und hat ein Traktat über die *Kunst der Machtergreifung* im Staate geschrieben, eine recht einfache und absolut unblutige Kunst. Über diesem ganzen Werk schwebt als Schutzgeist die Gestalt des Bannerherrn Pier Soderini, der in der Persönlichkeit Factas zu Fleisch und Blut geworden ist. Er spricht also von Staatsstreichen, nicht von einem Aufstand. Mussolini selbst hat erklärt, daß die faschistische Revolution am 3. Jänner 1925 ihren Anfang genommen hat, womit er in einem Zuge den schicksalsträchtigen Monat Oktober 1922 übersprungen hat, in dem die Faschisten gewissermaßen auf dem Rücken der Pferde der königlichen Kürassiere in Rom ihren Einzug gehalten haben.

Staatsstreich und nicht Aufstand war auch der Angriff, den Pilsudski am 12. Mai 1926 gegen das Warschauer Belvedere unternahm, mit einigen aufständischen Regimentern, ohne innere Anteilnahme des Landes, wohl aber im Interesse der Herren Obristen. Die Sozialisten Warschaus unterstützten diese Aktion in ihrer Einfalt mit einem Generalstreik, da sie meinten, die Tradition der Gehorsamsverweigerung der ritterlichen polnischen Anarchie der vergangenen Jahrhunderte fortsetzen zu müssen

Staatsstreiche waren auch die Märsche und Gegenmärsche, die das politische Nachkriegsleben in den Balkanländern kennzeichneten; ein Staatsstreich hat auch den griechischen General Condilis zum Dauersäbelraßler gemacht.

Wir werden uns mit Massenaufständen befassen, mit den Erhebungen jener Massen, deren Avantgarde heute das Proletariat ist – so wie dies im 18. und 19. Jahrhundert das revolutionäre Bürgertum gewesen ist.

Das soll nicht heißen, daß die revolutionäre Aufgabe des Bürgertums als erschöpft zu betrachten ist. In den Ländern, die erst vor kurzem ihre nationalstaatliche Einheit errungen haben, und ganz im allgemeinen in all jenen Ländern, in denen die Arbeiterorganisationen auf den Schutz der fortschrittlichen Parteien der bürgerlichen Demokratie angewiesen sind oder aber am Anfang ihrer politischen Entwicklung stehen, ist der Mittelstand nach wie vor dazu berufen, das Volk im politischen Kampf anzuführen. In jenen Ländern hingegen, in denen es dem Proletariat, dank den günstigen wirtschaftlichen und politischen Bedingungen, gelungen ist, seine ureigene Lebenskraft zu entfalten, ist die Arbeiterbewegung die Avantgarde des Volkes, und zwar auch dann, wenn die Reaktion das Proletariat vorübergehend geschwächt oder geschlagen hat.

Es ist indes durchaus nicht gesagt, daß der Aufstand das einzige Mittel wäre, mit dem das Proletariat sich des Staates bemächtigen kann. Anfang September 1917 hielt Lenin auch die friedliche, gewaltlose Machtergreifung für möglich. In seiner Schrift *Über die Kompromisse* versucht er diese Möglichkeit zu erhärten. Die Tatsachen sprachen dann allerdings eine andere Sprache. Übrigens geschah Béla Kun in Ungarn das gleiche.

Gelangt das Proletariat ohne Blutvergießen, also vom Volkswillen getragen, in einer Zeit innerer Wirrnisse an die Macht, so kann es sich durchsetzen und behaupten, wenn es von der großen Mehrheit des Landes unterstützt wird. Um dies zu erreichen, muß es jedoch rasch handeln und ein Volksheer aufstellen, das imstande ist, das Erreichte zu schützen und die Strukturen des alten Staates zu demolieren. Genau das versuchte Béla Kun im Jahre 1919, allerdings mit vielen Fehlern und in einer ungünstigen internationalen Situation. Dasselbe taten 1918 die österreichischen Sozialisten, als sie – trotz der Beteiligung an einer Koalitionsregierung – die eindeutig proletarisch ausgerichtete »Volkswehr« schufen.

In der Theorie muß man – obschon sich der konkrete Fall nur in Ungarn, 1919, ereignet hat – die Annahme ins Auge fassen, daß das

Proletariat, hat es sich unter außergewöhnlich günstigen Zeitumständen auf friedlichem Wege der Staatsgewalt bemächtigt, den Staat zu seiner Verteidigung organisieren kann. Zu diesem Zweck muß sich das Proletariat geistig auf den Aufstand eingestellt haben. Mussolini, Hitler und Dollfuß haben uns vor Augen geführt, was der Staat wert ist – wenn sich die Machthebel in den Händen der Eroberer befinden. Man halte dem nicht entgegen, daß es sich hier um den Übergang einer kapitalistischen Staatsform zu einer anderen, ebenfalls kapitalistischen Staatsform handle. Zwischen dem liberalen Staat und einer Diktatur klafft ein Abgrund: Die Diktatur hat alle Widerstände gebrochen und alle Oppositionen hinweggefegt, und zwar in einem Ausmaß und in Formen, die man für unmöglich gehalten hatte.

Doch darf man sich auf derartige theoretisch-hypothetische friedliche Eventualitäten nicht verlassen. Andernfalls muß man schwere Enttäuschungen gewärtigen. In einigen Ländern, insbesondere in Italien, darf man nur an den Aufstand denken und muß sich darauf vorbereiten. Sollten unvorhersehbare Geschehnisse dem Proletariat die Chance bieten, die Macht mit anderen Mitteln zu ergreifen, so wird es diese Mittel nicht verschmähen. Doch ist es sich dessen bewußt, daß es seine Pflicht ist, sich eine bewaffnete Avantgarde zu schaffen, die imstande sein muß, bei günstiger Gelegenheit siegreich einzugreifen. Das Proletariat wird sich diese Gelegenheit nicht entgehen lassen. Andernfalls würde es von einer reaktionären Offensive erdrückt werden. Was wäre wohl in Rußland geschehen, wenn die Bolschewisten, dem Druck der Zauderer nachgebend, auf den Aufstand vom Oktober 1917 verzichtet hätten? Gewiß würde dann heute der Großfürst Cyrill im wiederum zum heiligen Lande aller Reußen gewordenen Rußland herrschen. Kerenski hätte sich 1917 mit einem Separatfrieden noch retten können – diese Ansicht hat selbst in offiziellen Kreisen Anhänger gewonnen. Der damalige Kriegsminister Werchowskij, der damit begonnen hatte, ältere Soldaten als Reservisten abzurüsten, empfahl schließlich der militärischen Kommission des Vorparlaments am 20. Oktober den Abschluß eines sofortigen Friedens, auch eines Separatfriedens. Ein Friedensschluß hätte das Prestige der Bolschewisten in der Armee und in den Massen angeschlagen. Die Provisorische Regierung und deren Nachfolger hätten ihre Stellung festigen können und hätten dann unter wesentlich günstigeren Voraussetzungen an die endgültige Liquidierung der Revolution schreiten können: Die Agrarfrage hätte den Vorwand für ein eventuelles zweites Eingreifen Kornilows geboten. Gerade das geschah später in Deutschland und in Österreich. In Rußland hat Lenin diese Katastrophe abzuwenden verstanden.

Sich auf den Aufstand vorbereiten, bedeutet für das Proletariat nicht, die einfachste Lösung ins Auge zu fassen. Unter allen Problemen ist der Aufstand das ernsteste. Der Aufstand ist vor allem ein gewaltiges Drama. Mit ihm setzt das Proletariat sein ganzes Dasein ein. Was aber, wenn es darauf verzichtet?

Besonders schwierig ist die Lage der Arbeiterparteien. Sind sie Anhänger der Reform, der Gesetzlichkeit und Demokratie, dann sind sie nicht imstande, Gewalt anzuwenden, selbst wenn diese sich als das einzige Mittel erwiese, um alle Institutionen, an denen sie teilhaben, zu verteidigen. Sind die Arbeiterparteien revolutionär, dann leben sie am Rande der Gesellschaft des eigenen Landes. Die Nachkriegszeit war eine einzige lange Erfahrung. Die Krise in Europa war nicht nur für die Zweite Internationale ernst und schwer. Sie war es nicht minder für die Dritte. Die kommunistischen Parteien haben keine größeren Erfolge zu verzeichnen gehabt als die sozialistischen. Nur eine Partei ist nicht gescheitert, sondern hat einen entscheidenden Sieg errungen: die russische bolschewistische Partei. Der Grund hiefür ist nicht so sehr subjektiv als objektiv. Die revolutionäre wie die demokratische Taktik sind das Ergebnis der innenpolitischen Verhältnisse.

In den Ländern mit liberal-demokratischer Verfassung neigt die Mehrheit des Proletariats dazu, eine demokratische Taktik zu entwickeln, und fügt sich in den Staat ein. Jener Teil des Proletariats, der zum Staate in Opposition steht und eine revolutionäre Sprache redet, hat die Volksmeinung gegen sich. Er hat nur eine kleine Avantgarde von Intellektuellen auf seiner Seite, dazu einige junge Leute und nur einen Bruchteil der Arbeiter. Das Kleinbürgertum bleibt feindselig, und die Masse des Volkes steht abseits. Damit fehlt den Revolutionären jene Atmosphäre, die nötig ist, damit sich umfangreiche illegale Strömungen, geheime Organisationen bilden können und die Begeisterung für die Sache der Revolution reifen kann. Der Appell an die Gewalt findet dann keine Resonanz. Die Massen erhitzen und begeistern sich nur im Feuer des Kampfes und in der Hoffnung auf den Sieg. Eine Revolution, die bestenfalls in ferner Zukunft möglich erscheint, läßt die Massen kühl. Dies ist der Grund, warum es den kommunistischen Parteien trotz der russischen Revolution, der schweren Krise, der Arbeitslosigkeit und der Entbehrungen des Volkes und des Proletariats nicht gelungen ist, sich in solchen Staaten ernstlich durchzusetzen, die gleichwohl über eine ansehnliche industrielle Organisation verfügen wie Großbritannien, Deutschland, Belgien, Frankreich. Dies ist auch der Grund, weshalb in Ländern wie Italien und Deutschland, als das Proletariat zusammen mit den demokratischen Einrichtungen von der Reaktion angegriffen wurde, das mehrheitlich reformistische Proletariat zum Kampf einfach unfähig war, wogegen das revolutionäre Proletariat, die Minderheit also, nicht kämpfen konnte. Das erste wurde infolge seiner Erziehung zur Legalität, das zweite durch seine Ohnmacht vom Kampfe abgehalten. Das ist die Tragödie aller Länder, in denen der Faschismus gesiegt hat.

In Staaten wie Italien, Deutschland und Österreich, in denen eine revolutionäre Situation vorhanden ist, wird das Proletariat notgedrungen trachten, seine Einheit auf revolutionärem Boden wiederzufinden. Reformismus und Legalitarismus haben hier kein Lebensrecht mehr. Die Meinungsverschiedenheiten über die Auffassungen von einem sozialistischen System verschwinden; ein einziges Postulat beherrscht alles Denken und Handeln: die Revolution. Andere Alternativen sind nicht mehr denkbar. Die politisch-revolutionäre Ideologie muß sich mit einer politischen und militärischen Ideologie des Aufstands verbinden. Fehlt diese, gibt es weder Aufstand noch Revolution.

Die irgendwie überwundenen Schwierigkeiten tauchen anderwärts vielfältiger wieder auf. Alles muß wieder von vorne angefangen werden, da die alten Organisationen nichts mehr taugen. Der Faschismus ist über sie hinweg zur Tagesordnung übergegangen. Wer kennt die Opfer, wer weiß um das Märtyrertum der Arbeiterklasse, ehe ein paar gläubig-begeisterte Männer das Vertrauen des Volkes gewinnen und die Massen zum Siege führen können?

Lenins Theorie des Aufstands

»Der Aufstand ist eine Kunst wie der Krieg, und wie jede Kunst ist er gewissen Regeln unterworfen, deren Nichtbeachtung den Ruin der Partei zur Folge hat, die sich schuldig gemacht hat, sie nicht berücksichtigt zu haben.« Soweit Lenin. Diese von Engels übernommene Maxime hat das Verhalten Lenins und seiner Partei während der gesamten Oktoberrevolution bestimmt.

Marx war kein Mann der Tat. Er schuf die Regeln, um die Massen in Bewegung zu setzen; in Fragen der Strategie und Taktik verließ er sich auf Engels. Dieser war für ihn der Fachmann, »der General«, wie er ihn im Vertrautenkreis nannte. So gab er ihm in diesen Fragen nach, wie sich die politische Gewalt in technischen Dingen den Militärs unterordnet.

Engels hatte stets eine besondere Vorliebe für militärische Fragen. Daraus ergaben sich all die vergleichenden Studien und seine so beständig klare Schau der verwickelten Zusammenhänge des Aufstandsproblems. Er war Einjährigfreiwilliger eines Artillerieregiments der Garde zu einer Zeit, da in Preußen selbst die Philosophieprofessoren sich mit der Kriegskunst befaßten. Das war jene Epoche, in der die militärischen und politischen Pläne für die siegreichen Kriege von 1864, 1866 und 1870 entstanden. Engels machte sich diese Erfahrungen zunutze, so wie Lenin aus den Erfahrungen des russisch-japanischen Krieges seine Lehren zog – und verfuhr nach jenen grundlegenden Prinzipien, die Siege gewährleisten. Hätten sich die Anführer des revolutionären Proletariats der Nachkriegszeit an sein Vorbild gehalten, dann wäre der Faschismus höchstwahrscheinlich in seinem Aufstieg auf schwierigere Hindernisse gestoßen. Allein, die ganze Nachkriegszeit Europas – bis zum Jahre 1934 – kannte keinen »Feldzug« des Proletariats, sondern nur Angriffskriege des Bürgertums.

Im Werk *Revolution und Gegenrevolution in Deutschland,* das bis vor kurzem noch Marx zugeschrieben wurde, legte Engels einige Grundsätze fest, die, obgleich 1851 geschrieben, auch heute noch gültig sind. Lenin ließ sich von diesen (auch von ihm Marx zugeschriebenen) Grundsätzen inspirieren und baute darauf seine Untersuchungen auf, wobei er sich mehr in militärische Fragen vertiefte.

Er ließ sich nicht von den juridisch-politischen Konzeptionen der demokratischen Staaten Westeuropas verführen, die sich der Großteil der Sozialisten des 19. Jahrhunderts und der gesamte Generalstab der Zweiten Internationale, einschließlich der russischen Sozialdemokratie, zu eigen gemacht hatten. Die marxistische Staatsauffassung mußte bei den meisten Sozialdemokraten Ablehnung oder Unsicherheit hervorrufen, namentlich bei jenen, die in einem liberalen Klima lebten, wie in Großbritannien und in Frankreich; dies gilt mit den nötigen Einschränkungen auch für Italien, Deutschland und für jene Russen, die wie Plechanow und Martow ihrer geistigen Schulung nach mehr Europäer als Tataren waren. Lenin sah im russischen Staate die feindliche Festung, in der sich, gleichgültig, wie ihre Bastionen angelegt waren, die herrschende Klasse verschanzt hatte. Es stand somit außer Frage, daß die Festung nur mit Waffengewalt erstürmt werden konnte, daß sie dem Erdboden gleichgemacht werden mußte.

In den großen Ländern mit demokratischer Verfassung erschien der Staat der Mehrheit der Sozialisten nicht als feindliche Festung, sondern, da man die Hekatomben der Vergangenheit vergessen hatte, eher als behaglich ausgestattetes Familienheim, in dem alle Platz fanden – ein nationales Heim sozusagen, dessen Eigentum niemand für sich beanspruchen konnte, das aber jede zahlungsfähige Firma mieten konnte und durfte. Lenin sah im Staat von seiner ersten politischen Reife an stets ein drohendes, düsteres Bauwerk, symbolisiert in der Peter-und-Paul-Festung und im Winterpalais, den Zufluchtstätten blutbefleckter Autokraten. Peter der Große und Katharina II. hatten diese Festungen der Macht nach Entfernung der Paradewaffen modernisiert und mit Kanonen kleinen und mittleren Kalibers bestückt. Und ringsherum wachten nicht mehr die Galakürassiere mit vergoldeten Brustpanzern von einst, sondern bärtige Kosaken mit Peitsche und Karabiner. Zugänge für das Volk waren nicht vorgesehen.

Daraus entwickelte sich spontan die revolutionäre Psychologie Lenins, die sich von der gesetzestreuen Mentalität seiner sozialistischen europäischen oder europäisierten Genossen so unterscheidet wie die Peter-und-Paul-Festung oder das Winterpalais vom Buckingham Palace oder vom Elysée (Marx zählte Großbritannien nicht zu jenen Staaten, die mit Hilfe von Volksrevolutionen in Stücke geschlagen werden sollten, da es unbeschadet seines Kapitalismus keine Bürokratie und keinen Militarismus kannte). Diese materielle Vorstellung vom autokratischen Staat wird rationalistisch durch die kritische Betrachtung ergänzt. Theorie und Praxis werden für immer unlösbar verbunden sein. Wir, die wir im faschistischen Staate leben, begreifen heute die vollkommene Logik dieses Standpunktes.

Während sich die gesamte Sozialdemokratie dreißig Jahre lang mit Genossenschaften, Gewerkschaften und parlamentarischen Errungenschaften befaßt, widmet auch Lenin sich der organisierten Arbeiterbewegung, aber in einem Geiste, der sich grundsätzlich von jenem deutscher, englischer oder italienischer Sozialisten unterscheidet. Lenins Ziel ist es, die Arbeiterbewegung so zu organisieren, wie ein Generalstabschef ein Heer im Hinblick auf einen Krieg organisiert. Deshalb zählt er zu den wichtigsten politischen und sozialen Aufgaben, mit denen das Proletariat fertig werden muß, auch das Problem des bewaffneten Aufstands. Als dann im Jänner 1905 in Petersburg und Moskau jener revolutionäre Gärungsprozeß begann, der bald offen in Erscheinung treten und unvorhersehbare Ausmaße annehmen sollte, betrachtete Lenin den Aufstand unter dem zweifachen Blickpunkt von Theorie und Praxis, Ideologie und Organisation. Damals veröffentlichte er unter dem Gelächter und dem Protestgeschrei der Gesetzesfrommen die Memoiren Cluserets, des Generals der Pariser Kommune, über die Taktik der Straßenkämpfe. Nach der Niederlage im Dezemberaufstand von 1905 erklärten Plechanow und seine Anhänger, es sei ein infantiler Irrtum gewesen, zu den Waffen zu greifen. Lenin behauptete dagegen, es sei ein Irrtum gewesen, die Waffen nicht mit dem nötigen Geschick gebraucht zu haben. Plechanow plädierte für Selbstbesinnung, Lenin für Perfektionierung. Folgerichtig boykottierte Lenin die erste Duma; er war der einzige, der nicht daran glaubte, daß sich der Zarismus zum Verfassungskonstitutionalismus mausern könnte. Er trat für die sofortige Bildung von Aktionsgruppen ein. Die Aufstände von Sveaborg und von Kronstadt, nach der Auflösung der zweiten Duma, erfüllten Lenin mit demselben Enthusiasmus wie seinerzeit Marx die Pariser Kommune, und er verlangte, daß das gesamte Proletariat diese Aufstände unterstützte, dies sei gleicherweise Notwendigkeit und Pflicht.

Seit damals verging kein Jahr, ohne daß Lenin das Problem des Aufstands als Frage Nummer eins der proletarischen Organisation behandelt hätte. Die Reformisten nannten ihn verächtlich einen Gefolgsmann Blanquis, als ob dieser ein toller, von der Idee des Staatsstreiches besessener Irrer gewesen wäre. Er studierte Kriegskunst ernst wie ein Berufsmilitär. Aus seinen Schriften geht deutlich hervor, daß er nicht nur Clausewitz von Grund auf kannte, sondern auch Moltke und von der Goltz. Er schätzte vor allem Clausewitz, der in seinen Werken *Der Feldzug von 1796 in Italien* und *Vom Kriege* die Grundsätze und Manöver des Kampfes niedergelegt hatte, wie sie dann in den Volksarmeen und in der Strategie der Jakobinergeneräle des revolutionären Frankreichs praktiziert wurden. Clausewitz synthetisierte die Erfahrungen Napoleons, in dessen Schule auch der achtzigjährige Blücher gehen mußte, um das Siegen zu lernen – zum Gespött der Hofschranzen und zum Staunen der preußischen Generäle, die keinen Schuß abfeuerten, ohne zuvor den taktischen Dekalog Friedrichs des Großen konsultiert zu haben. Clausewitz – das heißt: die Grundsätze des modernen Krieges. Ist der Aufstand eine Kunst wie der Krieg, dann muß man sich vornehmlich mit dem Kriege vertraut machen, um in der Lage zu sein, einige wesentliche Grundsätze anzuwenden, wenn das Proletariat sich zur offenen Feldschlacht stellen muß.

Die abgeklärte Folgerichtigkeit der theoretischen Vorarbeit Lenins ist bewundernswert. Es war nur logisch, daß Lenin ungefähr zehn Jahre später, am 16. Oktober 1917, in der Sitzung des Militärischen

Revolutionären Komitees im Smolnyj-Institut erklärte, daß in einer günstigen Situation und unter gegebenen gesellschaftlichen Bedingungen der Aufstand unbedingt gewagt werden müsse. In dieser Lage sei der Aufstand schicksalhaft-unvermeidlich, doch müsse er nach den Lehren der Kriegskunst unternommen werden.

Derart nimmt die Theorie des Aufstands in Lenin immer konkretere Formen an. Der Reformismus hält Lenin entgegen, es sei heller Wahnsinn, an einen Sieg im Straßenkampf auch nur denken zu wollen, wenn man einem Gegner gegenüberstehe, der mit modernen Waffen und Schnellfeuer-Artillerie ausgerüstet sei. Lenin weiß indes, daß die Erfahrungen aus allen Aufständen sowie Kriege gelehrt haben, daß ein Sieg immer möglich ist, wenn einige wesentliche Grundsätze entsprechend genützt und angewendet werden, Grundsätze, die trotz allem Wandel im Verlauf der Jahrhunderte und trotz aller Fortschritte in der Rüstung gleich bleiben: Schon Foch hat gelehrt, daß die Gesetze der Mechanik unwandelbar sind, welche in der Architektur angewendet werden, ob es sich nun um Bauten aus Holz, Stein, Eisen oder Eisenbeton handelt.

Die politische Schulung erhält somit bei Lenin eine ganz andere Bedeutung als bei sozialdemokratischen Reformisten. Auch die praktischen Resultate waren recht unterschiedlich. Im entscheidenden Augenblick entfesselte Lenin den Aufstand und ergriff die Macht; die Reformisten aber, loyale Befolger der Kongresse von Gotha, Erfurt und Heidelberg, ließen die Maschinengewehre auf die »Banditenhaufen« des revolutionären Proletariats richten; sie wichen nachgiebig vor den Restauratoren des Kaiserreiches zurück, als wären sie befehlsbeflissene Unteroffiziere im Dienst. Die Lehre, die ihnen in Italien geboten worden war, fruchtete nichts. Sie glaubten an den Staat als an die über den Klassen stehende höchste Organisationsform, auch wenn er von Junkern und von den Marschällen des Kaisers verteidigt wurde. In ihren Händen wandelte sich der Staat zum Karabiner, den man mit dem Lauf in der Hand in Anschlag bringt. Lenin ließ sich vom äußeren Anschein des republikanischen oder eines sich zur Republik entwickelnden Staates nicht täuschen: Er behandelte die aus der Februarrevolution hervorgegangene provisorische Regierung als Erbin und Fortsetzerin der zaristischen Unterdrückung.

Der Aufstandsideologie Lenins ist jeder Gedanke an ein Abenteuer fremd. Man darf vom Schicksal nichts Ungebührliches verlangen. Wie jeder Krieg hat auch der Aufstand seine Risken und Ungewißheiten, doch werden diese auf ein Mindestmaß herabgesetzt, wenn das revolutionäre Proletariat, nicht anders als das Heer im Feld, die Vorsichtsmaßnahmen nicht außer acht läßt. Um anzugreifen, muß man zuallererst für Rückendeckung gesorgt haben. Lenin wendet beim Aufstand dieselben militärischen Grundsätze der strategischen Sicherung an. Er hatte sich den Offensivplan des japanischen Heeres sehr gut eingeprägt. Das erste Armeekorps war in Tschinampo gelandet, doch davor war die 12. Division als Avantgarde an Land gegangen. Das erste Armeekorps sicherte nach der Ausschiffung seinerseits als Avantgarde die Landung und den Anmarsch der zweiten, der dritten und der vierten Armee. Damit waren überall und zu jedem Zeitpunkt Überraschungen und Rückschläge unmöglich, wie groß die Stärke des Feindes auch immer sein mochte. Im Grunde genommen war dies nichts anderes als die vollkommene Konzentrationstaktik der Armeen, die Moltke für die Invasion Frankreichs von 1870 angeordnet hatte. Lenin freilich erlebte dies alles aus nächster Nähe und im eigenen Hause. Er wird deshalb nie zulassen, daß sich das Proletariat blindlings in einen Aufstand stürzt, sondern dafür sorgen, daß es erst dann zum Angriff übergeht, wenn es die Generalmobilmachung vollzogen, das Terrain des Kampfes sondiert und seine tatsächliche (nicht bloß angenommene) Schlagkraft kontrolliert hat. Hält man sich diese Voraussetzungen vor Augen, dann wird man begreifen, weshalb Lenin entschieden gegen den Aufstand vom 3./4. Juli 1917 war und weshalb er im August, angesichts des reaktionären Gegenschlages Kornilows das Proletariat dazu verhielt, nur gegen Kornilow selbst vorzugehen, nicht aber gegen die Provisorische Regierung. Und schließlich begreift man auch, weshalb Lenin kurz darauf den entscheidenden Augenblick zur Aktion für gekommen hielt.

Der Leitgedanke ist und bleibt dabei das Bestreben, eine politisch und militärisch wohl vorbereitete Avantgarde auf die Beine zu stellen. Dagegen vertreten die Menschewisten den Standpunkt, es sei notwendig, zur Ergreifung der politischen Macht den Augenblick abzuwarten, bis die Gesamtheit der Arbeiterklasse sich ihrer Klassengesinnung bewußt wird. Man konnte doch nicht die Erfahrungen eines ganzen Jahrhunderts, das Scheitern der Illusionen eines Lassalle, der russischen Narodniki und des ganzen europäischen Reformismus in den Wind schlagen, die alle geglaubt hatten, daß das allgemeine Wahlrecht den Arbeitern und Bauern mit einem Schlage die übergroße Mehrheit sichern und ihnen das nötige politische Selbstbewußtsein beibringen würde. Martow lehrte – unter Berufung auf dogmatisch interpretierte und irrtümlich als aktuell betrachtete Thesen Engels' –, daß die Zeiten endgültig dahin seien, da eine kleine, aber klassenbewußte Minderheit, die sich an die Spitze der Massen in einem unentschlossenen und mangelhaft vorbereiteten Aufstand stellt, eine Revolution zur plötzlichen Machtergreifung vom Zaune brechen könnte. Allerdings haben die Jakobiner und die *Cordeliers* des 19. Jahrhunderts noch nicht ausgespielt.

Der Kerngedanke des Aufstands ist von Lenin in einer Art und Weise herausgearbeitet worden, wie es vor ihm niemand getan hat. Man darf seine Aussagen nicht einzeln betrachten, noch sie für absolut halten; vielmehr muß man die verschiedenen Seiten seiner Theorie als Orientierungspunkte nehmen, die insgesamt dazu beitragen, seinen

Grundgedanken zu erhellen. Zwischen seinen Schriften aus dem Jahre 1915, von denen in theoretischer Hinsicht die gemeinsam mit Sinowjew verfaßte die wichtigste ist, und der Schrift aus dem Jahre 1917, die als *Brief an die Genossen* veröffentlicht worden ist, scheint in den Augen des Lesers, der nur diese beiden Dokumente kennt, eine Abweichung, ja ein Gegensatz zu bestehen. Doch dies trifft nicht zu. Der *Brief* bringt, besser als theoretische Grundsätze, den augenblicklichen Zustand im Oktober 1917 zum Ausdruck. Vor allem aber ist er eine ausführliche Kasuistik, die dartun will, daß nun die günstige Stunde für den Aufstand gekommen sei. Der Hauptteil stützt sich im übrigen auf die grundlegenden Punkte von Lenins Theorie, die in all seinen Schriften wiederkehren. Daneben hebt Lenin einige günstige Umstände, die er in der damaligen russischen Situation zu erkennen glaubte, als unerläßliche Momente hervor, obwohl es sich dabei um Voraussetzungen handelt, die man schwerlich allgemein als für jeden Aufstand erforderlich ansehen dürfte; sonst müßte jeder andere Aufstand als undurchführbar gelten. In der Tat war die Lage in Rußland im Oktober 1917 außerordentlich günstig, sie barg viele Momente, die zum Aufstand einluden. Heute würde die Hälfte davon ausreichen, um den Erfolg eines Aufstands zu gewährleisten. Auch der Empirismus dieses nicht als theoretische Abhandlung, sondern als Aufforderung zur Aktion geschriebenen *Briefes* widerspricht seinem Wesen nach den früheren Schriften, die folgende Entwicklung erkennen lassen:

1. Ein Aufstand ist unmöglich, wenn die herrschenden Klassen sich nicht in einer akuten politischen Krise befinden, wenn sie nicht unfähig sind, zu regieren, wenn Unzufriedenheit und wachsende Entbehrungen die Arbeiterklasse nicht zum Aufstand treiben. Nur diese Momente schaffen eine günstige revolutionäre Situation. Doch kann die revolutionäre Situation nur dann in den Aufstand münden, wenn zugleich die revolutionäre Fähigkeit der Massen und ihrer Kader gegeben ist. Mit anderen Worten: Ein Aufstand ist nur dann möglich, wenn die objektiven und subjektiven Voraussetzungen vorhanden sind. Niemals lassen sich Aufstände beliebig vom Zaune brechen.

2. Der Aufstand darf sich weder auf ein »Komplott« (Lenin gebrauchte das Wort *Komplott* wiederholt, um eine Verschwörung zu kennzeichnen, der die Massen fernstehen), noch auch auf eine Partei gründen. Er muß vielmehr von einer fortschrittlichen Klasse getragen werden, die ihrerseits den revolutionären Drang eines ganzen Volkes hinter sich hat. Der Aufstand muß im Zeitpunkt der aufsteigenden Phase der Revolution losbrechen, also auf dem Höhepunkt der Begeisterung des Proletariats, während die Gegner und deren schwache, zwielichtige Verbündete noch zögern.

3. Der Aufstand muß dann ausgelöst werden, wenn man nicht nur damit rechnen kann, die politische Macht zu ergreifen, sondern auch, sie zu verteidigen und sie zu halten.

Es sind die nämlichen Grundsätze, die Trotzki als Voraussetzungen für den Aufstand festlegt: offenkundige Unfähigkeit der herrschenden Klassen, der Krise Herr zu werden; eine unbezwingbare Feindseligkeit gegen die herrschende Ordnung; die Unzufriedenheit der Mittelschichten und ihr Wunsch, das Proletariat zu unterstützen.

Die kommunistische Internationale hat sich die Aufstandstheorie Lenins zu eigen gemacht und hält sich an den Grundsatz, daß ein Aufstand nur dann möglich sei, wenn die herrschenden Klassen desorganisiert sind, wenn die Massen sich in revolutionärer Gärung befinden und zu Tat und Opfer bereit sind und wenn schließlich die Zwischenschichten der Bevölkerung (Kleinbürgertum und gewisse Schichten des Mittelstandes) sich schwankend verhalten und zum Proletariat hin tendieren.

Diese allgemeinen Grundsätze, die – wie die Erfahrung aus allen gelungenen oder mißlungenen Aufständen lehrt – sich als ernst zu nehmen erwiesen haben, dürfen allerdings nicht wörtlich verstanden werden, ebensowenig wie die Behauptung, der Aufstand sei eine Kunst wie der Krieg. Die allgemeinen Grundsätze der Kriegskunst sind viel starrer als jene, die den Aufstand regeln. Vor allem sind in einem Krieg die Kombattanten bei Todesstrafe gezwungen zu kämpfen, während in einem Aufstand die Teilnahme der Aufständischen, zumindest im Verlauf der ersten, schwierigsten Phase, nur freiwillig sein kann. In einem Krieg weiß man stets genau, wie groß die Anzahl der Kombattanten ist, die man einsetzen kann; in einem Bürgerkrieg ist alles ungewiß. Im Krieg zwischen modernen Staaten ist die nötige Bewaffnung gesichert; in Aufständen, selbst in den gründlich vorbereiteten, kann man zu Beginn auch ohne Waffen kämpfen müssen oder nur mit Waffen ausgerüstet sein, die der Sachlage nicht entsprechen. Im Krieg ist die Front der kämpfenden Heere klar abgesteckt; in einem Aufstand bleibt sie für geraume Zeit unbestimmt. Im Krieg haben die Heere stets eine gewisse Manövrierfreiheit; im Falle eines Aufstands ist die Freiheit des Manövrierens auf den ersten Zusammenstoß beschränkt. Ist der Aufstand ausgebrochen, kann er jedoch nicht mehr aufgehalten werden.

Diese Unterschiede erfordern für den Aufstand elastischere, keinesfalls absolut geltende Grundsätze. Aufstände erlernt man durch das Studium von Aufständen, also mit Hilfe der Erfahrung, nicht aber aus genialen Deduktionen. Man muß mit induktiver Klugheit vorgehen und darf sich dabei einzig und allein auf Erfahrung stützen.

Der Blanquismus

Lenin bekundete wiederholt, daß seine Auffassung vom Aufstand nichts mit dem Blanquismus zu tun habe. Angesichts der Ernsthaftigkeit der Aufstandsideologie von Marx-Engels-Lenin könnte man daher meinen, der Blanquismus sei nichts anderes als eine Abenteurerideologie, blindwütige Aktion um der Aktion willen, mithin als indiskutabel zu verdammen. Die Wahrheit ist, daß Lenin sich gegen die Anschuldigungen des reformistisch-legalitären Flügels der russischen sozialdemokratischen Partei zu verteidigen hatte. Dieser kannte den Blanquismus nur aus den schweren Vorwürfen, die die gesamte wohlmeinende Demokratie Frankreichs, angeführt von Louis Blanc, gegen Blanqui vorgebracht hatte. Louis Blanc konnte es dem rückfälligen Revoluzzer nie verzeihen, daß er sich »schuldig gemacht hatte, die Ruhe der Stadt auf unvorhersehbare Weise zu gefährden«. Er spricht von Blanqui wie einst Cicero von Catilina.

Für Plechanow und Martow ist der Blanquismus gewalttätiges Abenteurertum einer aufrührerischen Minderheit. Lenin will nicht als Abenteurer des Aufstands gelten, daher leugnet er, ein Anhänger Blanquis zu sein. Trotzdem ist die Aufstandstheorie Lenins keine Verleugnung des Blanquismus, sondern seine Fortsetzung, unter Berücksichtigung einiger Erfahrungen. Das Jakobinertum, die Lehren Babeufs und Blanquis und der Bolschewismus sind Etappen ein und desselben Weges: Das Komplott muß den Volksaufstand ergänzen. Die Avantgarde muß die Massen lenken. Kurzum, es ist die Theorie vom sicher gelenkten und geführten Aufstand, in dem kein Raum bleibt für die plötzlichen vagen Instinkte der Masse. Diese Schule entreißt den Technikern und Professionisten das Geheimnis der Kriegsführung, um es den revolutionären Kadern anzuvertrauen. Die Eindringlichkeit, mit der Lenin wiederholt versichert: Wir sind keine Anhänger Blanquis!, hat nur polemische Bedeutung.

Im übrigen kannte Lenin die Aufstandsideologie Blanquis nicht; er konnte sie auch nicht ausreichend kennen. Auch heute sind einige ihrer Züge noch nicht ganz klar. Niemand in Frankreich noch anderswo hat je eine vollständige kritische Studie über die Theorie des Aufstands bei Blanqui geschrieben. Die Studien der letzten Jahre sind gewiß aufschlußreich, aber nicht erschöpfend. Als Lenin über den Blanquismus schrieb, waren sogar noch die wichtigsten Dokumente unbekannt, darunter die von Granger in der *Bibliothèque nationale* hinterlegten Manuskripte, die erst seit 1930 nach und nach wiederentdeckt wurden. Über den Blanquismus führt bis heute die Kritik der bürgerlichen Demokratie das große Wort, die nur jenen Volksaufständen Bewunderung zollt, aus denen sie Nutzen gezogen hat. Der Blanquismus wird überdies durch die Tatsache belastet, daß kein von Blanqui angezettelter Aufstand Erfolg hatte. Man wird summarisch urteilen und daher niemals zugeben wollen, daß ein Hauptmann, der alle Kämpfe verloren hat, als Meister der Strategie gelten könne. Trotzki hat Blanqui besser gekannt und läßt ihn, in seiner *Geschichte der Revolution*, deren letzter Band, in dem der Blanquismus behandelt wird, 1933 erschienen ist, teilweise Gerechtigkeit widerfahren. Allein auch er irrte hin und wieder, wie man heute leicht feststellen kann.

Trotzki sagt: »Der Hauptirrtum Blanquis besteht darin, die Revolution dem Aufstand gleichgesetzt zu haben.«

Blanqui hat nie derartigen Unsinn verzapft. Für ihn ist der Aufstand der einzige Weg, um eine Revolution zu beginnen, genauso wie für uns. In unseren Augen ist beispielsweise der bolschewistische *Aufstand* jene gewaltsame Aktion vom Oktober 1917, die in diesem Oktober begonnen hat und zu Ende gegangen ist. Dagegen betrachten wir als die bolschewistische *Revolution* jenen Zyklus, der mit dem Aufstand von 1917 begonnen hat und der heute noch fortdauert. Auch für Blanqui ist der Aufstand eine Sache und die Revolution eine andere. Beide sind voneinander grundverschieden. Der Aufstand ist die militärische Aktion, der Straßenkampf, durch den man die Macht ergreift; die Revolution ist jene Periode, in der man den republikanischen Staat bildet und – gegen die monarchische, klerikale und bürgerliche Reaktion – Demokratie und Sozialismus verwirklicht. Es sind dies zwei Begriffe, zwei Phasen, die nicht zusammenfallen, sondern sich klar voneinander unterscheiden. In dem für die Insurrektion vom 12. Mai 1839 vorbereiteten Aufruf an das Volk scheinen die Namen der militärischen Anführer (Aufstand) auf einer Seite des Plakates auf, die politischen Führer der provisorischen Regierung (Revolution) auf der anderen. Zugegeben, es waren vielfach da wie dort die gleichen Namen. Doch kann man auch von Trotzki nicht behaupten, er habe, da er 1917 den Aufstand von Petersburg angeführt hat und anschließend Mitglied der Revolutionsregierung gewesen ist, Aufstand und Revolution verwechselt. In der Kritik, die Blanqui am Aufstand vom Februar 1848 und am politischen Scheitern dieses Unternehmens übt, hebt er den Erfolg des Aufstands und den Zusammenbruch der Revolution hervor. Weiters macht er klar, daß der Sieg des Aufstands nur durch eine vorübergehende Diktatur der Revolution hätte gerettet werden können. Daß er zwischen Aufstand und Revolution unterschied, verstand Thiers sehr wohl, der Blanqui in Haft behielt und sich beharrlich weigerte, ihn der Kommune zu übergeben, die das Angebot machte, zuerst den Erzbischof von Paris, seine Schwester und vier der laut Dekret vom 5. April als Geiseln inhaftierten Notabeln und schließlich alle 74 Geiseln als Gegenleistung für Blanqui auszutauschen. Thiers wußte genau, daß er mit der Freilassung Blanquis der

Kommune nicht nur die Kraft eines Armeekorps, sondern das Haupt der Revolution überlassen hätte.

Der Irrtum Blanquis – so schreibt Trotzki — war seine Überzeugung, daß die Beachtung der Regeln der Aufstandstaktik allein schon imstande sei, den Sieg zu sichern.

Aber kann man einem General, der ein Heer befehligt, die Überzeugung vorwerfen, daß es zum Siege notwendig sei, die Grundsätze der Kriegskunst zu kennen und zu befolgen? Und kann ein Marxist Blanqui vorwerfen, den Aufstand als eine Kunst angesehen zu haben? Wenn man Blanqui vorwirft, er habe die Bedeutung der Barrikaden überschätzt, so muß man sich anderseits vor Augen halten, welche Bedeutung die Barrikaden in Theorie und Praxis im vergangenen Jahrhundert tatsächlich stets gehabt haben. Blanqui nahm am Aufstand von 1830 teil. Im Aufstand vom Februar 1848 konnte er, obwohl er sich im Spital von Tours befand, schon vom zweiten Tage an, am 25., in Paris sein. In beiden Aufständen waren es die Barrikaden, die den Erfolg über die bewaffnete Macht der Monarchie ermöglichten. Beim Begräbnis des Generals Lamarque, am 5. Juni 1832, vermochten wenig mehr als hundert Aufständische auf den Barrikaden der Rue Saint-Merri die 60.000 Mann des regulären Heeres und der Nationalgarde in Schach zu halten. In Lyon waren es im November 1831 die Barrikaden der aufständischen Weber, die den königlichen Truppen standhielten. 1834 erhoben sich die gleichen Weber ein zweites Mal und hielten eine Woche lang mit ihrem Barrikadenkampf das ganze reaktionäre Frankreich in Atem. Die beiden Aufstände von Lyon endeten mit dem Massaker der Aufständischen, doch welche Lehre boten sie dem Volke, den Revolutionären! Im Mailand des Jahres 1848 waren es die Barrikaden, die das von Feldmarschall Radetzky befehligte österreichische Heer, eines der bestorganisierten Europas, aus der Stadt vertrieben. In Wien und in Berlin mußten die kaiserlich-königlichen Heere 1848 vor den Barrikaden kapitulieren. Die Barrikade war mithin das taktische System des Jahrhunderts, mit dessen Hilfe die Aufständischen die Streitkräfte der Reaktion zermürben, den Nachschub von Munition und Proviant unterbinden, die Manövrierfähigkeit behindern und schließlich die Truppen dazu zwingen konnten, die Stadt zu verlassen. »Eine neue Lehre, die die stehenden Heere diskreditiert und beschämt«, schrieb Cattaneo.

Hätte Blanqui diese Beispiele ignorieren und mißachten sollen? Seine vollständigste und reifste Schrift über das Problem des Straßenkampfes, *Instructions pour une prise d'armes*, die man wohl mit 1869 datieren muß, enthält überaus aufschlußreiche Gedanken. Er untersucht darin die Fortschritte in der Technik der Reaktion gegenüber Aufständen im Lichte der letzten Erfahrungen. Vor allem werden die Barrikaden vom Juni 1848 als Beispiel für Unentschlossenheit und Torheit hingestellt, die einer Regierung in voller Auflösung und mit demoralisierten Truppen die Möglichkeit ließen, wieder die Oberhand zu gewinnen. Blanqui unterzieht diese Fehler einer bewundernswerten Kritik.

Alle Studien und Theorien Blanquis gelten natürlich nur für Paris. Die Truppen aus Paris hinauszuwerfen – darauf kam es ihm an. Dank diesem einzigen Erfolg wäre ganz Frankreich besiegt gewesen, der Aufstand hätte triumphiert. Aber der im März aus Mailand vertriebene Radetzky konnte sein Heer im Festungsviereck wieder sammeln, neu aufstellen und im August wieder in die aufgegebene Stadt Mailand einziehen. Nachdem das kaiserliche Heer im März und im Mai 1848 in Wien besiegt worden war, führte Jellačić es im November wieder endgültig in die österreichische Hauptstadt zurück. Nach der Niederlage in Berlin im Monat März 1848 zog das Heer Friedrich Wilhelms mit Wrangel an der Spitze acht Monate später wieder triumphal in Berlin ein. Was hätte das königlich-französische Heer nach der Pariser Niederlage tun sollen? Sich der Republik unterwerfen? Hier hat Blanqui geirrt. Sein einziger Irrtum bestand darin, daß er nur Paris kannte und sah und nichts darüber hinaus.

Ein Irrtum?

Dies war der geistige Habitus aller Jakobiner und ihrer Jünger im 19. Jahrhundert. Paris beherrschte die ganze Revolution von 1789 bis 1793, Paris beherrschte das Direktorium, das Konsulat, das Kaiserreich. Paris liquidierte Napoleon, Karl X. und Louis Philippe. Diesem Gesetz fügten sich sogar die Monarchisten, die nicht einmal daran dachten, jenseits der Bastionen der Hauptstadt Widerstand zu leisten oder ihre noch intakten Truppen einzusetzen. Der Zauber einer jahrhundertealten Tradition wurde von der Versailler Versammlung gebrochen, die Paris vom übrigen Frankreich isolierte und der Hauptstadt jede Autorität aberkannte. Niemand wagte die Tradition wiederaufleben zu lassen, nicht einmal Boulanger. Sie wurde nur zum Teil von Daladier wiederhergestellt, der, als letzter Nachfahre der Jakobiner, Paris die souveränen und totalitären Rechte wiedergab, und zwar an dem Tag, an dem er sich von ein paar wenig gefährlichen Lausbuben von der Macht verscheuchen ließ (Februar 1934).

Deshalb könnte Blanqui für Frankreich auch heute noch aktuell sein. »Die Verschwörung kann den Aufstand nicht ersetzen«, schreibt Trotzki. »Die aktive Minderheit des Proletariats ist nicht in der Lage, die Macht zu ergreifen, und sei sie noch so gut organisiert. Darin, und nur darin, wird der Blanquismus von der Geschichte widerlegt und verurteilt.«

Das stimmt jedoch nicht. Der Blanquismus kann von der Geschichte nicht verurteilt werden, nicht einmal in dieser Hinsicht. Denn Blanqui hat nicht einmal im Traume daran gedacht, den Aufstand durch die Verschwörung zu ersetzen. Und nie hat er daran gedacht, die Macht nur mit Hilfe einer Minderheit und unabhängig von der allgemeinen Lage im

Lande zu ergreifen. Das ist ein Fehler, der auch wohlmeinenden Kritikern unterlaufen ist. Zu seiner Korrektur ist es nötig, vor allem die Anzahl der von der Literatur Blanqui zugeschriebenen versuchten Aufstände auf die historische Anzahl zu reduzieren. Blanqui starb mit 76 Jahren; mehr als die Hälfte seine Lebens verbrachte er im Kerker, doch sind viele seiner Verurteilungen nur wegen seiner illegalen Tätigkeit in reaktionären Zeiten erfolgt, nicht aber wegen versuchten Aufstands. Die sogenannten Aufstände vom 15. Mai 1848 und vom 31. Oktober 1870, derentwegen er zu zehn Jahren Kerker beziehungsweise zu lebenslänglicher Haft verurteilt worden ist, sind nur in der Anklageschrift als Aufstände dargestellt. In Wirklichkeit waren es zwei mehr oder minder organisierte Volksdemonstrationen, um auf die bestehenden Gewalten einen Druck auszuüben. Jener vom 15. Mai, dessentwegen die monarchistische Bourgeoisie mit der phrygischen Mütze soviel Lärm schlug, fiel mit einer spontanen Volksbewegung zusammen. Das Proletariat und das Kleinbürgertum von Paris protestierten da gegen die Besitzenden der Provinz, aus denen die Mehrheit der verfassunggebenden Versammlung bestand. Barbès, der gegen die Demonstration war und seinen *Club* bewogen hatte, nicht daran teilzunehmen, wurde mitgerissen und landete im Hotel de Ville. Selbst gegen Louis Blanc, der den Versammlungssaal nicht verlassen und sich redlich bemüht hatte, die Kundgebung aufzuhalten, wurde wegen dieser »Verbrechen« ein Verfahren eingeleitet, das dann mit nur 369 Stimmen gegen 337 abgelehnt wurde. So sicher fühlte sich die Reaktion bereits. Im Verlauf des ganzen Tages war kein einziger Schuß gefallen.

Die einzigen von Blanqui organisierten bewaffneten Aufstände in der eigentlichen Bedeutung des Begriffs sind jener vom 12. Mai 1839 gegen Louis Philippe und jener vom 14. August 1870 gegen das Kaiserreich. Dieser zweite wurde allerdings durch die Ereignisse überstürzt ausgelöst: Er ist daher nicht durch die Technik der Vorbereitung wie der vorangegangene gekennzeichnet. Blanqui war in Brüssel, als die Helmbüsche Napoleons III. durch die Luft zu wirbeln begannen. Die Preußen legten bereits in den ersten Zusammenstößen eine unerwartete Überlegenheit im Manövrieren an den Tag. Die Nachrichten von den ersten kaiserlichen Niederlagen, Reichshofen und Forbach, bestürzten Europa und brachten Paris in Wallung. Jedermann merkte, daß der Fortbestand des seit Jahren morschen Kaiserreiches nun vom ersten Windzug abhing. Blanqui eilte nach Paris, versammelte in vierundzwanzig Stunden die Besten seiner Partei – alles in allem dreihundert – und versuchte mit einem Gewaltstreich, das Volk aufzurütteln und den Aufstand auszulösen. La Villette, wo er seinen Versuch startete, war eines der volkreichsten Viertel der Stadt, und das Feuerwehrdepot, in dem er ein reichhaltiges Waffenlager vorzufinden hoffte, war durch und durch demokratisch. Doch die Feuerwehrleute weigerten sich, die Waffen auszuliefern und mit den Republikanern gemeinsame Sache zu machen. Diese vertrieben mit wenigen Schüssen eine Abteilung herbeigelaufener Polizisten und marschierten durch den Boulevard Belleville. Angesichts der allgemeinen Gleichgültigkeit zerstreuten sie sich auf ausdrücklichen Befehl Blanquis.

Dies war die Affäre von Villette, über die die großen Strategen lächeln. Ohne Zweifel mag man darüber lächeln, wenn man die Ereignisse mit den Maßstäben von heute – Dezember 1935 – mißt. Gewiß wäre es ein eher kurioses Schauspiel, wenn beispielsweise Léon Blum mit 300 Freiwilligen sich um das Feuerwehrdepot am Boulevard St. Michel zusammenrotten würde, um zu parlamentieren, ein paar Schüsse in der Cité abzufeuern und dann zwischen dem Quartier Latin und dem Châlet entlang den Boulevards oder der Kais umherzustreifen, während die Leute weiterhin unbeteiligt in den Kaffees sitzen oder an den Kais der Seine angeln. Allein, die allgemeine Lage war damals etwas anders als heute: Drei Wochen danach, am 4. September, wurde in Paris die Republik ausgerufen.

Gleichwohl wäre es eine gewaltige Übertreibung, wollte man behaupten, Blanquis Unternehmen sei geglückt. Doch muß man es seinem Rahmen entsprechend beurteilen. Blanqui selbst hat überdies weder die Planung noch die Ausführung der Aktion vom 14. August in hohen Tönen gepriesen. Er erkannte sofort das Unzeitgemäße der Aktion und die Nutzlosigkeit, sie mit seiner kleinen Gruppe fortzusetzen. Er hatte gehofft, daß die Masse des Volkes sich zu seiner Unterstützung erheben würde. Er hatte nämlich geglaubt, daß die allgemeine Lage ihm günstig sei. Er irrte in der Praxis, nicht in der Theorie. »Ohne das Volk vermögen wir nichts«, erklärte er seinen Leuten, ehe er sie entließ. Damit ist seine Theorie des Aufstands hinlänglich klar.

Er schrieb das Scheitern der Aktion nicht dem Volke zu, sondern sich selber. Er gab zu, sich geirrt zu haben, da »die Stunde noch nicht gekommen war«; das heißt also, er hatte gedacht, daß eine Situation günstig sei, die es noch nicht war. Er sagte und schrieb das, um zu verhindern, daß in Zukunft andere in denselben Irrtum verfielen. Ja er ging soweit, die ganze Verantwortung für das Scheitern auf sich zu nehmen; er gestand, in Brüssel, fern vom Schauplatz der Aktion, übereilte Entschlüsse gefaßt zu haben, die der Lage nicht gerecht wurden. »Jouer à faux, par un chef... est faute souvent irréparable*.« Es ist der gleiche Gedanke wie bei Engels, den Lenin dann oft wiederholte: »Erstens, du sollst nie mit dem Aufstand spielen.«

Der Aufstand vom 12. Mai 1839 offenbarte noch deutlicher das Wesen des Blanquismus. Seine Geheimorganisationen, *La Société des Familles* zuerst, dann *La Société des Saisons*, trafen rechtzeitig die

---

* Schlecht zu spielen ist für einen Führer ein oft nicht wiedergutzumachender Fehler.

Vorbereitungen und warteten auf den günstigen Augenblick. Die Organisationen waren geheim, die politische Propaganda reichte jedoch über einen in sich geschlossenen Verschwörerkader sehr weit hinaus. Man handelte nicht nur, um die Aristokratie, die sich in olympische Höhen geflüchtet hatte, aus den Wolken zu holen, sondern auch und vor allem, um Verbindung mit dem Volk aufzunehmen und in das Heer einzudringen. Infanterieabteilungen, die man verdächtigte, sie wären von der Propaganda des Blanquismus angesteckt, wurden aus Paris entfernt und nach Afrika geschickt. Illegale Zeitungen gingen in den volkreichen Vierteln von Hand zu Hand. Die grobschlächtige Reaktion forderte zu individuellen Attentaten heraus, die nicht im Sinne des Blanquismus lagen, und bewirkte Machenschaften aller Art. In Paris wimmelte es von Geheimklubs.

1839 verschärfte sich die politische Lage durch eine schwere wirtschaftliche und finanzielle Krise, die in den Vereinigten Staaten mit der Inflation begonnen und dann auf Großbritannien und schließlich auf Frankreich übergegriffen hatte. Unausgeglichenes Budget, Geldentwertung, Preissteigerungen, verarmtes Kleinbürgertum, Arbeitslosigkeit, gesenkte Löhne in der Arbeiterklasse, Konkurse, Bankrotte, Mutlosigkeit in den herrschenden Klassen – so sah es in jenem Mai aus. Die politische Krise wurde durch die Wahlen noch verschärft. Die Opposition hatte gesiegt; die parlamentarische Krise dauerte bereits zwei Monate, ohne daß es gelungen wäre, eine verfassungsmäßige Regierung zu bilden. Zwei Monate Dauerkrise – das war zuviel, selbst im vergangenen Jahrhundert. Es war viel schlimmer als am 6. Februar 1934. Die Unzufriedenheit des Volkes war akut geworden: Demonstrationen und Umzüge, Zusammenstöße mit den Ordnungsmächten, Verhaftungen.

Als die Krise ihren Höhepunkt erreichte, entschloß sich Blanqui für den Aufstand. Das Volk schien hinreichend bereit. Er bestimmte, daß die Aktion am 12. Mai um 14.30 Uhr beginnen sollte, und zwar aus vielerlei Gründen: Einmal weil die Parlamentskrise nach dem Scheitern von sechs Regierungskombinationen schon am nächsten Tag behoben sein konnte, indem der Kammer als Regierungschef Marschall Soult präsentiert wurde; zweitens weil der 12. ein Sonntag war und somit ein Großteil der militärischen und politischen Bürokratie bei Ausbruch der Aktion bei den Rennen und die Nationalgarde überall verstreut sein würde; und schließlich weil in der Pariser Garnison die Regimenter durch frische Einheiten abgelöst wurden und die Neuankömmlinge sich in der Stadt noch nicht recht auskannten. Alles war mit militärischer Präzision vorbereitet: Informationen über den Feind, Sondierung des Terrains, Konzentration, Waffen, Munition, Marscheinteilung der Kolonnen. Auch die Geheimhaltung hatte funktioniert.

Der Plan sah vor: Aufbruch von der Rue Saint-Martin, Angriff auf die Polizeipräfektur, das eigentliche Hauptquartier der monarchistischen Verteidigung von Paris; das ganze Viertel der Cité sollte zum Brückenkopf am linken Seineufer werden, im Rücken gedeckt durch das Gros der volkreichen Stadtviertel und das Rathaus, in dem die provisorische Regierung wie schon 1830 ihren Sitz haben würde. Die Barrikaden der Cité sollten nicht zur Defensive dienen – der Aufstand sollte sich dort nicht festfahren –, sie sollten vielmehr eine Befestigung sein, von wo aus die Offensive zur Eroberung der Hauptstadt losbrechen sollte.

Die Aufständischen – schätzungsweise 500 bis 800 Mann – bildeten eine bewaffnete Avantgarde, die sich mit unübertrefflicher Kühnheit und mit Wagemut schlug. Blanqui, Barbès und Martin Bernard waren nicht nur politische Führer, sondern auch militärische Chefs, die nicht in der Etappe blieben. Um sie scharten sich – wie tapfere Soldaten im Kanonendonner – die besten Republikaner der anderen Geheimgesellschaften.

Der Hauptangriff scheiterte am Widerstand der Polizeipräfektur. Doch wurden die Kämpfe um das Rathaus und in den angrenzenden Vierteln fortgesetzt. Die Aktion nahm am rechten Seineufer ihren Fortgang, wo sofort Barrikaden gegen die Nationalgarde, die Stadtgarde und Infanterietruppen errichtet werden. Diese Barrikaden, die anscheinend zu Defensivzwecken improvisiert wurden, um den ersten Fehlschlag wettzumachen, waren jedoch in allen Einzelheiten hervorragend durchdacht, um das Terrain auszunützen, die Arbeiterviertel untereinander zu verbinden und um neue Offensivhandlungen um Saint-Denis, Saint-Martin, um die Hallen (die zu Zentren der Aktion gewordenen klassischen Aufstandsviertel) in Gang zu bringen. Erst bei Einbruch der Nacht, nach einer Reihe erbitterter Kämpfe, gelang es dem Heer Louis Philippes, die Oberhand zu gewinnen. Allein, am nächsten Tag forderten die Revolutionäre die Truppen erneut heraus, die die ganze Nacht hindurch auf den Boulevards biwakiert hatten. Neue Barrikaden wurden errichtet und das Temple-Viertel wurde zum Widerstandszentrum. Mit dem Versuch, die Zöglinge des Polytechnikums zu mobilisieren, brach der Aufstand nach einer kühnen Angriffsaktion auf dem linken Seineufer zusammen. Er war gescheitert, weil es nicht gelungen war, das Heer für sich zu gewinnen und das Volk in Bewegung zu setzen.

Mithin war der Augenblick für die Sache nicht günstig gewesen, auch diesmal nicht. Das Volk war nicht genügend aufgeheizt worden. Es gibt kein Thermometer, das mit wissenschaftlicher Exaktheit die Temperatur der Volksstimmung angeben könnte – und daher ergibt sich eben die große Unbekannte jedes Aufstands und das Risiko, das jedem Aufstand innewohnt. Verhielte es sich anders, wäre jeder Aufstand eine todsichere Sache, ohne Risken und Gefahren, eine Art chemischer Verbindung, die man herstellt, sobald man alle von der

Laborerfahrung geforderten Elemente zur Hand hat. Es gibt Augenblicke, die günstig zu sein scheinen, es aber keineswegs sind, oder aber Augenblicke, die zwar günstig sind, aber nicht genügend als solche in Erscheinung treten. Zur ersten Art gehört die Aktion vom 12. Mai – zur anderen der bolschewistische Oktoberaufstand. Heute will uns scheinen, daß selbst ein Blinder hätte sehen müssen, daß jener Augenblick für die Bolschewisten der günstigste war. Trotzdem, ohne die Autorität Lenins wäre diese Stunde wahrscheinlich ungenützt verstrichen, hätte man weiter auf das Wunder einer noch günstigeren Stunde gewartet. Wollte man jedesmal, wenn es zu handeln gilt, die absolute Gewißheit des mathematisch sicheren Erfolges verlangen, wäre es nie auch nur zum Versuch eines Aufstands gekommen.

Der Blanquismus kann auch nicht wegen der Aktion vom 12. Mai verurteilt werden, ebensowenig wie der Bolschewismus für die Aktion von 1905 oder für jene vom 2. bis 4. Juli 1917 verurteilt werden kann. Beide haben ohne Zweifel zum Erfolg des Oktoberaufstands beigetragen. So hat der 12. Mai 1839 den Februar 1848 vorbereitet. Selbst die Kommune schuldet den Erfahrungen des Blanquismus manches. Dies war wohl auch der Grund, weshalb in der ersten Sitzung der Kommune der abwesende Blanqui zum Ehrenpräsidenten ausgerufen wurde. Und dies, obwohl ganze zwanzig Jahre seit dem *Kommunistischen Manifest* vergangen waren.

Die Kommune geht auf Blanqui zurück, so wie der Oktoberaufstand auf Marx und Engels zurückgeht.

Der Aufstand Mazzinis

Ein Italiener kann nicht über den Aufstand schreiben wollen, ohne Mazzinis zu gedenken, des »niederträchtigen Bandenchefs und Dämons«, wie ihn Graf Cavour in abgewogener Diplomatensprache zu nennen beliebte.

Hier wollen wir nicht mit einigen wohlplacierten, großspurigen Sätzen des gewaltigen Werkes Giuseppe Mazzinis gedenken. Die knappe kritische Untersuchung seines Werkes, die wir unternehmen, wird keine Apologie sein. Das ganze 19. Jahrhundert Italiens trägt seinen Stempel. Angesichts der Größe dieses Propheten der nationalen Einigung und der demokratischen Bewegung Italiens kann Kritik gewiß nicht respektlos sein.

Mazzini kannte keine Theorie des Aufstands. Gleichwohl stand seine Bewegung, von der Gründung der *Giovane Italia* (Junges Italien) im Jahre 1831 bis zum Jahre 1870, mit Ausnahme einer kurzen Zeitspanne erzwungener Untätigkeit, im Zeichen des Aufstands. »Es ist nötig, die Stelle oder die Stellen zu überzeugen, die handeln sollen, daß es genügt, in Italien die Initiative zu ergreifen, damit von überallher Gefolgschaft kommt und der erste Mahnruf sich als Echo überall fortsetzt.« Das war die ihn beherrschende Überzeugung seit den Tagen seiner Expedition in Savoyen. Er blieb ihr unbeirrt trotz allen Rückschlägen treu. »Ein gescheiterter Versuch? Was hat das schon zu bedeuten? Wieder von neuem versuchen, bis es gelingt. Nur so erreicht man etwas.« Dies ist die Leitlinie eines Apostels, nicht die eines militärischen Chefs.

In seiner Schrift *Über den Insurrektionskrieg im Interesse Italiens* aus dem Jahre 1833, auf die die *Instruktionen für nationale Banden* folgten, versuchte Mazzini, Grundsätze aufzustellen. Allein die Voraussetzungen, von denen er ausging, waren so wenig zutreffend, daß die ganze Gedankenkonstruktion untauglich wurde. Mazzini ließ sich in dieser Schrift von den historischen Beispielen der Niederlande im Aufstand gegen Philipp II., der Vereinigten Staaten gegen England, der Griechen gegen die Türken sowie Rußlands, Deutschlands und Spaniens gegen Napoleon anregen. Doch in Italien würde sich niemals eine ähnliche Lage ergeben. 1848 stand Italien im Zeichen von Massenaktionen in den Städten, desgleichen 1859. Garibaldis »Expedition der Tausend« nach Sizilien und Neapel war dann nicht mehr und nicht weniger als eine Bandenaktion.

Mazzini glaubte an den Bandenkrieg. Jene Bande des Michele Manino, die in der Umgebung von Mondovì (Piemont) sechs oder sieben Jahre lang ihr Unwesen getrieben hatte, verdiente in seinen

Augen nachgeahmt zu werden. Auch die anderen, mehr oder weniger berüchtigten, von wirklichen und eingefleischten Banditen angeführten Banden im Apennin, in Ligurien, in der Lunigiana, im Molise und in Kampanien bestärkten Mazzini in der Überzeugung, daß man nationale Banden – »hundert Kerne« *(nòccioli)* – auf die Beine stellen könne, die die Aktion in Gang bringen sollten. In seinem Bandenenthusiasmus vergaß er Sardinien, das die berühmtesten zu bieten hatte.

Die *Instruktionen für nationale Banden* sind ein technisches Werk. Sie leiten sich von der 1830 in Frankreich gedruckten Schrift von Carlo Bianco ab, dem General der Savoyenexpedition. Die Banden sind für Mazzini die bewaffnete Avantgarde, die Vorläufer und Herolde der Nation, welche sie zum Aufstand führen. Sie sind die ersten Kerntruppen des künftigen nationalen Heeres.

Die *Instruktionen* sind in 42 Artikel zusammengefaßt, die eine auf Erfahrung gegründete Sachkenntnis bezeugen und theoretisch auch in unseren Tagen Geltung haben können. Als im Untergrund zirkulierende Schrift verbreitet, mußten diese Instruktionen den Verschwörern der Zeit ganz auf den Leib geschrieben sein. Mazzini hat ihnen eine solch ernste Bedeutung beigemessen, daß er sie mit zusätzlichen Bemerkungen 1849 in neuer Auflage veröffentlichte, also zur Zeit der Römischen Republik, und dann noch einmal 1853 im Exil. Ein Exemplar muß wahrscheinlich Andrea Costa in die Hände gefallen sein, als er sich 1874 daran machte, Imola mit Hilfe proletarischer Banden aufzuwiegeln. Aber das Unternehmen fiel so kläglich aus, daß er zum Reformismus überging.

Nach diesen Schriften befaßte sich Mazzini in der Folgezeit nicht mehr mit der Theorie des Aufstands; von da ab blieb seine Tätigkeit praktisch, empirisch.

Die Expedition nach Savoyen war sein erstes großes Experiment. Vom militärischen Gesichtspunkt aus war sie ein wahres Debakel. Sie wurde in unseren Tagen nur noch von der katalanischen Expedition des Obersten Macia übertroffen. Man wird zugeben müssen, daß die beiden Organisatoren, Mazzini und Macia, keine hervorragenden militärischen Eigenschaften besaßen, unbeschadet der Tatsache, daß Macia den Rang eines Obersten im regulären Heer bekleidete. Allein – es ist bekannt, daß die Kutte noch nicht den Mönch ausmacht. Beide Expeditionen haben viele Gemeinsamkeiten und ähneln einander wie ein Ei dem anderen in der naiven Einfalt, mit der sie ausgeführt worden sind, und auch aus anderen Gründen. Die Expeditionskorps waren in beiden Fällen ein Sprachen- und Nationengemisch (Italiener, Polen, Schweizer, Deutsche in der Mazziniexpedition, Italiener und Katalanen in jener Macias), so daß sich ein babylonisches Sprachengewirr ergeben mußte. Und so war es auch, im Übermaß. Verglichen damit waren die militärischen Leistungen geradezu vorzüglich. Beide Unternehmen hatten ihre großen

Verräter: Im katalanischen spielte Ricciotti Garibaldi die Rolle, die General Ramorino Mazzini gegenüber gespielt hatte. In beiden Fällen waren die Polizeikräfte der betroffenen Länder ausgiebig und rechtzeitig informiert worden. Während aber die Kolonnen Mazzinis ungehindert die Grenze überschreiten konnten, wurde die Kolonne Macias von einem stattlichen Aufgebot franko-spanischer Truppen in Empfang genommen, die sie seit vierundzwanzig Stunden erwarteten.

Dennoch hatten beide Unternehmen zu ihrer Zeit nachhaltige Wirkung. Das rührt daher, daß die öffentliche Meinung in gewissen Situationen die technisch-fachlichen Einzelheiten übersieht und sich vom moralischen Wert des Ganzen beeindrucken läßt. Die Tatsache, daß in so schwierigen Zeitumständen die aufständischen Kolonnen imstande waren, sich zu bewaffnen und zu marschieren, war in den Augen der Öffentlichkeit bereits ein Erfolg. Ein Beispiel: Die wirklich große Volkstümlichkeit und Beliebtheit Garibaldis in Italien datiert von jenem kleinen Gefecht von Velletri am 19. Mai 1849 gegen das bourbonische Heer, im Verlauf der Verteidigung der Römischen Republik. Es war in Wirklichkeit nicht einmal ein Gefecht, sondern ein Vorhutscharmützel, das obendrein noch ein schweres Vergehen gegen die Disziplin darstellte. Aber es hatte die öffentliche Meinung wachgerüttelt.

Der Mißerfolg der Savoyenexpedition wurde von allen Mazzinianern dem General Ramorino in die Schuhe geschoben, den aber damals niemand als einen Verräter zu bezeichnen wagte, so groß war die Autorität dieses unglückseligen Abenteurers, ungeachtet seines ungeordneten und zwielichtigen Lebenswandels. Daß man ihm das ganze Geschick der Expedition anvertraut hatte, war ein durch nichts zu mildernder Irrtum. Anderseits aber ist es nicht glaubhaft, wenn Mazzini behauptet, daß ohne den dubiosen General der Aufstand in Savoyen zum Aufstand Italiens geworden wäre. Die Lage in Italien war weit davon entfernt, reif für einen Aufstand zu sein. Nicht einmal Savoyen war es. Die Aufständischenkolonne von zweihundert Freiwilligen, die in Grenoble aufgebrochen war, um sich mit jener Mazzinis zu vereinigen, kannte keine Verräter. Dennoch war die savoyardische Bevölkerung ihnen gegenüber fast gleichgültig, so daß sie in Les Echelles nach kurzem Gefecht unterliegen mußten. Der Zeitpunkt war noch nicht günstig gewesen.

Die Expedition wäre auch dann, wenn Ramorino ein verläßlicher Befehlshaber gewesen wäre, zum Scheitern verurteilt gewesen, dies vor allem wegen der Art und Weise, wie Mazzini und seine Getreuesten sie organisiert hatten. Sie hatten sie zunächst für den Oktober 1833 anberaumt, dann auf November verschoben und dann wieder von Woche zu Woche auf den 25. Dezember und auf Jänner verzögert, bis sie endlich am 1. Februar 1834 zustande kam. Die Polizeikräfte von Bern, Genf, Frankreich, Österreich und Piemont waren über alles auf dem laufenden. Unter solchen Umständen verzichtet man endgültig auf die Ausführung des Unternehmens, um allenfalls, wenn überhaupt, den Aufstand mit neuen Männern zu gelegenerer Zeit von neuem zu versuchen. Aber man setzt nicht an die tausend Männer (es waren etwa siebenhundert Freiwillige) um jeden Preis einer sicheren Niederlage aus. »Ein Unternehmen, das einmal einen bestimmten Grad der Entwicklung erreicht hat«, schrieb Mazzini, »gewinnt die Herrschaft über den Menschen und erlaubt ihm keinen Rückzug mehr.« Militärisch gesehen ist dies ein Irrtum. Die wahre Kriegskunst erfordert auch den Rückzug, wenn er notwendig wird, um einer sicheren, aber nicht unausweichlichen Niederlage zu entgehen. Die Sammlung der Freiwilligen um Genf war alles in allem ein Faschingszug; Einschreiten der Polizei, Entwaffnung, Volksdemonstrationen, Umzüge, Gebrüll, Reden und Beifall.

Die Savoyenexpedition hatte einen hohen politischen Wert. Militärisch gesehen war sie eine Anhäufung aller möglichen unverzeihlichen Irrtümer.

Die gleichen Mängel in der Organisationstechnik lassen sich in allen nachfolgenden Unternehmen unter Mazzinis Führung nachweisen. Die Vorbereitung ist stets unzulänglich; insgeheim hoffte Mazzini, das Volk werde durch den Aufstand die Mängel der wagemutigen Avantgardisten wettmachen. Doch das Volk ist kein Automat, der nach Belieben eingeschaltet werden kann. So geschah es auch dem Unternehmen vom 28. August 1848 in der oberen Lombardei, das in Val d'Intelvi kläglich endete. Nicht anders verlief der Aufstand vom 6. Februar 1852 in Mailand, der einen Rattenschwanz von Kritiken und Polemiken unter Mazzinis Gegnern, aber auch unter seinen Anhängern zur Folge hatte. Das nämliche gilt für die Expedition der Orsinibande, die mit ihren vierzig Männern mit Mühe und Not am 3. Mai 1854 die Mündung der Magra zu erreichen imstande war, was Garibaldi veranlaßte, in aller Öffentlichkeit entrüstet zu protestieren, sowie für die Aufstände von Genua und Livorno, die mit der Expedition von Pisacane hätten zusammenfallen sollen.

Die sogenannte Sapriexpedition geht auf das Konto von Carlo Pisacane und nicht auf jenes Mazzinis. Gewiß war Mazzini der geistige Antrieb des Unternehmens, doch der militärisch verantwortliche Chef war allein Pisacane. Noch heute scheint es unfaßbar, wie Pisacane sich in eine solch stattliche Reihe von Fehlhandlungen verstricken konnte, obwohl er eine höhere militärische Fachausbildung besaß, 1848 als Hauptmann in der Feuerlinie gestanden war und sich 1849 als hervorragender Generalstabschef des Heeres der Römischen Republik erwiesen hatte. Es war wohl mehr als tollkühn, mit nur zweiundzwanzig Mann aufzubrechen (einschließlich Pisacanes, nachdem die Vereinigung mit den Banditen von Rosolino Pilo, der siebzehn

Mann aufbot, gescheitert war), um sich eines Königreiches zu bemächtigen, wenn es auch nur jenes von Neapel war, das seinerzeit Karl VIII. vorübergehend erobert hatte. Zweiundzwanzig Mann waren selbst für das Neapel der Bourbonen zu wenig. Garibaldi setzte sich drei Jahre später mit 1000 Mann in Bewegung (er schiffte in Genua 1120 Mann ein und landete nach dem Zwischenspiel von Talamone in Marsala mit 1089 Mann), aber erst nachdem Palermo, Trapani, Messina, Catania, Marsala und andere sizilianische Städte bereits im Aufruhr waren.

Das unglückselige Unternehmen von Sapri hatte Garibaldi schon im Februar klar eingeschätzt, als er sich weigerte, es anzuführen, weil er »keine Möglichkeit des Gelingens sah«. Als er dann im folgenden Mai im Lauf der Unterredung zwischen Pisacane, Nicotera und White in Turin den Operationsplan sowie den Briefwechsel zwischen Fanelli und Mazzini sah, äußerte er nochmals seine pessimistische Ansicht über den Erfolg des Unternehmens. Ein gleiches tat er im Juni in Genua in der letzten Begegnung mit Pisacane. Garibaldi war wirklich ein hochtalentierter Mann der Tat, dem keine der zum Erfolg erforderlichen Voraussetzungen entging, unbeschadet seiner unbezwingbaren Sucht, sich hervorzutun, der er nur zu oft so manches Opfer brachte.

Man könnte Mazzini das Unternehmen zum Vorwurf machen, wäre nicht Pisacane am Vorabend nach Neapel gereist, um sich persönlich von der Tüchtigkeit und Verläßlichkeit der örtlichen Führer sowie von der Seriosität der Organisation zu überzeugen. Von diesem Augenblicke an entschied Pisacane alles und war für alles verantwortlich. Er merkte jedoch gar nichts – er sah weder die Unfähigkeit Fanellis noch die auf Sand gebaute Organisation. Einem geheimnisvollen Schicksal folgend, marschierte er heldenhaft dem sicheren Tod entgegen. Auch für ihn galt die Tatsache, daß ein Unternehmen der Herrschaft des Menschen entgleiten und ihn beherrschen kann, so daß es keinen Rückzug mehr für ihn gab. Dennoch schrieb Mazzini trotz seiner Verachtung für militärische Regeln, am 20. Juli 1844, aus London an Giuseppe Lamberti, also einen Monat nach dem tragischen Ende der Expedition der Brüder Bandiera, für die er in keiner Weise verantwortlich war: »Man muß sich aufopfern, um ein Geschehen anzukurbeln, eine gewaltige, zahlenmäßig bedeutende Expedition, die Gewähr dafür bietet, daß wir uns einige Zeit halten können.« Eben das tat später Garibaldi. Die bewaffnete Avantgarde, die einen Aufstand ins Rollen bringt, muß konkret vorhanden, sie darf nicht bloß ein Wunschtraum sein.

»Aus der Frage des Aufstands eine Frage des Krieges und der Strategie zu machen, ist ein Fehler von Schulkindern«, schrieb Mazzini im November 1848, nach dem gescheiterten Aufstandsversuch in der oberen Lombardei.

Das gerade Gegenteil ist wahr. Mazzini selbst bezog ein Jahr darauf – 1849 – angesichts des Zusammenbruchs der Römischen Republik eine entgegengesetzte Stellung und machte seinerseits aus dem Aufstand eine Kunst. Am 30. Juni schlug er vor, daß das aus 10.000 Legionären und 3000 Männern aus dem Volke bestehende Heer der Republik zusammen mit der Nationalversammlung, dem Triumvirat und allen Führern die Stadt verlassen und alle Geld- und Waffenreserven mitnehmen sollte. Sein Plan ging dahin, in Gewaltmärschen durch die Marken zu ziehen, über Arezzo in die Toskana einzudringen, in der Romagna bei Bologna wiederum in den Kirchenstaat einzumarschieren und die Rebellion gegen die Österreicher wieder anzufachen. Ein sehr waghalsiger, aber technisch durchführbarer Plan, ganz Kriegskunst und Strategie. Wäre der Plan verwirklicht worden, hätte man in der Lombardei den Aufstand wieder entfachen können.

Mazzini hatte im Gegensatz zu Engels, Blanqui und Lenin weder Gefühl noch besondere Leidenschaft für die Kriegskunst. Hin und wieder sprach er wie ein exakter militärischer Fachmann, doch handelte es sich dabei um geniale Intuition, um zufällige Gedankenfetzen, die mit den grundlegenden Prinzipien seiner Ideologie nichts gemein hatten.

Mazzini dachte, daß das italienische Volk den Despotismus verabscheue und, um die Unterdrückung loszuwerden, stets zum Aufstand bereit sei, sofern eine Initiative dazu erfolgte. Es galt somit, die Initiative, die Gelegenheit für die Volkserhebung auszulösen. Doch läßt sich eine solche Gelegenheit eben nur zu einem günstigen Zeitpunkte schaffen. »Wenn der Aufstand nicht jetzt stattfindet, dann können wir erst in Jahrhunderten wieder darüber reden« (1844) – »Hier oder dort – die Stunde hat geschlagen!« (1848, Oktober, nach der Rückkehr der Österreicher nach Mailand) – »Jetzt oder vielleicht für zehn Jahre nicht wieder« (1857). Doch weder 1844, noch das Ende von 1848, noch auch 1857 boten den für den Volksaufstand geeigneten Zeitpunkt. Wir verzichten darauf, andere Appelle Mazzinis zu zitieren, in denen er sich auf weniger präzise Daten festlegte.

»Am Anfang waren wir nur wenige. Man mußte Erziehungsarbeit leisten, und wenn es dabei Märtyrer, Verbannte und Galgen gab, so bereitete uns dies unsägliches Leid, das wir gleichwohl auf uns nahmen, um unser Ziel zu erreichen.« In diesem Selbstbekenntnis liegt die ganze Rechtfertigung des Wirkens Mazzinis. Deshalb gehen uns seine Fehlschläge und Niederlagen heute so sehr zu Herzen, mehr als alle lärmenden Siege und klugen Kombinationen Cavours, denen wir die oktroyierte Verfassung, die erkaufte Einheit und die Fiktion des liberalen Staates verdanken, jenes künstlich zusammengekleisterten Staates, der dann kläglich vor der ersten armseligen Bedrohung zusammengebrochen ist.

1843 bereitete Mazzini die Expedition nach Savoyen vor. Im gleichen Jahr bezeichnete der »Patriot« Cesare Balbo das Problem der nationalen Einheit Italiens als »kindische Angelegenheit, bestenfalls ein Traum und Wahn für Rhetorikschüler, für Dichterlinge und Hintertreppenpolitiker!«

Die Zahl derer, die anders dachten, war wahrhaftig gering.

Die Niederlagen der Mazzinischen Aufstände waren indes durchaus nicht vergeblich. Blanqui lebte in der Kommune weiter, Mazzini in den erfolgreichen Aufständen Mittelitaliens, in den Ereignissen von 1859 und in der Expedition der Tausend. Ohne das Vorbild, ohne die Erfahrungen der Aktionen Mazzinis wären die einen wie die anderen unmöglich gewesen.

Die Überlegenheit der Zahl

In den berühmten der Frage des Aufstands gewidmeten Seiten von *Revolution und Konterrevolution in Deutschland* behauptet Engels, der Aufstand sei nur unter der Bedingung möglich, daß die beiden wichtigsten Grundsätze – einerseits starke zahlenmäßige Überlegenheit, anderseits Notwendigkeit der Offensive – eingehalten werden.

Die zahlenmäßige Stärke ist mithin das erste Erfordernis. Engels sagte, daß die Kräfte, auf die man stoße, den Vorteil der Organisation, der Disziplin und der Hierarchie auf ihrer Seite hätten, wenn man ihnen daher keine starke zahlenmäßige Überlegenheit entgegenstelle, sei man besiegt und verloren. Jede Abhandlung über Strategie oder Taktik wird dieselbe Meinung vertreten. Im Krieg entscheidet bei gleichen organisatorischen und disziplinären Bedingungen die Zahl. Das Hauptproblem des Kampfes besteht darin, zu einem bestimmten Zeitpunkt dem Feinde eine zahlenmäßig überlegene Streitkraft entgegenzustellen.

Es heißt oft, die Bolschewisten hätten im Oktoberaufstand gesiegt, obgleich sie eine kleine Minderheit waren. Das ist ein schwerer Irrtum, der richtiggestellt werden muß. Die Bolschewisten hatten 400.000 Parteimitglieder. Sie übten gewaltigen Einfluß auf die Arbeiter, Soldaten und auch auf die Landbevölkerung aus. In den Wahlen zur konstituierenden Nationalversammlung konnten die Liste der Bolschewisten 9 Millionen Stimmen auf sich vereinen, die Sozial-Revolutionäre 21 Millionen, die Menschewisten 1,400.000 (davon 700.000 im Kaukasus), die verschiedenen bürgerlichen Parteien 5 Millionen. Bei einer Gesamtstimmenzahl von 36 Millionen in einer revolutionären Epoche können 9 Millionen Stimmen für eine aktive Partei, die an der Spitze der Revolution steht und die großen Arbeitermassen der Städte hinter sich hat, nur in den Augen eines Mathematikprofessors schwach und bescheiden scheinen. Auch die Jakobiner waren im September 1792 in den Wahlen zum Konvent in der Minderheit.

Vor dem Aufstand in Petersburg und in Moskau waren alle Massenorganisationen in der Hand der Bolschewisten. In Petersburg, dem Zentrum des Aufstands, umfaßten die Gewerkschaften mehr als 500.000 Arbeiter im größten Arbeiterviertel (Wyborg). Diese Kraft wurde politisch durch das hohe revolutionäre Klassenbewußtsein zusammengehalten, sie wurde gefestigt durch die proletarischen Kader, die Kinder »erblicher Proletarier«, und sie stützte sich auf die Erfahrungen der Februar- und der Juliaufstände und vieler anderer politischer Kämpfe. Die Garnison der Hauptstadt und der unmittelbaren Umgebung tendierte bis wenige Tage vor dem Aufstand zu den Bolschewisten – mit Ausnahme der rund 6000 Junker, dreier Kosakenregimenter, eines Bataillons von Kraftwagenfahrern und einer Panzerdivision, deren Einstellung allerdings von Tag zu Tag wechselte. Das waren aber nur Nebensächlichkeiten angesichts der 200.000 Mann Effektivbestand der Garnison. Der Petersburger Sowjet stand auf seiten der Bolschewisten. Die Wahlen vom 18. Oktober für die Bestellung der Vertreter im II. Sowjetkongreß ergaben 443 Mandate zugunsten der Bolschewisten, gegen 162 für die revolutionären Sozialisten und 44 für die Menschewisten. Am gleichen Tage machte die Tagung der Petersburger Garnison die Bolschewisierung der Truppeneinheiten offenkundig. Vier Tage später teilte der Garnisonskommandeur dem Kriegsministerium mit, daß das bolschewistische Gedankengut im Heer einen stets zunehmenden Erfolg zu verzeichnen habe. Am 23. Oktober defilierten die Vertreter der einzelnen Truppenkontingente der Front, die zum Sowjetkongreß gekommen waren, vor dem Petersburger bolschewistischen Sowjet und verbrüderten sich mit ihm. Sogar die 60.000 Mann des II. Gardekorps an der rumänischen Front, das doch der Stimmung in der Hauptstadt fern war und nur ein einziges eingeschriebenes bolschewistisches Parteimitglied und zwei weitere Sympathisierende hatte, erklärten sich in jenen Oktobertagen offen für die Bolschewisten. Nach Kornilows mißglückten konterrevolutionären Schlägen vertraten einzig und allein die Bolschewisten die Bestrebungen und Interessen des Landes. Sie waren die alleinigen Fortsetzer der Februarrevolution. Kerenski hatte gewiß in gutem Glauben gehandelt, doch irrte er, als er im Sommer 1917 während eines Besuchs der Nordfront die Ansicht bekundete, der Bolschewismus sei nicht mehr als eine ärgerliche Lappalie. Zu dieser leichtfertigen Äußerung hatte er sich wohl nur hinreißen lassen, weil er in einem Streitgespräch zwei bolschewistische Soldaten von der Zwölften und der Fünften Armee vor den angetretenen Truppen mit ein paar rhetorisch treffsicheren Bonmots hatte verwirren können.

Das Gesetz der zahlenmäßigen Überlegenheit ist von grundlegender Bedeutung und kann nicht straflos mißachtet werden. Doch verfallen diejenigen in einen groben Irrtum, die es für absolut halten.

Es existiert der Bericht von einem Gespräch zwischen Napoleon und Moreau, das deutlich vor Augen führt, was diese beiden vom Gesetz der Zahl hielten. Das Gespräch fand im Jahre 1799 statt. Die beiden Generäle sahen einander zum erstenmal. Einen Augenblick maß der eine den andern schweigend. Bonaparte sprach als erster und bekundete Moreau seine Sympathie.

»Sie kommen siegreich aus Ägypten zurück«, antwortete Moreau, »ich aber aus Italien, nach einer schweren Niederlage... Es war wohl unvermeidlich, daß unser tapferes Heer von soviel vereinter Übermacht in die Enge getrieben wurde. Immer schlägt die große Zahl die zahlenmäßig Schwächeren.«

»Sie haben recht«, erwiderte Bonaparte, »immer schlägt die große Zahl die kleinere.«

»Immerhin, Bürger General, haben Sie oftmals große Heere mit kleinen Streitkräften zu besiegen verstanden«, entgegnete Moreau.

»Auch in diesem Falle«, antwortete Bonaparte, »ist es immer die kleine Zahl, die von der großen geschlagen wird.«

Dann erläuterte Napoleon diesen Gedanken: »Wenn ich mit geringeren Streitkräften einer großen Armee gegenüberstand, dann zog ich rasch meine ganzen Streitkräfte zusammen, fiel wie ein Blitz über einen der Flügel des Feindes her und vernichtete ihn. Dann machte ich mir die Verwirrung zunutze, die dieses Manöver beim feindlichen Heer unweigerlich auslöste, um den Gegner von einer anderen Seite anzugreifen, immer mit all meinen Kräften. So schlug ich den Feind sozusagen in Portionen, und der sich daraus ergebende Sieg war, wie Sie sehen, immer wieder der Sieg der großen Zahl über die kleinere.«

Es handelt sich also stets um relative Größenverhältnisse. Verhielte es sich anders, wären siegreiche Aufstände entweder überhaupt unmöglich, oder man müßte darauf warten, daß sich all jene samt und sonders ausnahmsweise günstigen Voraussetzungen wiederholen, die den Bolschewisten Petersburg im Oktober 1917 die zahlenmäßige Überlegenheit sicherten. Indes, gerade dies wird sich in der Geschichte des Proletariats aller Wahrscheinlichkeit nach niemals wiederholen.

Doch darf man dabei nicht in das entgegengesetzte Extrem fallen. Die Aufständischen von Reval vom 1. Dezember 1924 und jene von Hamburg am 23. Dezember 1923 mißachteten gewiß das Gesetz der absoluten zahlenmäßigen Überlegenheit, doch scheiterten sie, weil sie auch jenes der relativen Überlegenheit mißachtet hatten.

Reval, die Hauptstadt Estlands, hatte keine starke Garnison. Obendrein waren Polizei und Militär (ein Infanteriebataillon, eine Artillerieabteilung und eine Fliegergruppe) dermaßen von kommunistischer Propaganda durchsetzt, daß man sie als neutrale Elemente, wenn nicht gar als den Aufständischen gegenüber günstig Gesinnte betrachten konnte. Die der Regierung gegenüber loyale aktive Streitmacht belief sich auf ungefähr 830 Mann: 400 der Kadettenschule, 250 der Unteroffiziersschule, 120 des Hauptkontingents der Garnison mit dem Generalstab des Heeres, und 60 Mann Reserve der berittenen Polizei. Neben der Polizeikaserne befand sich das Panzerwagendepot; neben der Junkerschule lag ein beachtliches Waffen- und Munitionsdepot.

Gegen diese Streitkräfte hatten die Kommunisten von Reval 400 Mann aufgeboten, die auf drei Bataillone verteilt waren. Aus Geheimhaltungsgründen wurde die Mobilisierung jedoch schlecht durchgeführt, sozusagen im allerletzten Augenblick. Zum Appell erschienen statt der 400 nur 227 Mann: vom 1. Bataillon 56 von 170 Mann, vom 2. Bataillon 91 von 120 Mann; vom 3. Bataillon

80 von 110 Mann – durchwegs Männer von auserlesener Tapferkeit, doch eher schlecht bewaffnet. Daher hätten die Führer angesichts der geringen Anzahl besser getan, wenn sie die ganze Aktion aufgeschoben hätten. Sie waren jedoch ihrer selbst so sicher, daß sie es vorzogen, nicht abzuwarten.

Der Angriff wurde planmäßig im Morgengrauen durchgeführt. Man kann beim besten Willen nicht behaupten, daß 227 Männer eine große Zahl sind. Allein, gleichsam als wären es nicht bloß 227 Mann, sondern ebensoviele Bataillone, wurden sie noch aufgeteilt und über sechzehn verschiedene und voneinander entfernte Objekte verstreut. Das 1. Bataillon griff die Kadettenschule mit einer Gruppe von sechzehn und einer zweiten von dreizehn Mann an; dabei leistete es sich den Luxus, zweiundzwanzig Mann als Reserve abzuziehen, mit dem Vorhaben, den Diensthabenden unschädlich zu machen. Weitere fünf Mann wurden zu einem nahegelegenen Bahnhof beordert. Das 2. Bataillon teilte sich in sechs oder sieben Gruppen auf, mit folgenden Aufgaben: Entwaffnung der berittenen Polizei sowie des Hauptkontingents der Garnison; Eroberung des Regimentsstabes; außerdem hätte diese Einheit das Infanteriebataillon, die Panzerwagengruppe und Aktionsgruppe der Garnison friedlich dafür gewinnen sollen, mit den Aufständischen gemeinsame Sache zu machen und gemeinsam mit diesen die Unteroffiziersschule anzugreifen. Das 3. Bataillon teilte sich in fünf Gruppen, vier zu je zwölf und eine zu zwanzig Mann, um den Sitz der Regierung und des Parlaments, die Post- und Telegraphenzentrale, das Kriegsministerium, den Generalstab und das Polizeigebäude, den Hauptbahnhof und schließlich die Gefängnisse zu besetzen. Wie es sich für einen wohlorganisierten Aufstand gehört, wollte man auch die Inhaftierten befreien.

Man braucht nicht Kriegskunst studiert zu haben, um zu begreifen, daß 227 Mann, die, richtig eingesetzt, einiges hätten erreichen können, auf diese Weise verzettelt und hoffnungslos zersplittert wurden.

So mußte der Aufstand unweigerlich scheitern. Von sechzehn Einsätzen erreichten nur sieben ihr Ziel – darunter die weniger wichtigen, denen der geringste Widerstand geleistet wurde: auf den beiden Bahnhöfen, in der Post- und Telegraphenzentrale, im Sitz der Regierung und im Parlament, im Regimentsstab und in der Fliegergruppe. Alle Aufständischen schlugen sich mit größter Tapferkeit, keiner Gruppe kann man die Schuld am Scheitern des kühnen Unternehmens in die Schuhe schieben. Der Fehler lag in der Gesamtplanung und in der Einsatzeinteilung. Die Führung leistete sich einen weiteren Kapitalfehler: Sie hatte keinerlei Kontakt mit den Massen aufgenommen. Doch wir wollen uns auf den taktischen Fehler beschränken, um das Problem der Zahl gebührend in den Vordergrund zu rücken.

Die Frage der Zahl läßt sich nur beantworten, wenn man sie in Relation zur Zielsetzung bringt.

Das Hauptziel eines Aufstands wird stets die Vernichtung des Hauptquartiers der feindlichen Kräfte sein. Wird dieses Ziel nicht erreicht, so ist es müßig, zehn oder hundert weitere Ziele und Zwecke zu erreichen. Sie sind nutzlos. Angenommen, der Feind hat zehn Positionen in seiner Hand, dann darf man nicht alle zehn auf einmal mit verteilten Kräften angreifen, sondern nur die wichtigste, diese aber mit konzentrierter Kraft, so daß an diesem einen Punkt die Überlegenheit gegenüber dem Feind gesichert ist. Wer den Ersten Weltkrieg in Italien mitgemacht hat, wird dieses taktische System, das dem General Cadorna in den ersten drei Kriegsjahren zu trauriger Berühmtheit verholfen hat, für immer in Erinnerung behalten. Man bezeichnete es als »Frontalen Angriff«, die Franzosen sprachen von »Parallel-Attacken«. Nach diesem System greifen zwanzig Brigaden, auf zwanzig Kilometer verteilt einen zahlenmäßig schwächeren oder gleich starken Feind an, und zwar alle zwanzig Brigaden auf der gesamten Frontbreite gleichzeitig und auf einmal. Cadorna tat dies elfmal im Karst (Isonzo), und es gelang ihm, dabei jedesmal um zehn Meter vorzurücken oder die eigene Stellung zu halten, allerdings erlitten der Gegner und das eigene Heer jeweils enorme Verluste. Die sogenannten elf Siege im Karst (Isonzo) und die nach den nämlichen Gesichtspunkten im Juni 1917 zwischen dem Val d'Assa und der Cima Caldiera durchgeführte große Offensive waren samt und sonders nur unnütze Vergeudung von Mensch und Material, zwecklose, dumme Opferung von Heroismus und Disziplin. All dies zerfiel wie ein Kartenhaus, als der Feind eine einzige geniale Offensive unternahm, die die Front an einem einzigen Punkte zwischen Karfreit und Tolmein durchbrach, die Armeegruppe bei Karfreit wie durch einen Keil aufspaltete und damit jenes Debakel auslöste, das in den Annalen des Krieges für immer als Katastrophe verzeichnet sein wird.

Die Führer des Aufstands von Reval verdienen als Musterschüler des Generals Cadorna angesehen zu werden. Sie mußten für ihren Irrtum schwer zahlen. Nur wenige entgingen den Repressalien der Sieger, die meisten wurden liquidiert.

Hätten die Aufständischen über einige tausend Mann verfügt, dann könnte ihr Angriffsplan der Kritik standhalten. Sie hätten dann überall eine ausschlaggebende zahlenmäßige Überlegenheit gehabt. Allein angesichts ihrer geringen Kräfte fällt es schwer, zu begreifen, auf Grund welcher logischer Erwägungen sie dazu gekommen waren, ein ganzes Bataillon – wenn wir es so nennen wollen – um jene gegnerische Kaserne zusammenzuziehen, von der für den Ablauf des Unternehmens nicht die geringste Gefahr drohte. Ein weiteres Bataillon wurde zur Besetzung von Gebäuden verschwendet, deren Bedeutung bestenfalls symbolisch war: den Sitz der Regierung und des Parlamentes, in denen sich natürlich niemand aufhielt – der Bahnhof und die Post- und Telegraphenzentrale. Ein einziger Elektriker, der die

Leitungskabel unterbricht, hätte de facto das gewünschte Resultat erzielen können. Damit wäre ein Drittel der Effektivbestände eingespart worden. Seit die Bolschwisten jedoch die Oktoberrevolution in Petersburg mit der Besetzung des E-Werkes, der Bahnhöfe, der Wasserleitungen und der Hauptpost eingeleitet haben, ist es offenbar zur unumstößlichen Regel geworden, daß man diese Objekte als wesentlich anzusehen hat. Tatsache ist dagegen, daß sie nur von zweitrangiger Bedeutung sind.

Hätten sich die Bolschewisten nicht des Winterpalais, des einzigen ernst zu nehmenden Widerstandszentrums der Provisorischen Regierung bemächtigt, dann wäre der Aufstand in der Hauptstadt zusammengebrochen und die Besetzung aller Bahnhöfe und Zentralen wäre sinn- und zwecklos geworden. Überdies war die Besetzung all dieser Punkte für die Bolschewisten eine höchst einfache Angelegenheit, die das Leben keines einzigen Mannes und wenig Mühe gekostet hat. Das Militärische Revolutionäre Komitee war von den Regimentern der Garnison bereits als das verfassungsmäßig einzige militärische Organ der Sowjets anerkannt worden: Es genügte die Anwesenheit eines Kommissars, damit eine staatliche Einrichtung in die Hände der Aufständischen überging. Fast alle diese Zentralen und Bahnhöfe waren überdies von Regimentern bewacht, die mit den Aufständischen gemeinsame Sache gemacht hatten. Somit genügte ein Befehl, und der Wachtposten wurde automatisch zu einem revolutionären Besatzungsposten. Die Telegraphenzentrale, deren Besetzung beispielsweise als ein Ereignis ersten Ranges gepriesen worden war, stand unter dem Schutz des Keksholm-Regiments, das sich schon seit dem 18. Oktober den Sowjets angeschlossen hatte. Zwei Soldaten präsentierten sich mit einem mündlichen Befehl, und die Zentrale war nicht mehr in den Händen der Provisorischen Regierung.

Alle diese Gebäude und ähnliche Objekte, deren Bedeutung außer Frage steht, fielen von einem Augenblick zum anderen mühelos in die Hände der Aufständischen, sobald diese militärisch Herren der Stadt waren.

Die Führer von Reval hätten sich angesichts der geringen Stärke ihrer Kampftruppe auf zwei sehr wichtige Objekte konzentrieren müssen: die Junkerschule und die Unteroffiziersschule. Die erste mußte ohne jede Überlegung weitaus wichtiger scheinen als die zweite, und zwar wegen der Anzahl ihrer Insassen und wegen der unmittelbaren Nähe des Waffen- und Munitionsdepots. Sie bot auch den Vorteil, daß sie außerhalb der Peripherie der Stadt lag, etwa fünf oder sechs Kilometer vom Stadtzentrum entfernt, in dessen Nähe sich die Unteroffizierskaserne befand. Die Unterbrechung der Telephonleitung hätte genügt, um die Junker zu isolieren, so daß die gegen sie gerichtete Aktion sich ohne Wissen der übrigen Garnison und der Stadt abgespielt hätte.

Der Aufstandsplan hätte also vereinfacht werden müssen. Man hätte sich zum Angriff gegen die Junkerschule entschließen und alle anderen Vorhaben radikal streichen müssen. Keinesfalls hätte man die Kräfte auf fünfzehn verschiedene, im Umkreis von fünf oder sechs Kilometer verstreute Ziele verzetteln dürfen. Nichts hätte gegen die Unteroffiziersschule unternommen werden dürfen: Die Kräfte der Aufständischen waren zu gering, um zwei Angriffe gleichzeitig zu unternehmen. Man hätte die drei Bataillone zusammenfassen und über die Junker herfallen müssen. Nicht ein einziger Stoßtrupp hätte von dieser Hauptaktion abgezogen werden dürfen.

Zahlenmäßige Überlegenheit und Hauptziel

Wie erwähnt haben die Aufständischen von Reval die Junkerschule mit 56 Mann des 1. Bataillons angegriffen. Da aber 22 Mann als Reserve zurückbehalten und weitere fünf zur Besetzung des nahegelegenen Bahnhofs abkommandiert wurden, reduzierten sich die Angreifer auf 29 Mann in zwei Gruppen. Eine Gruppe von dreizehn Mann bemächtigte sich des unteren Stockwerks, in dem sich zweihundert Junker befanden, die beim Angriff auseinanderliefen. Die andere Gruppe von sechzehn Mann griff das obere Stockwerk an, wo sich weitere zweihundert Junker verschanzt hatten; hier versagte das Überraschungsmoment, die Angreifer wurden zurückgeschlagen. Das Scheitern der zweiten Gruppe machte ipso facto den Erfolg der ersten zunichte. Beide Gruppen, gefolgt von den Reserven, verstreuten sich im Gelände; sie ließen einen Toten und einige Verletzte zurück.

Die Anführer des Aufstands rechneten vor allem mit dem Überraschungseffekt – dieser fehlte just dort, wo er dringlich notwendig gewesen wäre.

Hätte man die drei Bataillone gegen die Junkerschule konzentriert, wäre der Angriff sicherlich von Erfolg gekrönt gewesen, egal ob die Überraschung gelungen wäre oder nicht.

Ein Aufstand ist keine tollkühne Mutprobe, bei der ein Draufgänger seine Husarenkunststücke produzieren kann. Er ist eine äußerst ernste Angelegenheit, die sich nicht mit einem harmlosen Patrouillengang, sondern nur mit einer offenen Feldschlacht vergleichen läßt, die über das Schicksal eines Heeres und eines Landes entscheidet. Nun kann aber ein solch bedeutsames Geschehen nicht ausschließlich auf dem Überraschungsfaktor basieren. Es ist ein grober Mangel an Phantasie, einzig und allein auf das Überraschungsmoment zu setzen. Die Überraschung kann im einen Fall gelingen, im anderen nicht. Folglich muß man in der Lage sein, den Kampf auch dann mit Erfolg fortzusetzen, wo die Überraschung sich nicht einstellt. Dies läßt sich nur mit zahlenmäßiger Überlegenheit bewerkstelligen. Sie wiegt das Überraschungsmoment bei weitem auf.

Wäre in Reval der Oberstock der Junkerschule nicht bloß von sechzehn Mann, sondern von zwei Bataillonen angegriffen worden und hätte der Angriff vom dritten Bataillon, das bereits das untere Stockwerk besetzt hatte, unterstützt werden können, dann hätte das Gardekorps noch so laut Alarm schlagen und wild um sich schießen können – die Bataillone hätten den Kampf fortgesetzt und, wenn auch mit einigen Verlusten, den Widerstand der Junker gebrochen. Es wäre ungerecht – wie man es getan hat –, den Aufständischen vorzuwerfen, daß sie sich nach dem ersten Widerstand zurückgezogen haben. Was sonst hätten sie tun sollen? Ein Stoßtrupp kann eine Rekognoszierung durchführen, er kann ein Scharmützel austragen, aber er kann keinen eigentlichen Kampf anfangen und zu Ende führen. Dies hätten nur die drei Bataillone zusammen tun können – oder auch ein einziges, aber vollzähliges Bataillon. Ein solches kann es schaffen, gleichgültig, wie die Aktion anfänglich verlaufen ist. Das Bataillon kann angreifen und Gegenangriffe machen, es kann eine Stellung einnehmen und sie verteidigen. Es hat volle Handlungsfreiheit. Eine Stellung, die sich in einem Überraschungsangriff nicht nehmen läßt, kann das Bataillon im Sturme erobern. Jede Aktion kann einen mit zahllosen Imponderabilien und Fehlerquellen konfrontieren, die man nicht von vornherein ausschalten, die man auch nicht vermeiden kann. Aber alle lassen sich dank zahlenmäßiger Überlegenheit korrigieren, indem man die verfügbaren Kräfte geballt einsetzt. Es wäre infantil, wollte man dies von Stoßtrupps verlangen – und wären sie noch so heldenmütig.

Nach der Einnahme der Junkerschule und mithin des Waffen- und Munitionsdepots hätte man, ohne eine einzige Minute zu verlieren, die Unteroffiziersschule angreifen müssen. Ihr Fall wäre gleichbedeutend gewesen mit dem endgültigen Erfolg des Aufstands. Es wäre weiterhin eine Kleinigkeit gewesen, die anderen Objekte und Ziele zu erreichen. Nicht einmal die Panzerwagen verdienten eine besondere Aufmerksamkeit. Ihr Lager war weit von der Bedienungsmannschaft entfernt, die sich zudem neutral verhielt. Die Aufständischen konnten die Tanks nicht brauchen, da sie kein geschultes Personal zur Hand hatten. Die Eroberung der Tanks wäre nur dann sinnvoll gewesen, wenn die Aufständischen über Arbeitergruppen verfügt hätten, die zur Bedienung der Panzer und der Panzerwaffen ausgebildet waren. Sie wußten aber nicht einmal, wie man mit einem Maschinengewehr umgeht.

Ein ähnlicher Fehler hinsichtlich der Zahl und der Auswahl der wichtigsten Ziele war 1923 im kommunistischen Aufstand in Hamburg begangen worden. Dieser Aufstand war überhaupt eine Anhäufung brillanter Initiativen und kolossaler Fehler. Die politische Vorbereitung des Aufstands war, im Gegensatz zu jenem von Reval, ausgezeichnet. Auch militärisch war alles gut vorbereitet, besonders bei den Subalternen, allein der Stab verlor im letzten Augenblick vollkommen den Kopf.

Hamburg, eine Hafenstadt mit einer Million Einwohner und proletarischer Mehrheit, hatte im Augenblick des Aufstands keine Reichswehr zur Verfügung. Die Stadt war nur von Polizeikräften – 5000 Mann mit Maschinengewehren, Karabinern, Revolvern und sechs Panzerwagen – verteidigt. Die Tanks befanden sich in den Kasernen von Wandsbek, neben dem größten Arbeiterviertel von Barmbek. Die Polizeikräfte verteilten sich über Haupt- und Unterkommissariate, von denen es besonders viele in den Arbeitervierteln gab.

Die militärischen Organisationen des Proletariats umfaßten 1300 Mann des Ordnerdienstes (OD, Kampftruppen der KP) und ungefähr 700 Mann der proletarischen Hundertschaften. Die erstgenannten gehörten zu den besten Kampfabteilungen, welche die Arbeiterklasse jemals organisiert hatte. Die militärische Ausbildung war vollkommen und läßt sich nur mit dem österreichischen *Schutzbund* vergleichen. In ihnen herrschte Disziplin, höchster revolutionärer Kampfgeist und Sachkenntnis im Straßenkampf. Die Hundertschaften waren zwar weniger gut ausgebildet, doch können sie als vollwertige Reservetruppe gelten. Die Bewaffnung beider war so gut wie nicht vorhanden.

Die Kommunisten hatten also den mit modernsten Waffen ausgerüsteten 5000 Mann Polizeikräften an die 2000 schlecht bewaffnete Arbeiter entgegenzustellen. Ihr Mut und ihre kämpferische Fähigkeit jedoch bildeten einen außergewöhnlichen Erfolgsfaktor. Die zahlenmäßige Unterlegenheit wurde durch die Gewißheit ausgeglichen, daß die Arbeitermassen der Stadt zur Unterstützung der Aufständischen auf die Straße gehen würden. Die Teilnahme der Massen am Aufstand war glänzend vorbereitet und gründlich erwogen worden. Die Frage war nur, wie man die Sturmtruppen einsetzen sollte, um das allgemeine Kräfteverhältnis auf den Kopf zu stellen. Man mußte in einem bestimmten Augenblick und an einem gegebenen Punkte die zahlenmäßige Überlegenheit erreichen. Mit einem Worte: Man mußte die »Napoleonische Zahl« zustande bringen. Doch die Hauptanführer dachten an alles andere eher als an Napoleon.

Das Zentrum der Hansestadt Hamburg liegt am rechten Elbufer; die großen Arbeiterviertel befinden sich ebenfalls am rechten Flußufer. Dort liegen auch die Gebäude der Post-, Telegraphen- und Telephonzentrale, die großen Handelshäuser, die Bank und die Börse. Gegenüber dem Kern der Stadt, am linken Elbufer, befinden sich nur die Schiffswerften, die Docks und die Zollgebäude.

Der Angriff sollte um 5 Uhr früh mit folgendem Aktionsplan beginnen: 1. Einbruch der bewaffneten Korps in die Arbeiterviertel und Eroberung der Waffendepots; 2. mit Hilfe der hinzugekommenen Arbeiter Besetzung des Post-, Telegraphen- und Telephonamtes, des Flugplatzes und anderer Punkte; 3. gleichzeitiger Angriff gegen die Polizeiposten, ihre Entwaffnung sowie Entwaffnung aller allenfalls hinzukommenden Faschisten; 4. Einmarsch vom Arbeiterviertel aus in das Stadtzentrum und Druck auf Widerstandsnester, um sie gegen das linke Elbufer und auf die laut Plan indessen von anderen Arbeitern besetzten Brücken zu drängen; die Brückenbesatzungen hätten Polizisten und Faschisten entwaffnen sollen; 5. Sperre aller wichtigen

Zufahrtsstraßen der Stadt und Bau von Barrikaden, aber nur, wenn diese zur Verteidigung notwendig werden sollten.

Man halte sich dabei stets vor Augen, daß die Aufständischen nur über 2000 Mann für einen Angriff verfügten und daß ihr Generalstab kein Armeekorps einsetzen konnte.

Es wird sofort klar, daß das Hauptziel die Entwaffnung der Polizeikräfte war. Das war auch der erste Gedanke der Anführer des Aufstands; doch bedauerlicherweise wurde er auf die verworrenste Weise in die Tat umgesetzt. In den wichtigsten Arbeitervierteln wurden die Polizeistationen gleichzeitig angegriffen. In manchem Viertel gelang der Angriff, in anderen wieder mißlang er. Genaue Unterlagen über den Verlauf der Aktion sind nur äußerst spärlich vorhanden. Besser unterrichtet ist man über die Vorfälle in Barmbek mit den angrenzenden Vierteln von Uhlenhorst, Winterhude und Wandsbek. Die Leitung des Aufstands in diesen drei Vierteln lag in den Händen der kommunistischen Führer von Barmbek. Da sich in Barmbek sechs Panzerwagen unter Bewachung von 600 Polizisten befanden, wurde dieses Viertel allein deshalb schon zum wichtigsten des ganzen Aufstands. Der Kernpunkt der feindlichen Macht waren eben diese sechs Panzerwagen und ihre Besatzung.

Also hätte man die Hauptmacht der Angriffskräfte gegen die Kasernen der Panzerwagen einsetzen müssen. Einmal im Besitz der Panzer und der Waffen ihrer Verteidiger hätten die Aufständischen nach und nach alle Polizeiquartiere in ihre Gewalt gebracht. Die oberste Führung von Hamburg traf eine ganz andere Entscheidung, indem sie den gleichzeitigen Angriff auf zwanzig Polizeikommissariate anordnete. Ihrer merkwürdigen Ansicht nach hätte man die Kasernen der Panzertruppen nachträglich besetzen sollen, also mit den von den Aktionen gegen die Polizeikommissariate zurückgekehrten vereinten Kräften.

Auch hier, wie in Reval, basierte der Angriff auf so viele Positionen mehr auf dem Überraschungsmoment als auf der zahlenmäßigen Stärke der Aufständischen. Es war gewiß ein kühnes Hoffen, daß die Überraschung bei allen zwanzig Kommissariaten gelingen könne. Dieser Taktik aber das Schicksal der ganzen Aktion unterzuordnen, war ein grober Fehler.

Die Überraschung gelang trotzdem, dank dem zufälligen Zusammentreffen von Umständen, von denen die Aufständischen nichts ahnten. Das Polizeipräsidium hatte in der Meinung, die Gefahr eines Aufstands sei nunmehr gebannt, den Alarmzustand abgeblasen und der infolge tagelangen Einsatzes ermüdeten Garnison Ruhe befohlen. Fast alle Polizisten wurden im Schlafe überrumpelt. Von den zwanzig Kommissariaten wurden siebzehn, fast ohne einen Schuß abzugeben, in Besitz genommen. In den anderen drei wurde der Angriff zurückgewiesen. Ohne den Ruhebefehl wäre es mehr als wahrscheinlich gewesen, daß die Überraschung nur in wenigen Fällen geglückt wäre. In den anderen wäre der Angriff am Widerstand zusammengebrochen, wie es ja auch tatsächlich in den drei Kommissariaten geschah, in denen die Überraschung danebenging. Der Grund liegt auf der Hand: Wie in Reval waren auch in Hamburg die Angriffskräfte verzettelt und verstreut worden, die Kommissariate wurden von Gruppen von zehn und, ausnahmsweise, von zwanzig Mann angegriffen.

Um die in den einzelnen Bezirken besetzten Kommissariate sammelte sich sofort die Masse der Arbeiter. Alle wollten eine Waffe und einen Kampfplatz zugewiesen erhalten. Die Begeisterung war allgemein. Es hatte den Anschein, als würde der Aufstand die Oberhand gewinnen.

Doch nur zu bald traf die vereinte Polizeitruppe ein. Die Panzer warteten nicht erst darauf, angegriffen zu werden. Sie rollten aus den Kasernen und gingen zum Angriff über. Der ganze Aufstandsplan brach zusammen. Die Besetzung der siebzehn Kommissariate wurde sinn- und zwecklos. Um sieben Uhr früh gaben die Anführer den Befehl, Barrikaden zu errichten. Der Aufstand ging in die Defensive über – er war gescheitert.

Rings um die Barrikaden verteidigten sich die Aufständischen in einigen Stadtvierteln mit Verbissenheit und zeigten so, wozu sie fähig gewesen wären, wenn man sie mit größerer Umsicht und Klugheit geführt hätte.

Der Überraschungsgedanke muß mit vielen Vorbehalten bejaht werden. Gewiß ist es möglich, daß diese Taktik Erfolg hat, wenn es sich um ein oder zwei Ziele handelt. Handelt es sich indes um wichtige Objekte, muß in jedem Fall einkalkuliert werden, daß die Überraschung vielleicht nicht gelingt, und man muß daher, noch vor Beginn der Aktion, für diesen Eventualfall entsprechende Vorkehrungen treffen. Trifft man diese Vorsichtsmaßnahme nicht, so sind schwere Enttäuschungen unvermeidlich.

Das eigentliche Überraschungsmoment darf nicht darin bestehen, daß man unversehens über den schlafenden Feind herfällt. Derartige Möglichkeiten sind höchst selten, folglich darf mit ihnen nicht gerechnet werden. Vielmehr muß man die Initiative ergreifen, damit man als Angreifer den Vorteil der Wahl des Angriffspunkts hat und darauf die Hauptmacht seiner Kräfte konzentrieren kann. Das ist die wahre Überraschung: Der Feind kann sich nicht mehr wehren. Denn seine Sicherheitsmaßnahmen werden ihm – auch wenn sie noch so vollkommen sind – nie die Chance geben, dem Angriff einer zahlenmäßig weit überlegenen Streitmacht standzuhalten. Sie werden ihm nur die Möglichkeit lassen, eine Panik zu vermeiden, sich zu verteidigen und den Heldentod zu sterben.

Der Überraschungseffekt wäre den Aufständischen gelungen, wenn sie wenigstens 1000 Mann, womöglich aber alle 1300 Mann des OD, gegen die Kasernen der Panzerwagentruppen in Wandsbek und gegen deren 600 Verteidiger massiert hätten. Obwohl sie an Zahl den 5000 Mann Schutzpolizei unterlegen waren, hätten die Aufständischen im Hauptangriffspunkt die zahlenmäßige Überlegenheit gehabt. Diese bloß relative Überlegenheit wäre mit den der Polizei abgenommenen Waffen und mit der Teilnahme der Mehrheit der Arbeiterklasse am Kampfe mit einem Schlage zu einer absoluten geworden.

Den Anführern des Hamburger Aufstandes sind viele Fehler angekreidet worden, doch nur ein einziger war ein Kapitalfehler im Hinblick auf die örtliche Lage und die militärische Seite der Aktion. Die anderen Fehler liegen außerhalb des Problems, das uns gegenwärtig beschäftigt.

Die Wahl des Hauptziels ist alles andere als leicht. Sie ändert sich mit der Topographie des Schauplatzes, vor allem aber hat sie sich nach der politischen Lage zu richten. Sie kann nicht theoretisch ein für allemal festgelegt werden. Die Praxis wird jeweils bestimmen, ob diesem oder einem anderen Punkte der Vorrang zu geben ist. Ob ein Ziel wichtig ist, kann sich je nach den Umständen und im Laufe der Ereignisse ändern; es kann jeweils vom militärischen, vom politischen und schließlich vom moralischen Gesichtspunkt aus betrachtet werden.

Es sind nicht immer die Kasernen, die man als Hauptziele anzugreifen hat, es können vielmehr ganz andere Punkte sein, deren Eroberung das Volk besonders erregt, den Enthusiasmus für den Aufstand anfacht und zugleich den Verteidigungswillen schwächt. Der Sieg ist häufig mehr eine Sache der Suggestion als ein materieller Faktor. Wenn es in den ersten Tagen nach dem Mord an Giacomo Matteotti, als ganz Italien vor Erregung kochte, in Rom eine Partei gegeben hätte, die bereit gewesen wäre, die Empörung des Volkes entsprechend auszunützen und einige hundert Männer zusammenzurotten, die den Viminal-Palast, Sitz des Innenministeriums und Brutstätte aller kriminellen Machenschaften, angegriffen hätten, dann wäre das Schicksal des Faschismus besiegelt gewesen. So sehr hatte die Ermordung dieses einen Parlamentariers das Prestige des gesamten italienischen Parlaments in unerhörter und unverdienter Weise gehoben. Damals wäre das Innenministerium der neuralgische Punkt gewesen, nicht aber die militärischen Quartiere, deren Regimenter nicht im Traume daran dachten, sich der Volksjustiz mit den Waffen entgegenzustellen. Wenn jedoch diese Partei existiert hätte, dann hätte Mussolini nie daran denken können, die Abrechnung mit dem widerspenstigen Teil des Parlaments der Dumini-Bande zu überlassen. Ja sogar der »Marsch auf Rom« hätte eine völlig andere Organisation erfordert, wenn diese Partei existiert hätte. Unseligerweise aber war die gesamte italienische Demokratie mit all ihren Parteien nur in der Lage, die Sezession des »Aventin« hervorzubringen. Die bedeutendsten Vertreter dieser Sezession glichen den Führern der Frankfurter Versammlung, wie Engels sie beschreibt, nämlich als gefühlsbetonte Männer, die sich nur zur Unentschlossenheit zu entscheiden vermochten, die keine entscheidende Tat setzen konnten und die mit ihrem Nichtstun just das taten, was sie zu machen hatten.

Vom Licht des »Aventin«, das unglücklicherweise nicht mehr war als eine trübe Funsel, ließen sich auch andere in Europa leiten und in die Irre führen.

Die Masse

Die relative zahlenmäßige Überlegenheit, welche das Proletariat durch zweckmäßigen Einsatz seiner bewaffneten Organisationen im Aufstand gegen die gegnerischen Kräfte erreichen kann, muß sofort zur absoluten zahlenmäßigen Überlegenheit ausgebaut werden. Der Aufstand weist zwar viele Analogien zum Kriege auf, doch darf er nicht in all seinen Phasen, Details und Gesetzen am Krieg gemessen werden. Im klassischen Krieg zwischen zwei Heeren sucht jeder den Sieg über den anderen davonzutragen, weil der militärische Erfolg die Voraussetzung für die politische Kapitulation des Gegners ist. An diesem Punkte ist normalerweise die Aufgabe des Heeres erschöpft, an seine Stelle tritt die diplomatische Aktion. Beim Aufstand liegen die Dinge ganz anders. Er ist nur dann siegreich, wenn es ihm gelingt, in einem Zuge die militärische und die politische Organisation des angegriffenen Staates zu zerschlagen. Nach dem militärischen Erfolg gibt es keine diplomatischen Beziehungen zwischen beiden Seiten. Keine Versöhnung ist möglich. Die siegreiche Aufstandsbewegung vernichtet die unterlegene politische Macht und setzt an deren Stelle die eigene. In diesem Zeitpunkt muß die relative numerische Überlegenheit zur absoluten werden, einmal, um die Aufständischen an allen Frontabschnitten bis zur totalen Niederlage des Gegners unterstützen und mögliche Gegenoffensiven verhindern zu können, zum anderen, um die neue politische Gewalt wirksam zu untermauern. Die Überlegenheit darf nicht mehr bloß örtlich, sondern sie muß allgemein sein, nicht nur auf militärischem, sondern auch auf politischem Gebiet. Die Mehrheit des Landes muß hinter den Aufständischen stehen. Dies war einer der Gründe, weshalb Lenin gegen den Juliaufstand von 1917 war und seine Partei zu jenem vom Oktober bewog. Im Aufstand vom 3. und 4. Juli in Petersburg vermochte das Proletariat sich nicht einmal des Taurischen Palais zu bemächtigen, dem Sitz des allrussischen Exekutivkomitees des Sowjetkongresses und des Exekutivkomitees des Petersburger Sowjets, gegen das sich alle Kräfte der Aufständischen und der revolutionären Regimenter gerichtet hatten. Das Auftauchen des von der Regierung hinkommandierten Kontingents Kosaken genügte, um den Aufstand im Keime zu ersticken. Hätten die Bolschewisten sich für den Aufstand entschieden, ihn organisiert und angeführt (statt ihn, wie es tatsächlich geschah, bloß mitzumachen, um sich nicht gegen die Massen auf der Straße zu stellen), dann wäre es möglich gewesen, im ersten Ansturm nicht nur das Taurische Palais, sondern auch andere Objekte zu erobern. Doch – wer hätte sie dann unterstützt? Die Leningrader Garnison ganz gewiß nicht, denn diese verhielt sich neutral und sah unbeteiligt zu, auch nicht die Frontregimenter oder gar die öffentliche Meinung in den Städten und im flachen Land, die einem solchen Ereignis noch völlig unvorbereitet gegenüberstand. Im Oktoberaufstand war dies ganz anders: Da stand die Provisorische Regierung wie ein im Lande isolierter Fremdkörper da. Ein gegenrevolutionärer Versuch der Junker am 28. sowie alle weiteren Versuche haben bewiesen, daß der Aufstand sich nicht so sehr auf den Mut einer Handvoll kühner Männer gründete, sondern vielmehr auf die begeisterte Zustimmung der überwältigenden aktiven Mehrheit des Volks.

Der proletarische Aufstand bleibt eine abstrakte Formel, wenn die Masse, das Volk nicht mittut. Man muß einige ideologische Irrtümer richtigstellen, denen zufolge das Volk eine dem Proletariat entgegengesetzte Kraft ist. Das Proletariat ist jedoch nichts anderes als ein Teil des Volks – Volk im Sinne von Masse, welches die Florentiner aus der Zeit der Kommunen das »kleine Volk« nannten im Gegensatz zum »fetten Volk«, womit sie die Minderheit des wohlhabenden Großbürgertums meinten. Es handelt sich letzten Endes um nichts anderes als um die Antithese von Reichtum und Armut. »Popolo!« war der Schlachtruf, mit dem die Florentiner Volksmassen jenen der Medici-Anhänger beantworteten. Seit dem Hochmittelalter bedeutet das Wort »Volk« nicht mehr die ganze Bevölkerung, sondern nur den von den Machthabern, zuerst vom Adel, dann vom Großbürgertum ausgebeuteten Teil des Volkes. »Volk« ist eine demokratische Definition, die sich aus dem Klassenkampf ergibt. Niemals hat man mit diesem Begriff die Masse der Arbeiter zusammen mit dem Fürsten, dem Bischof und dem Bankier ausdrücken können, genausowenig, wie man heute in den Begriff »Volk« auch die Pirelli, die Grafen Volpi, den König oder die Kurienkardinäle zum eigentlichen Volk miteinbeziehen kann. Die Konservativen aller Zeiten trachteten dem Worte eine Bedeutung versöhnlicher Synthese unterzuschieben, doch vergeblich. Daher nannte Mussolini das politische Organ der Reaktion der Nachkriegszeit *Popolo d'Italia*, so wie Coty in Frankreich sein Blatt *Ami du Peuple* taufte – alles nur rhetorische Augenauswischerei. Mussolini hat den Titel vom Blatte Mazzinis im vergangenen Jahrhundert übernommen, Coty seinerseits von einem Blatte Marats. Jeder wird leicht einsehen, daß sowohl für Mazzini wie für Marat das Wort »Volk« einen anderen Sinn hatte.

In der politischen und revolutionären Terminologie hat das Wort »Volk« die demokratische Bedeutung von Volksmassen, unter denen das Proletariat nur eine Avantgarde darstellt. Ein Aufstand ohne die Mehrheit des Volks, nur mit Hilfe des Proletariats, ist nicht denkbar. Er wäre rein physisch unmöglich, etwa so, als wollte man in einem Krieg das Heer auf die Kavallerie reduzieren. Die Kavallerie kann vortreffliche Vorhutkämpfe liefern, doch wird es sich stets um Teilaktionen von beschränkter Bedeutung handeln. Die wahre, entscheidende Schlacht, die allein zum Siege führen kann, ist das Ergebnis der Teilnahme aller Waffengattungen, zumindest der wichtigsten, insbesondere der Infanterie. Wollte man die Analogie fortsetzen, ließe sich sagen, daß die Volksmassen im Aufstand die Rolle der Infanterie in der Schlacht spielen. Ohne sie kann man keine Stellung erobern noch sie behaupten.

Der Bürgerkrieg benötigt eine breite Sympathie- und Vertrauensbasis im Volk, nicht anders als der klassische Krieg. Könnte heutigentags ein Heer einen Feldzug durchführen, ohne Rücksicht auf den moralischen, finanziellen, wirtschaftlichen und politischen Rückhalt der Nation? Gleicherweise muß das Proletariat unterstützt werden, will es vorrücken und siegen. Es muß in den Augen des übrigen Volkes als dessen Vertreter in entscheidender Stunde dastehen. Von seiner Fähigkeit, den Rest des Volkes auf seine Seite zu ziehen, hängt die Möglichkeit des Erfolgs ab. Denn das Proletariat allein ist nur eine geringe Minderheit.

Es gibt keine Länder mit einer Mehrheit des Proletariats. Wenn man einige Bergbauzentren und einige wenige Industriestädte ausnimmt, die man an den Fingern einer Hand abzählen kann, so haben in Europa Stadt und Land eine Mehrheit von Handwerkern, Kleinbürgern und Bauern. In Italien erreichen die Proletarier, einschließlich ihrer Familien, kaum ein Drittel der Gesamtbevölkerung. Diese Tatsache hat auf dem Gebiet der politischen Aktion gewichtige Weiterungen. In einer revolutionären Periode werden Strategie und Taktik eines Aufstands davon beeinflußt. Die sich daraus ergebenden Notwendigkeiten außer acht zu lassen, bedeutete die Nichtberücksichtigung der den Sieg bestimmenden Gesetze. Dennoch kann man die Nachkriegszeit im Hinblick auf das revolutionäre Proletariat als eine Folge von Nichtbeachtungen dieser Gesetze bezeichnen. Italien gebührt der traurige Ruhm, dabei am ärgsten gesündigt zu haben. Das italienische Proletariat hat es fertiggebracht, in der kritischsten Zeit seines Daseins, als es um Sein oder Nichtsein ging, breite Schichten des Kleinbürgertums und der Bauernschaft gegen sich einzunehmen oder gleichgültig zu machen. Es hat sich der Mehrheit des Landes entfremdet, im Irrglauben, es genüge sich selber und sei aus eigener Kraft stark genug, und es stand dann gerade in dem Augenblick, in dem es der Unterstützung bitter bedurft hätte, allein da. Nur so ist zu erklären, daß der vom Proletariat gehaßte und bei der Mehrheit des Landes unbeliebte Faschismus die Macht erringen konnte, ohne auf ernsten Widerstand zu stoßen.

Heute ist es Mode geworden, Gehirnwäsche zu treiben, seine eigenen Fehler zu beichten. Was frommt aber ein Bekenntnis, wenn wir noch während der Beichte bereit sind, die Fehler zu wiederholen? Laßt uns unsere Sünden beichten, aber mit dem festen Vorsatz, sie in Zukunft zu vermeiden. Das italienische Proletariat hat eine ganze Reihe katastrophaler Fehler begangen.

Nun muß die Frage geklärt werden, ob, was für das Proletariat gilt, auch für seine Führer gilt, ob die Schuld die Führer trifft oder das Proletariat als ganzes. Die Frage ist überaus komplex und erinnert an das bekannte Problem vom Huhn und vom Ei. Über die theoretische Seite der Frage mögen sich andere den Kopf zerbrechen. Tatsache ist, daß das Proletariat keine politische Partei hatte, die den Erfordernissen gewachsen gewesen wäre. Damit verscherzte es sich die natürlichen Hilfskräfte, denn es ist nur logisch, daß man zuerst imstande sein muß, sich selber zu führen, ehe man darauf Anspruch erheben kann, andere zu führen. Nur allzubald entglitten die Zügel seiner Hand. Es begann damit, daß man die Kräfte der Kriegsteilnehmer – einige Millionen Heimkehrer – unterschätzte, und am Ende erhoffte man Schutz von seiten des Staates. Was wäre 1917 in Rußland wohl geschehen, wenn die Petersburger Arbeiter die Soldaten der Garnison einfach ignoriert hätten und wenn gar die bolschewistische Partei ihr Los der provisorischen Regierung anvertraut hätte?

Der Feind ist der in seiner Gesamtstruktur bürgerliche, klerikale und monarchistische faschistische Staat. Gegen ihn muß das Proletariat zu günstiger Stunde sich erheben und alle Volkskräfte zusammenfassen. Vor allem aber darf das Proletariat sich nicht damit begnügen, nur eine politische Kraft zu sein; es muß auch als solche auftreten: Hilfe wird nämlich nur demjenigen zuteil, der zeigt, daß er zu handeln imstande ist. Von der tatsächlichen und für das Volk auch offenkundigen Fähigkeit, wirkliche Macht in den Kampf zu werfen, hängt es letztlich ab, ob die Volksmassen mitmachen oder passiv abseits stehen. Dies wird auch in direktem Verhältnis zur Fähigkeit des Proletariats stehen, aus seiner Sonderstellung herauszutreten und nicht nur in seinem Namen, sondern im Namen des ganzen Landes seine Stimme zu erheben, so daß seine Interessen mit den allgemeinen Interessen des Landes zusammenfallen.

Das periodische Fluktuieren großer Schichten der öffentlichen Meinung sowohl in revolutionären Zeiten als auch in kritischen Augenblicken an und für sich normaler Zeiten ist eng mit diesem Verhalten des Proletariats verbunden. Nichts offenbart besser diesen Umstand als ein Blick auf die allgemeinen Wahlen in England in den Jahren 1929 und 1931, die in voller Ruhe, in einem Klima politischer Freiheit vor sich gingen. 1929 konnte die Labour Party dank einer geschickten Opposition gegen die Konservativen 8,317.025 Wählerstimmen auf sich vereinen und 288 Abgeordnete in das House of Commons entsenden. 1931 entfielen auf die Labour Party nur noch 6,651.803 Stimmen, mit 52 Mandaten, weil die Partei nach einer Reihe begangener Fehler und zwielichtiger Kombinationen diskreditiert war. Somit hatten an die zwei Millionen Wähler der Partei das

Vertrauen, das sie ihr zwei Jahre zuvor geschenkt hatten, wieder entzogen. Dennoch hatte die Partei alle ihre gewerkschaftlichen und politischen Kräfte intakt bewahrt. 1928 zählte die Partei 2,102.849 eingeschriebene Mitglieder, einschließlich der Gewerkschaftsmitglieder, der Einzelmitglieder und der Mitglieder der sozialistischen und der genossenschaftlichen Organisationen. 1931 waren es 2,061.063. Die gewaltige fluktuierende Masse von 2 Millionen Staatsbürgern wächst auf 5 Millionen Menschen an, wenn man auch die nichtwählenden Familienmitglieder berücksichtigt. Dies ist dann genau jener Teil des Volkes, dessen das Proletariat bedarf, um zu siegen. Ihn für sich zu gewinnen, ist seine vornehmliche politische Aufgabe.

Das gleiche mit umgekehrtem Vorzeichen erlebte in Rußland die bolschewistische Partei zwischen dem Juli- und dem Septemberaufstand 1917, nach dem Fehlschlagen der Kornilow-Aktion. Die Partei, die im Juli in Mißkredit gefallen war, konnte ihr Prestige wiedergewinnen und ihren Einfluß im Lande sprunghaft erhöhen. Die Zahl der eingeschriebenen Mitglieder stieg von 280.000 auf 400.000, was einen himmelweiten Unterschied in der Anziehungskraft auf die Massen bedeutete.

Man redet mit Skepsis, sogar mit Spott und Hohn über die Masse. Ohne sie kann man wohl Verschwörungen anzetteln, aber keine Aufstände zustande bringen. Das Proletariat kann erhebende Beispiele an Heroismus bieten, wie es der Schutzbund in Österreich bewiesen hat – allein ohne die Massen läßt sich die politische Macht nicht aus dem Sattel heben.

Wer von der Masse sagenhafte Heldentaten erwartet, die auch eine organisierte Aristokratie nicht leisten kann, wird der Masse kein Vertrauen entgegenbringen. Die italienischen Intellektuellen, die Benedetto Croces Manifest unterzeichnet haben, verachteten die Masse, aber was haben sie Besseres und Edleres geleistet? Sie sind ebenso wie die Masse vor dem Terror zurückgewichen und haben den Lebensnotwendigkeiten Rechnung getragen. Das Hirn hat vor dem Magen kapituliert. Ein gewisser literarischer Reiz liegt in der Beantwortung der folgenden Frage: Wie hätte Benedetto Croce reagiert, wenn er vom Faschismus aus Neapel und aus dem königlichen Senat ausgewiesen worden wäre, wenn man ihm alle seine Güter bis zum letzten Buch entzogen und ihn schließlich nach Lipari oder Ponza mit einem Taggeld von fünf Lire verbannt hätte?

Die Massen gleichen einem Heer, das unter entsprechender Organisation und Führung großer Unternehmen fähig ist; aufgelöst und zersprengt ist es nicht mehr in der Lage, sich zu schlagen. Demoralisierung als Folgeerscheinung der Zersprengung betrifft nicht nur die Massen, sondern alle Menschen, denn wer besiegt ist oder sich besiegt fühlt – in der Auswirkung bleibt dies gleich –, hat kein Vertrauen mehr zu sich selbst. Und wer einmal, zweimal oder gar zehnmal besiegt worden ist wie die Massen in Italien und Deutschland, hat weder zu sich selber noch zu den Führern weiterhin Vertrauen. Eine ununterbrochene Reihe von Niederlagen ist nicht gerade geeignet, jemand plötzlich zu ruhmreichen Taten anzuspornen. Das hat man im Saargebiet gesehen: Dort hat die Masse trotz eines Regimes, das politische Freiheiten gewährte, und trotz der Garantien der Großmächte in einer Volksabstimmung für Hitler optiert. Dies war nur die Folge der zwei Jahre zuvor von allen Massenparteien kampflos erlittenen Niederlage in Deutschland; die Erinnerung daran kann, anders als das Gedenken an die Niederlagen der Bergleute in Asturien und des Schutzbundes in Österreich, kein dauernder Ansporn zu ruhmreicher Revanche sein. Das gleiche Schicksal wäre dem italienischen Antifaschismus im Ausland widerfahren, hätte man im Exil allgemeine Wahlen abhalten können: Die Masse der italienischen Emigranten hätte uns ganz bestimmt nicht ihre mehrheitliche Zustimmung gegeben. Die Massen sind wie die Heere und wie schließlich alle Menschen nur an Erfolgen zu begeistern. Nur der Sieg vervielfacht die moralischen Kräfte. Niederlagen demütigen und verursachen mutlose Niedergeschlagenheit. Die Politiker, die als Hauptschuldige an einer erlittenen Schlappe ihre Verantwortung der Masse zuschieben, erinnern an unseren unvergeßlichen Oberbefehlshaber General Cadorna: Dieser hat nach dem österreichischen Sieg bei Karfreit (1917), nach zwei Jahren hundertfach bewiesener Unfähigkeit, seine ohnehin zerstörte Feldherrnehre dadurch zu retten versucht, daß er der Nation einredete, einige Brigaden hätten versagt.

Der Mut ist keine einfache Sache: Er hängt von gewissen Bedingungen ab, die in gleicher Weise für die Massen des Volkes, für die Streitkräfte des Heeres in der Schlacht und für die einzelnen ihre Geltung haben. Der Mut steht immer in umgekehrtem Verhältnis zur Größe der Gefahr. Ist diese groß, sinkt der Mut. Ist die Gefahr unbedeutend, steigt der Mut. Dies ist auch der Grund, weshalb viele Leute im Ausland viel mehr Mut haben als je in der Heimat. Deshalb auch haben in Italien alle jene, die in den Jahren 1919 bis 1922 soviel Lärm geschlagen haben, stoisch zu schweigen gelernt.

Der Feind muß geschwächt sein, damit im anderen Lager Mut und Kühnheit wachsen. In Italien gab es während der Kampagne gegen das an Matteotti begangene Verbrechen viele Proteste: Der Faschismus war im Niedergang. Doch genügte eine Rede Mussolinis, um all jene, die sich zuvor heiser geschrieben hatten, zu veranlassen, sich gelassener Beherrschtheit und diplomatischer Zurückhaltung zu befleißigen. Das gilt ganz besonders für die Berufsintellektuellen, die dafür bezahlt werden, daß sie in den Schulen des Staates ihre Philosophie lehren.

Dies alles ist wenig schmeichelhaft für die menschliche Natur – allein so sieht die nüchterne Wirklichkeit aus, die sich nicht aus der Welt schaffen läßt. Der Feind muß zunächst einmal davonlaufen, damit der Mut der Verfolger ins Grenzenlose wächst. Permanenter Mut, der sich weder vom Wetter noch von der Tageszeit, weder vom Ort noch vom Feindverhalten beeinflussen läßt, ist eine seltene Ausnahme. Höchstwahrscheinlich ist er die Folge einer Leber- oder Magenkrankheit.

Entrüstung, die oft den Mut bestimmt, nimmt augenscheinlich ab, je näher die Gefahr heranrückt. Schwindet diese jedoch, so steigt die Entrüstung ins Unermeßliche. Kennzeichnend dafür sind die Ereignisse vom 6. Februar in Paris. Die Wut der *Patriotischen Jugend* nahm – statt abzuebben – noch weiter zu, weil die Republikanische Garde und die Mobilgarde an jenem unglückseligen Tag gewagt hatten, einige Pistolenschüsse auf jene abzufeuern, die ihrerseits Schüsse abgegeben hatten. Was wäre aber geschehen, wenn die bewaffnete Macht der Republik Gewehre oder Maschinengewehre eingesetzt hätte? Wahrscheinlich hätte sich Herr de la Rocque ins Inkognito zurückgezogen und einen Traktat über die Enthaltsamkeit verfaßt. Und Herr Léon Daudet hätte wieder einmal sein Ränzlein geschnürt, statt bei der Untersuchungsbehörde Klage wegen Hausfriedensbruchs einzureichen. Napoleon Bonaparte verdankt es gerade der Kenntnis dieser Zusammenhänge, daß er seine Glückssträhne damit begann, daß er am 13. Vendémiaire (Januar) die patriotische Jugend seiner Zeit mit einigen Kanonenschüssen begrüßte. Die »Feuerkreuzler« und die »Bucardisten« dieser Zeit verschwanden von der Bildfläche, zusammen mit allen Schlauköpfen – von einem »Herrn de la Rocque« jenes denkwürdigen Jahres hat die Geschichte nichts zu vermelden.

Recht lehrreich ist auch das Beispiel, das die faschistischen Stoßtrupps der ersten Zeit in Italien gegeben haben. Sie hatten sich dank ihrer waghalsigen Taten einen beachtlichen Ruf erworben. Sie hatten kaum Gegner und das Wohlwollen der Behörden des Staats. Als sie aber aus recht verworrenen Gründen zu Dissidenten wurden (Sala, Forni, Torre und viele andere, und zu guter Letzt Arpinati) und sich gegen den Strom stellten, wurden sie alle brutal beiseite gefegt, ohne daß sie auch nur einen Funken Widerstand leisteten. Die Personen blieben die gleichen – nur die Situation hatte sich geändert. Ähnliches geschah in Deutschland, nur besser durchdacht, als Hitler in einer einzigen Nacht Röhm, Strasser und die Blüte der SA über die Klinge springen ließ, ohne daß ihre Formationen auch nur einen Finger rührten.

Oft liegt es nicht im Bereich unseres Willens oder unserer Tatkraft, eine politische Lage umzustürzen. Es ist jedoch Pflicht und Aufgabe der politischen Führer, eine gegebene Situation zu nützen, sofern sie günstig ist, um die Kräfte eines verfallenden Regimes noch mehr zu schwächen und zu zerrütten und den Massen außer Vertrauen auch Mut zum Handeln einzuflößen. Furcht und Angst sind oft ansteckend – auch der Mut kann es sein.

Das Kleinbürgertum

Unter der Masse versteht man außer dem Proletariat vornehmlich auch das Kleinbürgertum und die Bauernschaft.

Eine gewisse sektiererische Ausdrucksweise hat eine Terminologie geschaffen, in der das »Kleinbürgertum« eine eigenartige Bedeutung gewonnen hat. »Kleinbürger« ist in der politischen Polemik fast zum Schimpfwort geworden: ein zwiegesichtiger Staatsbürger, der stets gegen das Proletariat aufgebracht ist, in gewissem Sinn eine Marionette, Abkömmling des Großbürgertums und mit diesem unter einer Decke, offensichtlich dumm und im geheimen verworfen.

Dennoch ist dieses Kleinbürgertum der wichtigste Verbündete des Proletariats.

Die übliche Geringschätzung des Kleinbürgertums ist auf die Erinnerung an sein Verhalten im vorigen Jahrhundert (1830, 1848, 1851 und 1871) zurückzuführen. Heute ist im besonderen die Meinung verbreitet, der Faschismus sei aus dem Kleinbürgertum hervorgegangen, was den Tatsachen nicht entspricht.

Das Kleinbürgertum ist eine arbeitende Klasse. Es lebt vom Ertrag seiner eigenen Arbeit, ohne Ausbeutung der Arbeit dritter. Es besteht aus Kleinbesitzern, Arbeitern, Pächtern und Halbpächtern, Handwerkern, Angestellten, Kleingewerbe- und Kleinhandeltreibenden. Es ist also eine Schicht zwischen Bürgertum und Proletariat, die dem Proletariat oft so nahekommt, daß sie manchmal von diesem nicht zu unterscheiden ist.

Diese Klasse war im vorigen Jahrhundert, als das Handwerk noch eine größere Rolle spielte, viel stärker profiliert, während das Industrieproletariat als gewerkschaftliche und politische Kraft erst im Werden war. Heute ist diese Klasse viel weniger klar umrissen und weniger geschlossen, mit vielfältigen Überschneidungen, ohne jede Eigenständigkeit, obwohl sie die Mehrheit des Landes bildet. Genau genommen hatte das Kleinbürgertum selbst in der Mitte des vorigen Jahrhunderts nie eine dominierende Stellung inne – damals hatte der Mittelstand die politische Befehlsgewalt in Händen. Dieser war besser vorbereitet, hatte festumgrenzte antifeudale Gruppeninteressen, und so beherrschte er – obgleich er eine Minderheit im Land war – das Kleinbürgertum und das Proletariat. Fast ohne Widerstreit haben beide oft vor ihm das Feld geräumt. Es war auch nicht immer von Nachteil, daß die parlamentarischen Regimes der Verfassungsdemokratie, wie sie sich im vorigen Jahrhundert in Europa herausbildeten, vorwiegend aus dem Mittelstand kamen. Daraus haben das Kleinbürgertum und das Proletariat enorme Vorteile gezogen.

Der Verrat durch das Kleinbürgertum ist ein Mythos. Wenn von Verrat die Rede sein kann, dann ist eher das Kleinbürgertum verraten und verkauft worden, nicht anders als es dem Proletariat ergangen ist. Nach der Französischen Revolution erfolgte ein eklatanter Gesinnungswechsel des Mittelstands. Einmal zur Macht gelangt, hat der Mittelstand die Werke der Enzyklopädisten und der Philosophen beiseite gelegt und Feuerwaffen ergriffen, um eben jene Interessen zu verteidigen, gegen die er vorher zu Felde gezogen war. Tatsache ist, daß seine Erfolge auch sein Interesse daran immer stärker anfachten. Das Scheitern der Volksrevolutionen im 19. Jahrhundert in Frankreich, Deutschland, Österreich und Italien ist dieser raschen Metamorphose des Mittelstands zu verdanken.

Die Überzeugung einiger Erforscher des italienischen Faschismus, derzufolge er ein Produkt des Kleinbürgertums sei, ist auch nicht stichhaltig. Der italienische Faschismus hat niemals, weder in seinen Anfängen noch jetzt, Wesensmerkmale des Kleinbürgertums gezeigt. Nicht das Kleinbürgertum hat ihn ins Leben gerufen, sondern das Großbürgertum aus Industrie, Bankkreisen und Landwirtschaft, zu dem sich der italienische Mittelstand seit langem hingezogen fühlte. Wo das Großkapital keine Rolle spielte, fristete auch der Faschismus ein bescheidenes, unwirksames Dasein als geringgeschätzte und verhöhnte Minderheit. Erst nachdem er Eingang in die Fabriken und Landgüter gefunden hatte, wurde die von Panik erfaßte große Klasse der Besitzenden zur treibenden Kraft des Faschismus. Ihrer Hilfe hatte Mussolini es zu verdanken, daß er die Macht an sich reißen konnte. Agrarier, Kaufleute, Bankiers und Industrielle finanzierten die faschistischen Kampftrupps, Kommandos und die Strafexpeditionen gegen das Proletariat: im Piemont, in der Lombardei, in Ligurien, in der Romagna, in der Toskana, in Umbrien, in Apulien und in Sardinien. Sie trugen 1921 die Kosten der Giolitti-Wahlen und der Vorbereitung und Ausführung jenes seltsamen Abenteuers, des sogenannten »Marsches auf Rom«. Das Kleinbürgertum stellte ebenso wie das armseligste Proletariat einige Kader und Mitläufer, doch berechtigt dies nicht zur Behauptung, das Proletariat habe den Faschismus unterstützt.

Das Freischärlertum der faschistischen Stoßtrupps beschränkte sich in seinen Anfängen, also vor 1925, auf kleine bedeutungslose Trupps heruntergekommener Abenteurer und Vertreter der schlimmsten Hefe aller Schichten des Landes, aus dem Bürgertum, dem Kleinbürgertum und dem Proletariat. Insbesondere für die arbeitslosen Proletarier bedeutete die Revolution ein sicheres Einkommen. Sie dienten nur als Masken für das wahre Antlitz des Faschismus: das Großkapital. Wie alle Desparados waren die faschistischen Squadristen in ihrer Blütezeit dienstbeifrig wie die Söldner. Der Abschaum des nichtswürdigen Packs, der in der Nachkriegszeit entstanden war, mußte seinen Lebensunterhalt bestreiten. Anfangs scharte er sich um die Linksparteien und trug sehr viel dazu bei, diese durch eine Reihe nutzloser und erbitternder Gewalttaten und Provokationen im ganzen Lande mißliebig und verhaßt zu machen. Dann gingen die Squadristen korporativ ins faschistische Lager über und schufen mit Feuer und Schwert die militärische Autorität der Parteibonzen, die in den Pfründen, die sich allmählich aus dem in die Brüche gehenden liberalen Staat ergaben, rasch allgewaltig wurden. Damit demonstrierte der Squadrismus als erster in Westeuropa den Terror als wirksames pädagogisches System und versetzte sogar den Pädagogen und späteren Unterrichtsminister Giovanni Gentile in helle Begeisterung. Während die sozialistischen Gewalttaten in den vorangegangenen Jahren demagogische Ausbrüche einer sporadischen, ungeordneten und vereinzelten willkürlichen revolutionären Ohnmacht waren, wurden die Gewaltaktionen der squadristischen Söldner zu systematisch geplanten Aktionen unter dem Befehl eines regionalen und zentralen Führerstabs. Sie waren glänzend aufeinander abgestimmt und wurden von Tag zu Tag häufiger. Diese zeitlich begrenzten Eroberungen brachten unerwartete und imposante Erfolge, denn die Menschen werden unter besonderen Umständen anscheinend weit eher durch Stockhiebe willfährig, als daß sie dem kategorischen Imperativ gehorchen. Städte wie Verona, Padua, Turin, Florenz, die seit eh und je als Hort von Kultur und Recht galten, wurden im Handumdrehen von einer Handvoll organisierter, kaltblütig und nüchtern vorgehender Berufskiller und Brandstifter eingenommen. Der einigen wenigen zugefügte Schaden wurde zum Menetekel für alle, und Panik ließ die Allgemeinheit erstarren.

Mit dieser neuartigen Methode wurde das Proletariat leicht zur Strecke gebracht. Es war zwar streikerfahren, doch fehlte ihm die Erkenntnis, daß die Revolution eine sehr ernste Angelegenheit ist, die sich nicht mit schönen Worten durchführen läßt. Deshalb erzielte die Reaktion auch solche beachtlichen Erfolge. Auf dem Faschistenkongreß 1921 im Augusteum zollten alle – angesichts der mit solch geringem Kostenaufwand erreichten Ziele – der nackten Gewalt Beifall. Bis dahin war Mussolini ein Gegner der individuellen Gewalt gewesen – denn er war ja ein Schüler des Sozialisten Blanqui und nicht einer Katharina von Medici. Nun aber ließ auch er sich zum System der Gewalt bekehren, nachdem er dem Mystizismus eines Franz von Assisi eine pathetische literarische Blüte dargebracht hatte.

Auf jenem Kongreß war Grandi der Theoretiker der Gewalt. Der Gegensatz in dieser Frage zwischen ihm und Mussolini wurde mit einer kräftigen Umarmung beendet. Zwei Gesinnungen und zwei Systeme standen einander da gegenüber: das flache Land und die Stadt, Großgrundbesitzer und Industrielle. Erstere waren kurz und bündig für die Liquidierung der Bauern, die Industriellen für eine schrittweise, aber legale Ausmerzung der Arbeiterorganisationen. Grandi, der in den

Londoner Salons Milton und Locke in den Himmel gehoben hatte, stand in diesem Gegensatz auf seiten der Agrarier. Und schließlich gelang es ihm, seinen Standpunkt auch den Industriellen aufzuzwingen.

Das Kleinbürgertum zählte in diesem dramatischen Geschehen überhaupt nicht mehr.

Die Periode des wilden und söldnerhaften Squadrismus war kurz. Mit ihm hatten die sogenannten Faschisten von 1918 und 1919 nichts gemein: Das waren lauter Heimkehrer aus den Schützengräben, etwas wirre Romantiker, die sich eher gegen den gemeinen Straßenpöbel moralisch empörten, zu dessen ewigem Sinnbild der Abgeordnete Bucco in Bologna geworden ist, als daß sie die soziale Gefahr eines zur Macht gelangenden Proletariats fürchteten. Auch die jungen Leute, einschließlich der bürgerlichen Jugend, hatten nichts mit dem Squadrismus zu tun. Erst später wurde der Faschismus zu einer umfassenden Bewegung, der nicht allein die Bürger aller Altersstufen zuströmten, sondern auch die jungen Mittelständler, Kleinbürger, Proletarier, Intellektuellen und Studenten, und zwar nicht so sehr aus Klassenhaß, sondern weil sie die sozialistische Lahmheit und den ziemlich würdelosen Parlamentarismus der karnevalesk anmutenden italienischen Demokratie verachteten.

Das Kleinbürgertum, das sich vom »heroischen« Faschismus fernhielt, hatte auch mit dem volkstümlichen Faschismus nichts zu schaffen. Die ausgedehnte, doch schlecht organisierte Bewegung des Proletariats der Nachkriegszeit hatte nicht das Kleinbürgertum, wohl aber das Großkapital in Angst und Schrecken versetzt. Das war auch der Grund, weshalb der Faschismus bis 1923 im Süden des Landes und auf den Inseln nicht fester Fuß fassen konnte, denn dort überwog in Stadt und Land das Kleinbürgertum. Ausgenommen waren nur einige Gegenden in Apulien, in denen die Großgrundbesitzer den Ton angaben, und einige vereinzelte Bergbauorte in Sizilien und in Sardinien. In Kampanien blieb der Faschismus auf die ursprüngliche Bewegung um den Hauptmann Padovani beschränkt, auf einen bunten, sangesfreudigen, aber in keiner Weise reaktionären Romantizismus. Die Ursprünge dieses Faschismus reichen bis in die Zeit der Partenopeischen Republik und in die Ära Murats in der ersten Hälfte des 19. Jahrhunderts zurück. Die Industrie- und Landwirtschaftsbanken dagegen finanzierten die nationalistische Partei, die einen Faschismus anderer Art hervorbrachte. Der neapolitanische Faschismus eines Padovani war, verglichen mit dem Wahlklüngel um Giolitti und seine Präfekten, eine ehrliche demokratische Bewegung, die gegen die Mißwirtschaft und gegen das Gangstertum im politischen Kampf zu Felde zog. Just deshalb war ihr kein Erfolg beschieden: In den allgemeinen Wahlen von 1921 konnte sie keinen einzigen Abgeordneten ins Parlament entsenden.

Den faschistischen Deputierten stellten schließlich die Abruzzen (und nicht das Molise). Dieser Abgeordnete Acerbo war eine groteske Mischung aus demokratischer Mafia und pazifistischem Kämpfertum, der die Verwendung des Gummiknüppels und die zwangsweise Verabreichung von Rizinusöl ablehnte.

Nach dem Marsch auf Rom wurden auch der Süden des Landes und die Inseln faschistisch. Diese italienischen Regionen haben in loyaler Balkanmanier stets jenem Mann Gehorsam geleistet, der gerade an die Macht gelangt war, mochte er nun Ricasoli, Depretis, Crispi, Giolitti, Nitti oder Mussolini heißen.

Das Kleinbürgertum unterschied sich dabei in keiner Weise vom Proletariat; es war ein Opfer des Faschismus, nie einer seiner Stützpfeiler. Wenn es sich einmal seiner Stellung bewußt wird, dann wird es auch zum natürlichen Verbündeten des Proletariats, und der Aufstand tritt aus dem Stadium der Theorie. Wesentlich ist, daß das Proletariat sich aus seiner mißlichen Lage als Plebs seit dem römischen Imperium befreit und sich wieder als Klasse konstituiert, als Anziehungszentrum für alle anderen kleineren Klassen. Geschieht dies nicht, dann ist es ganz gleichgültig, ob das Kleinbürgertum weiterschläft oder erwacht. Mittlerweile sollte das Proletariat sich nicht den Kopf darüber zerbrechen, was das Kleinbürgertum tun wird, sondern sich mit seinen eigenen Problemen und Sorgen befassen, die schon schwerwiegend und verwickelt genug sind. Das Kleinbürgertum, ob es sich nun organisiert oder nicht, kann sich nur auf seiten des Proletariats schlagen – vorausgesetzt, daß dieses keine irreparablen Fehler begeht.

Trotzki übte gleich Engels am Verhalten des deutschen Kleinbürgertums im Jahre 1848 Kritik, stellte jedoch auch fest, daß jedes Kleinbürgertum, einschließlich des russischen, ständig zwischen Bürgertum und Proletariat hin und her schwanke. Er zog daraus den Schluß, daß unter allen Voraussetzungen für einen Aufstand das Kleinbürgertum am unbeständigsten ist. Wenn die Bolschewisten auf den Aufstand im Oktober oder zu einem knapp darauffolgenden Zeitpunkt verzichtet hätten, dann wäre ihnen eine grundlegende Voraussetzung für den Erfolg entgangen, nämlich die Mitwirkung der Garnison der Hauptstadt und vor allem des Proletariats. Das Proletariat besteht aus Menschen und ist kein mechanisch funktionierendes Gebilde, daher auch nicht stabil. Das Petersburger Proletariat war 1917 für die kommenden großen Ereignisse ausnahmsweise gut vorbereitet. Die unbegrenzte Freiheit, die es vom März bis Oktober genoß, sowie Presse, Wahlversammlungen, Fabrikszusammenkünfte, Sowjet- und Parteiversammlungen verhalfen ihm zu politischem Selbstbewußtsein und zur Erkenntnis seiner Kraft. Dennoch gab es in den Monaten September und Oktober, vor dem Aufstand, einige Krisenerscheinungen: Mangel an Selbstvertrauen und an Vertrauen in die Führerschaft. Die Winkelzüge der Provisorischen Regierung, die andauernden Versuche, die

Sowjets niederzuringen, das Scheitern des Juliaufstands, aus dem das Proletariat trotz der Waghalsigkeit Kornilows siegreich hervorgegangen war, die Unschlüssigkeit im Zentralkomitee der bolschewistischen Partei, all dies hatte dem Proletariat einen Großteil jener Entschlossenheit und jenes Elans geraubt, die die russische Revolution auszeichneten. Wehe, wenn man zu dieser Zeit nicht die Macht mit Gewalt errungen hätte! Ein Aufschub hätte eine ganze Kette von Fehlern nach sich gezogen, und das Proletariat wäre schließlich entmutigt worden und hätte nachgegeben, wie man in Italien, Deutschland und selbst in Österreich feststellen konnte. Hier ist das Fehlschlagen des Schutzbundaufstands der Nichtteilnahme des Wiener und des Proletariats der Bundesländer am Kampfe zuzuschreiben. Doch das Proletariat hatte bereits vorher eine Niederlage erlitten, also noch ehe seine hervorragende Avantgarde, der *Schutzbund*, in einer verzweifelten militärischen Aktion geschlagen wurde, die nur dazu hätte dienen sollen, die Ehre des Sozialismus vor der Welt zu retten.

Die Unbekannte »Kleinbürgertum« ist genauso wenig stabil wie jede andere Voraussetzung. Auch im Krieg ist die Begeisterung der Soldaten, die Vorbedingung für einen Sieg, durchaus wandelbar und schwankt ganz beträchtlich.

Nach den Erfahrungen der letzten Aufstände zeigt das Kleinbürgertum keineswegs Neigung zur Fahnenflucht. In Rußland gelang die Revolution mit Hilfe des Kleinbürgertums, das am Oktoberaufstand und am darauffolgenden Bürgerkrieg gegen die weiße Armee teilnahm. Von 1917 bis 1920 hat das Kleinbürgertum sich Seite an Seite mit dem Proletariat geschlagen und aufgeopfert. Es empörte sich später, als eine zu rasch durchgeführte und bis ins Detail gehende Sozialisierung die Interessen so mancher Schichten des städtischen und des ländlichen Kleinbürgertums verletzte. Die Kampfparolen, die Proletariat und Kleinbürgertum im Interesse des Oktoberaufstands und zu dessen Verteidigung verbunden hatten, hatten sich jedoch gewandelt. Das ist eine gute Lehre für die italienische Revolution. Das Kleinbürgertum wird sich niemals einem Aufstand anschließen, von dem es weiß, daß es daraus umgemodelt hervorgehen würde. Daher ist die Agitation vor dem Aufstand von grundlegender Bedeutung. Die Parteien des Proletariats müssen dabei loyal und ernsthaft vorgehen, ohne Tricks und ohne getarnte Taktik. Der Bolschewismus russischer Prägung hat mit seiner Durchführung der Sozialisierung das Kleinbürgertum aller Länder in Angst und Schrecken versetzt. Das revolutionäre Proletariat muß diese Tatsache in Rechnung stellen.

Im März-April-Aufstand von 1920 im Ruhrgebiet, dem größten bewaffneten Aufstand des deutschen Proletariats in der Nachkriegszeit, hatte sich das Kleinbürgertum gegen Krupp und gegen die Reichswehr geschlossen auf die Seite des Proletariats geschlagen, vor allem in Hagen, in Remscheid und in der Gegend um Essen.

Im sozialistischen Aufstand vom Oktober 1934 in Spanien unterstützte das Kleinbürgertum die Aktionstrupps, indem es ihnen Waffen, Querverbindungen, Verstecke und Hilfe verschaffte. Das gilt auch für Katalonien. Allerdings haben sich die Kleinbürger, die an der Spitze der dortigen Regierung standen, wenig kriegerisch verhalten, was aber an den Menschen und nicht an der sozialen Klasse lag. Oberst Macia anstelle von Companys hätte sich da ganz anders verhalten. In diesem Unternehmen wäre beinahe die nationale Ehre Kataloniens verletzt worden. Der Katalane General Batet rettete sie. Er war der einzige überlegene Mann der Tage von Barcelona.

Was hätte das Kleinbürgertum Barcelonas wohl alles getan, wenn es eine andere Führung gehabt hätte? Die Freie Vereinigung der Handels- und Industrieangestellten demonstrierte dies anschaulich, als sie aus eigener Initiative als erste das Feuer auf die Streitkräfte der Garnison eröffnete, die sich gegenüber dem Palast der Generalidad verschanzt hatten. An diesen Kämpfen hat das gesamte Kleinbürgertum aktiv teilgenommen.

In Asturien verhielt sich das Kleinbürgertum ebenso heldenmütig wie das Proletariat. In der Stadt Oviedo war es fast zur Gänze am Aufstand mitbeteiligt. Die Regierung ließ als Vergeltungsmaßnahme die innersten Stadtviertel von Flugzeugen bombardieren, ohne Unterscheidung der Proletarierviertel von anderen. Nach der Niederschlagung des Aufstands in der Provinz befanden sich unter den Verhafteten eine Unzahl Krämer, Handwerker, Ärzte und Angestellte. Das Kleinbürgertum war hier bis zur Verwegenheit mit dem Proletariat solidarisch. Ein Musterbeispiel lieferte der Gemeinderat von Laviano. Er war von der Regierung mittels Dekrets als Ersatz für die revolutionären Proletarier, aus denen er bestanden hatte, ernannt worden. Seine neuen Mitglieder, lauter Kleinbürger, scheuten sich nicht, inmitten einer Bergbaugegend und trotz der ärgsten Vergeltungsmaßnahmen eine Sympathie- und Bewunderungsadresse an die Aufständischen zu richten.

Die Bauern

Die Bauern bilden das gesamte ländliche Kleinbürgertum. In den revolutionären Parteien genossen sie stets einen üblen Ruf. Vom »Idiotismus des Landlebens« im *Kommunistischen Manifest* bis zur bolschewistischen Sowjetverfassung scheinen sie in geistiger Hinsicht als minderwertige Mitglieder der Nation und in sozialer Hinsicht als ständige reaktionäre Gefahr angesehen worden zu sein.

Die Stadt hat sich immer über das Land und die Landleute lustig gemacht, und das volkstümliche Sprichwort von den »derben Schuhen und dem feinen Hirn« ist wahrscheinlich nur ein frommer Selbstbetrug ländlichen Ursprungs. »Lümmel«, »Banause«, »Bauerntölpel« sind städtische Ausdrücke, die nicht nur die Überlegenheit der städtischen Zivilisation über das Land – Zivilisation und Städtertum sind allerdings tatsächlich Synonyme –, sondern auch der Intelligenz zum Ausdruck bringen sollen. Der Gegensatz Stadt – Land ist so alt wie die Welt und wurde stets zum Schaden des letzteren ausgetragen. Der Argwohn des Landes gegen die Stadt ist alles andere als ungerechtfertigt. Selbst die Leibeigenschaft ist – nach Fustel de Coulanges – nur eine Frühform des Schuldgefängnisses, wozu der Städter den Tölpel gezwungen hat. Nur eine sozialistische Gesellschaftsordnung kann diesen Gegensatz aus der Welt schaffen.

Jeder gebildete Mensch unterbewertet in irgendeiner Art die Bauern. In Italien hat es des Beispiels der Kommune von Molinella bedurft, damit man es sich reiflicher überlegte.

Dennoch muß der Bauer jenen weit mehr mißtrauen, die ihn preisen, als jenen, die für ihn nur geringe Bewunderung aufbringen. Kirche, Monarchie und Reaktion singen wahre Lobeshymnen auf den Bauern, der gelegentlich zum Symbol des Vaterlandes erhoben wird. Die Militärs um Pilsudski, die baltischen Großgrundbesitzer, die Rassenfanatiker in Deutschland, die Faschisten in Italien, die *Action française*, die klerikalen Faschisten in Österreich und in Spanien sind alle in die Bauern ganz vernarrt. Der Italiener, der Gras frißt, damit der Staat Kanonen erzeugen kann – also der Bauer –, ist in Mussolinis Augen der ideale Staatsbürger. Wie man sieht, muß der Bauer diese grenzenlose Zuneigung teuer zahlen.

Hier geht es nicht darum, spitzfindige Vergleiche zwischen der verdummenden Wirkung des Landlebens und der Gewitztheit der Stadtbewohner zu machen. Die Intelligenz des Bauern und jene des Städters können einander zweifellos die Waage halten. Ein Dummkopf ist eben ein Dummkopf, ob er nun in der Stadt oder auf dem Lande geboren worden ist. Und er bleibt Dummkopf, auch wenn er seinen Wohnsitz ändert. Uns beschäftigt nur die Frage, wie weit man im proletarischen Aufstand mit den Bauern rechnen kann.

Die Ausbeutung – Hauptursache jeder Revolte – gilt gleicherweise für das Proletariat wie für die Bauern. In der gängigen politischen Terminologie versteht man im allgemeinen unter einem Bauern den kleinen Bodeneigentümer und den selbständigen Landarbeiter, den Pächter und den Halbpächter, aber nicht den Taglöhner, der als Proletarier gilt. Der Unterschied ist jedoch nicht allzu groß. In einigen Gegenden Italiens nennt man all jene Bauern, die die Erde mit ihren eigenen Händen bestellen, ob sie nun Taglöhner oder Eigentümer sind. Tatsächlich ist ein Taglöhner ein Bauer, der einen Taglohn erhält, während der besitzende Bauer für die Ernte bezahlt wird. Das Leben ist für beide hart und beschwerlich. Beim Taglöhner ist die kapitalistische Ausbeutung unmittelbar. Beim Bauern ist sie überwiegend mittelbar, da sie vom Staat ausgeübt wird. Die Geisteshaltung beider, die sich in normalen Zeiten voneinander unterscheidet, wird ihnen in revolutionären Zeiten gemeinsam. Daher kennen die Aufständischen auf dem Land keinen Unterschied zwischen Taglöhnern und unabhängig arbeitenden Bauern.

Ungeachtet dieser Wesensverwandschaft, die es während eines Aufstands unmöglich macht, die einzelnen Elemente einer in Aktion getretenen Masse zu unterscheiden, versteht man unter Bauern das Boden besitzende und bearbeitende ländliche Kleinbürgertum. Cattaneo bezeichnet es – wissenschaftlich-ironisch – als »fünften Staat«.

Die Teilnahme dieser ländlichen Masse ist ebenso wie jene des städtischen Kleinbürgertums unerläßlich zum Erfolg eines sozialistischen Aufstands. Dieser muß sowohl ein Proletarier- als ein Bauernaufstand sein. Beide arbeitenden Klassen müssen sich miteinander vereinen.

Der allgemeinen Ansicht nach sind die Bauern für einen Aufstand, hauptsächlich in militärischer Hinsicht, meist schwer zu mobilisieren. Sie leben tatsächlich weit über das Land verstreut. Daher ist auch eine gemeinsame politische Zielsetzung, die Voraussetzung für eine gemeinsame militärische Aktion, schwierig. Es besteht ein enormer Unterschied zwischen den ländlichen Ballungsorten und jenen in der Stadt, besonders im Bereich der Fabriken. Nichtsdestoweniger ist die Geschichte Europas reich an lokalen und allgemeinen Aufständen auf dem Lande. Die *Jacquerie* in Frankreich und der deutsche Bauernaufstand im finsteren Mittelalter, der bewaffnete Aufstand der Anhänger von Jan Hus in Böhmen, unter Jan Žižka und den beiden Prokops, die Bauernaufstände während der Französischen Revolution und die Bewegung der bulgarischen Bauern in unserem Jahrhundert – sie alle gehören zum Epos der Landbevölkerung. Sogar in Italien entstand die erste Bewegung, die sich der Französischen Revolution anschloß – eine Vorläuferin der Partenopeischen Republik –, nämlich der antifeudale, republikanische Aufstand in Sardinien, zur Gänze auf dem Lande, doch war sie wegen militärischer Unfähigkeit der Führer zum Scheitern verurteilt.

Die russische Revolution, die sich mit dem Februar- und dem Oktoberaufstand behauptete, gab den Anstoß zur überwiegenden Beteiligung der Landbevölkerung an der allgemeinen Bewegung. Die Arbeiter aus Petersburg und Moskau führten den politischen Kampf und den Aufstand an – doch die Bauern trieben mit ihren Revolten die Avantgarde der Arbeiter zur Machtergreifung. Die Arbeiterbewegung war eine Minderheit von Pionieren, die Bauernbewegung hingegen war allgemein. Sie war das Endresultat jahrhundertelanger opferreicher Revolten. Das Jahr 1905 schließlich war eine gute Erfahrung und nützliche Lehre auch für die Masse der Bauern. Lenin hatte schon damals die Bedeutung der Landbevölkerung für den allgemeinen Kampf richtig eingeschätzt; auf dem Stockholmer Kongreß trat er für die Notwendigkeit ein, revolutionäre Bauernkomitees zu organisieren.

Etwa zehn Millionen Bauern beteiligten sich an der russischen Revolution. Sie kamen aus den großen, armen und rückständigen ländlichen Bezirken in Großrußland und am Mittellauf der Wolga. Trotz der Ablenkung durch die nationale Selbständigkeit war die ganze landwirtschaftlich fortgeschrittene Ukraine in hellem Aufruhr. In den 624 Bezirken des alten Rußlands gab es 482 Bauernrevolten. Ausnahmen bildeten der Norden, Transkaukasien, die Steppenregion und ein Großteil Sibiriens – lauter Agrargegenden, in denen die über ein weites Territorium verstreute Bevölkerung eine relative wirtschaftliche Unabhängigkeit genoß. Alle übrigen beteiligten sich am Aufruhr: Von 481 Bezirken nahmen 439 am Bauernaufstand teil. Da kann keine Rede von Arbeitereliten sein, die dem Aufstand förderlich sind. Vom März bis Oktober gab es eine Aufeinanderfolge von Revolten; manchmal wurden sie eingedämmt, niemals aber von der Zentralgewalt zum Stillstand gebracht. Die Kämpfe um Lohnerhöhungen gingen Hand in Hand mit den Konflikten um Abänderung der Pachtverträge. Die Ländereien der Großgrundbesitzer wurden fast überall besetzt und ohne Zeitverschwendung aufgeteilt. Der Botschafter der Französischen Republik in Petersburg berichtete von den traurigen Selbstbekenntnissen des Landadels, der in der Hauptstadt Zuflucht suchte.

Die armen Bauern spielten in allen diesen Revolten eine führende Rolle und drückten den Bürgerkriegen den Stempel äußerster Entschlossenheit auf. Da sie mit den Pachtsenkungen unzufrieden waren, weigerten sie sich, überhaupt etwas zu zahlen oder Steuern zu entrichten: also eine offene, zweifache Revolte gegen Staat und Grundbesitzer. Sie schlägerten deren Wälder oder zündeten sie an, um Brennholz zu beschaffen oder um Weidegrund und Ackerland zu besitzen. Manchmal verbrannten sie im Übereifer der Revolte sogar die Ernten, doch meistens nahmen sie die Ernte, das Vieh und die landwirtschaftlichen Geräte in Besitz. Viele Güter wurden geplündert, Schlösser angegriffen und mit Waffengewalt eingenommen, viele Grundeigentümer wurden an Ort und Stelle samt ihren Verwaltern niedergemetzelt. Darin kamen die Leiden von Hunderten von Jahren zum Ausbruch. Der Hunger steigerte die Erbitterung, Getreidesilos wurden geplündert, militärische und zivile Requirierungsorgane verjagt oder getötet. Ein Niederschlagen der Revolte war unmöglich. Die zu diesem Zweck abkommandierten Truppen verhielten sich nachsichtig und verständnisvoll, wenn sie sich nicht gar mit den Rebellen verbrüderten. Die Lage wurde immer gespannter, und nach dem Kornilow-Unternehmen schraubten die Bauern ihre Ansprüche ihren Gutsherren gegenüber noch höher. Nun begannen sie ihr Schicksal mit dem der Sowjets gleichzusetzen. In Erwartung des Kongresses griffen sie zur Selbstjustiz, wogegen die revolutionären Sozialisten und die Menschewisten die Provisorische Regierung stützten und – blind für das Geschehen ringsum – über die mögliche Reform des bürgerlichen Rechts diskutierten.

Mittlerweile erledigten die mobilisierten Bauern, die Soldaten, ihren Teil. Wenn in der russischen Revolution von Soldaten die Rede ist, so muß man darunter die Bauern verstehen. Die von der Landbevölkerung gestellten Regimenter waren die Hauptakteure im Kampf gegen den Zarismus und dann gegen die unschlüssige Bourgeoisie. Die beiden Aufstände von Petersburg waren das gemeinsame Werk von Arbeitern und Bauern. Im Februar verbrüderten sich die Soldaten mit den auf die Straße gezogenen Arbeitern, und der Zarismus brach ohne Gegenwehr zusammen. Die Frontsoldaten erklärten sich mit ihren Genossen von der Petersburger Garnison solidarisch, und das ganze alte Rußland wurde trotz seiner anscheinend überlegenen öffentlichen Einrichtungen zerschlagen, denn die Revolution lag fest in den Händen der Sowjets, in denen die bewaffneten Bauern dominierten.

Der Oktoberaufstand zeigte, welch entscheidende Bedeutung der Petersburger Garnison in den Ereignissen zukam, die den bürgerlichen Staat zunichte machten. Diesmal ergriff sie als erste die Offensive. Den Angriff der Provisorischen Regierung beantwortete sie mit einem Gegenangriff: Zwei Mächte traten einander gegenüber. Die Regierung wollte den von den Deutschen Anfang Oktober im Baltikum errungenen Erfolg für sich ausnützen und erklärte Petersburg für gefährdet. Die Hauptstadt sollte nach Moskau verlegt werden, und damit hätte das Petersburger Proletariat die Unterstützung der revolutionären Garnison verloren. Da forderten die Bauern im Petersburger Soldatensowjet am 6. Oktober einstimmig die Regierung heraus: Falls die Provisorische Regierung sich nicht in der Lage sehe, Petersburg zu verteidigen, dann solle sie sofort Frieden schließen oder zurücktreten. Die Arbeiter unterstützten die Soldaten. Die Regierung mußte nachgeben. Zwei Tage später trat sie zum Gegenschlag an. Da sie die

Hauptstadt nicht verlegen konnte, wollte sie unter dem Vorwand, die ermüdeten Truppen der vordersten Front ablösen zu müssen, die meuternden Regimenter von der Hauptstadt entfernen. Die bewaffneten Bauern weigerten sich wiederum.

Das wohl revolutionärste Ereignis leitete den Oktoberaufstand ein und gab ihm das entscheidende Aussehen. Erst dann begann der Gedanke eines Aufstands konkrete Form anzunehmen. Die Soldaten der Garnison bereiteten sich auf die Verteidigung vor, und die Arbeiter verstärkten kurz darauf, am 13. Oktober, die Roten Garden. Die Delegierten der Garnison sprachen am 18. Oktober eindeutig vom »kommenden Aufstand«. In der Versammlung am 21. Oktober nahmen alle anwesenden Truppenteile gegen die Provisorische Regierung Stellung, ausgenommen einige Neutrale. Welch gewaltiger Schritt auf dem Weg des Aufstands!

Ideologische Spitzfindigkeiten sind jedoch zwecklos. Tatsächlich wurde der Oktoberaufstand erst an dem Tage möglich, als die Bauern eigene revolutionäre Ziele vor sich sahen, die sich mit jenen des Proletariats deckten. Die Bauern bewiesen äußerste Dynamik und straften die These Lügen, derzufolge der Bauer unfehlbar traditionsgebunden, begriffsstützig und schwerfällig angesichts drängender politischer Ereignisse sei. Die Bauernregimenter marschierten mit ungeahnter Schnelligkeit. 1914 defilierten sie mit Fahnen, die mit heiligen Ikonen geschmückt waren. Im Februar 1917 waren letztere verschwunden und die Fahnen mit roten Fahnenbändern versehen. Im Oktober trugen sie dann rote Fahnen und Maschinengewehre.

In der heutigen Situation in Italien ist es schwierig, vorauszusagen, ob sich die ersten Ansätze eines Aufstands in den Städten oder auf dem Lande zeigen werden. Es ist durchaus möglich, daß die Massen der italienischen Landbevölkerung so manchen überraschen könnten, der sich ein festes Schema hinsichtlich eines sozialistischen Aufstands gebildet hat. Bislang sind alle Revolten gegen das faschistische Regime vom Lande ausgegangen.

Der Faschismus hat aus jeder staatlichen oder halbstaatlichen, politischen, gewerkschaftlichen oder privaten Organisation Institutionen für eine totalitäre Versklavung gemacht. Die Fabrik ist nicht länger der Mittelpunkt des Arbeiterdaseins, in dem das politische Bewußtsein des Proletariats geformt und seine Waffen vorbereitet werden. Sie ist zum Kerker geworden, in dem politische Überwachung und terroristische Bespitzelung an der Tagesordnung sind. Die Arbeitslosigkeit ist groß, doch kann man nicht ernstlich auf sie bauen: Unter einer Diktatur büßen die Arbeitslosen mit dem täglichen Brot auch ihr Klassenbewußtsein und ihre Menschenwürde ein.

Auf dem Lande herrscht dieselbe Unterdrückung, aber da gibt es nicht wie in der Stadt den engbegrenzten Raum der Fabrik, der Straßen und der Plätze. Dank der Weiträumigkeit ist man hier nicht so leicht jedem Zugriff ausgesetzt. Man kann, im Gegensatz zur Stadt, auf dem Lande nicht in kürzester Zeit bewaffnete Streitkräfte zur Gegenwehr oder zu schlagartigen Vergeltungsmaßnahmen zusammenziehen. Die Bespitzelung ist schwieriger und wird rasch entdeckt, weil man auf dem Lande von jedem Einkünfte, Ausgaben und Arbeit haargenau kennt und beobachtet. In den großen Landstädten Siziliens und Apuliens ist das Milieu etwas anders geartet, doch findet man hier nicht selten die Vorteile von Stadt und Land vereint. Die wirtschaftliche Unterdrückung wird allerdings immer schwerer erträglich. Der Bauer, der geduldig den Ertrag seiner Arbeit gespart hat, muß zusehen, wie dieser infolge direkter und indirekter Steuern, Gebühren, Übergebühren und Wucherzinsen an einem einzigen Tage dahinschwindet. Die Ungerechtigkeit wird immer stärker fühlbar und verbittert die Menschen.

Höchstwahrscheinlich werden die größten antifaschistischen Revolten vom Lande ausgehen. Die Besitzergreifung der Ländereien in der Nachkriegszeit ist typisch für den italienischen Süden und die Inseln, und da die Regierung sie nicht mit Gewalt niederschlagen konnte, mußte sie sie durch Sondergesetze regeln.

Um aber an Aufstand zu denken, müssen die Bauern erst einmal darin *ihre* Sache sehen. Wehe den politischen Führern, die auf die Bestrebungen der Bauern und auf deren Mentalität keine Rücksicht nehmen und eine unzeitgemäße oder hochtrabende Sprache gebrauchen. Aus eben diesem Grunde haben die revolutionären Sozialisten in Rußland innerhalb eines Monats die Masse der Bauern verloren, die sie im Verlauf von dreißig Jahren für sich gewonnen hatten. Jahre danach begingen die Bolschewisten den gleichen Irrtum, doch da hatten sie ihre Machtposition bereits gefestigt und konnten sich diesen und andere Fehler ungestraft leisten.

Am sozialistischen Aufstand in Spanien im Oktober 1934 haben sich die Bauern nur in geringem Maße beteiligt. In Andalusien und in der Estremadura – vergleichbar mit Apulien – leben von 800.000 Kleinbauern nur wenige tausend von der Arbeit auf eigenem Grund und Boden. Sie hatten ein halbes Jahrhundert lang schwere Klassenkämpfe ausgefochten, waren nun infolge des vorangegangenen Streiks erschöpft, und einige tausend ihrer militantesten Aktivisten sowie alle ihre Führer saßen im Gefängnis. Ihr Interesse, die Regierung Lerroux-Gil Robles umzustürzen, war recht gering. Die vorhergegangenen republikanischen Regierungen waren in ihren Augen ebenfalls Verteidiger der Großgrundbesitzer gewesen. Tatsächlich gab es in ganz Spanien nur ein paar tausend Bauern, die aus der von den Rechtsparteien so bekämpften und boykottierten Agrarreform Vorteile zogen.

In Katalonien lagen die Dinge anders. Dort hatten die Bauern beachtliche Errungenschaften zu verzeichnen, und zwar dank der autonomen Gesetzgebung der *Generalidad;* Companys war während einiger Jahre Präsident der Vereinigung der *Rabassaires** gewesen. Die Regierung Lerroux-Gil Robles bedeutete für sie eine ernsthafte Drohung. Mit seiner Rede vom 1. Oktober in den Cortes hatte Gil Robles das Ministerium Samper zum Sturz gebracht, und zwar vor allem wegen der Leichtfertigkeit und Schwäche, mit der dieses das vom katalanischen Parlament gebilligte Pachtgesetz angenommen hatte. Die Großgrundbesitzer waren wieder darauf aus, sich über die Bauern hinwegzusetzen und sie zu beherrschen. Um das Maß voll zu machen, wurde im neuen Ministerium ein Portefeuille an den Katalanen Auguerra de Soio abgegeben, welcher der äußersten Rechten der katalanischen Reaktion angehörte und zweifelsohne ein Verfechter der Interessen der agrarischen Großgrundbesitzer war. Die Revolte der Bauern erfolgte daher überall schlagartig. Fast alle Gemeinden Kataloniens befanden sich in Aufruhr. Die Aufständischen bemächtigten sich vor allem jener Gemeinden, die sie noch nicht in ihrer Gewalt hatten, sowie der Post- und Telegraphenämter; überall wurde die Zivilgarde zur Übergabe bewogen oder sie blieb – in einigen Gemeinden – als Gefangene in den Kasernen. Am Nachmittag des 5. Oktobers, einen Tag bevor Companys in Barcelona den katalanischen Staat ausrief, wurde in einzelnen Gemeinden der Provinz die katalanische Republik proklamiert. Welch gewaltiger Erfolg – wenn sie einen Führer gehabt hätten! Aber diesem Aufstand fehlte die Führung; Campanys war kein Insurgentenführer.

---

* *Rabassaires* sind keine Proletarier, wie einige Zeitungen schrieben. Die *rabassa morta* ist eine Form der Halbpacht – ein wenig ähnlich der italienischen Erbpacht – und betrifft nur den Weinbau. Der Weinbergbesitzer überläßt dem Pächter den Boden, der Bauer bepflanzt und bestellt ihn und teilt den Ertrag mit dem Eigentümer des Bodens. Die Weinstöcke gehen erst nach einer bestimmten Zahl von Jahren in den Besitz des Bauern über. Der Streit zwischen Bauern und Bodenbesitzern dreht sich also um diese Zahl von Jahren. Die meisten katalanischen Bauern sind solche *Rabassaires*.

Erste Unterstützung
durch die Massen

Wenn eine politische Bewegung sich im voraus der Mehrheit des Proletariats, des Kleinbürgertums und der Bauern versichern wollte, falls sie einen Aufstand plant, dann dürfte es im Lauf der Geschichte kaum zu vielen Aufständen kommen. Diese Mehrheit kann nur präsumtiv sein. Mutmaßungen dürfen allerdings nicht auf optimistischer Einbildungskraft, sondern müssen auf konkreten Tatsachen fußen. Auch die unmittelbaren Wirkungen, die der erste Erfolg nach sich zieht, müssen einkalkuliert werden. Die Begeisterung, die ein solcher Erfolg entfacht, wird gewiß stets ein außerordentlicher Ansporn sein. Nur ein Erfolg kann mit einem Schlage die öffentliche Meinung günstig beeinflussen. Er macht unschlüssige Menschen zu entschlossenen, schüchterne zu mutigen, und aus bisher teilnahmslosen Zuschauern werden Aktivisten. Breite Volksschichten, die sich bislang nie politisch betätigt haben, werden nun erfaßt. Und nicht nur die Volksmeinung kapituliert angesichts des Erfolgs – auch die intellektuelle und technische Elite bezieht entsprechend Stellung.

Die Ermöglichung dieses ersten Erfolgs ist das vordringlichste militärische und politische Ziel des Aufstands. Zu seiner Erreichung ist die Beteiligung der Massen wegen ihrer zahlenmäßigen Überlegenheit unerläßlich. Die Massen müssen als erstes und sofort die militärische Avantgarde der Aufständischen, die in einem bestimmten Sektor zum Angriff übergehen, unterstützen. Dieses Zusammenspiel ist das Ergebnis einer vornehmlich politischen Agitation, die alles andere als leicht ist.

Ist der Aufstand die Folge eines Generalstreiks, der eigens zu diesem Zwecke ausgerufen wird oder sich dem Aufstand anschließt, dann ist dieses Zusammenspiel leicht zu erreichen. So war es beim Kapp-Putsch und im Oktober 1934 in Spanien. In Rußland gab es während des Oktoberaufstands keinen Generalstreik, denn die vorangegangenen Demonstrationen und Unruhen, vor allem am 22., an denen die Massen der Hauptstadt korporativ beteiligt waren, hatten einen Generalstreik überflüssig gemacht. Hingegen war im Februar ein Generalstreik ausgerufen worden, und damit hatte der Aufstand automatisch seinen Fortgang genommen.

Doch ein Generalstreik ist nicht immer möglich. Wenn das Proletariat in der Lage ist, ihn zu politischen Zwecken auszurufen, kann es auch mit einem außergewöhnlich günstigen politischen Klima rechnen. Der Generalstreik 1920 in Deutschland wurde von der an der Macht befindlichen Sozialdemokratie angeordnet; 1934 in Spanien war er mittels einer intensiven Kampagne unter einem politischen Regime eingeleitet worden, das dazu seine Zustimmung gab. In solchen Fällen gerät das normale Leben ins Stocken, das ganze Proletariat zieht auf die Straße, unterstützt die Aufständischen und bringt ihnen mit bewaffneten Trupps frischen Zuzug.

Das Proletariat kann jedoch auch außerstande sein, einen Generalstreik vom Zaun zu brechen, was allerdings nicht bedeuten muß, daß ein Aufstand unmöglich geworden ist. In bestimmten Situationen ergibt sich ein Generalstreik aus dem Aufstand, aber ein Aufstand kann auch ohne einen vorangehenden oder nachfolgenden Generalstreik zustande kommen. Von 1917 bis heute *(1936)* haben wir alle drei Möglichkeiten erleben können, wenn auch nicht vollkommen.

Der kleine verwegen-mutige Aufstand am 1. Dezember 1924 in Reval war typisch für eine Revolte, in der es weder vorher noch nachher einen Generalstreik gab, auch keine Teilstreiks oder eine andere Form der Massenagitation. Die politischen Führer taten nichts, um zwischen den bewaffneten Abteilungen und der Masse des Volkes ein Einverständnis herzustellen. Es wurde bereits aufgezeigt, weshalb der Aufstand militärisch scheiterte. Doch selbst wenn er im bewaffneten Angriff siegreich gewesen wäre, kann man annehmen, daß er gleich danach isoliert und in der Folge niedergeschlagen worden wäre, weil keine sofortige Unterstützung zu erwarten war. Die Führer des Aufstands verließen sich auf das Überraschungsmoment. Die Masse war auf keinen Aufstand gefaßt. Dieser fiel sozusagen vom Himmel.

Die Arbeiter der großen Papierfabrik *Cellulose* im Osten der Stadt weigerten sich, die Waffen anzunehmen, die ihnen im Morgengrauen angeboten wurden, da sie dahinter Lockspitzel oder Verrückte vermuteten. Auf dem Hermannsturm hätte die rote Fahne gehißt werden sollen, was sicherlich einen psychologisch wichtigen Effekt gehabt hätte, doch wurde nichts daraus. Die politischen Führer handelten, als wären sie die Kommandanten aufrührerischer Regimenter, die einen Staatsstreich vorhaben, nicht aber die Anführer eines Volksaufstands. Nun war die kommunistische Partei illegal und hatte große Schwierigkeiten, mit dem Proletariat in dauernder Verbindung zu bleiben, Kampfparolen an die Massen auszugeben und sie zu lenken. Wenn auch die Partei im Untergrund leben mußte, so waren doch die Gewerkschaften nicht aufgelöst worden. Ihre Führer konnten daher die nötige politische Aktion ins Rollen bringen und entsprechend tarnen, indem sie ohne Schwierigkeiten von den politischen zu gewerkschaftlichen Angelegenheiten hinüberwechselten. Damals hatte es Ereignisse gegeben, die es möglich machten, die Massen aufzuwiegeln. Der von der Regierung plump eingefädelte und über den ganzen Monat November hingeschleppte Prozeß gegen Hunderte Kommunisten konnte zum Ausgangspunkt für eine breitangelegte Offensive werden, die in den Volksaufstand mündete. Diesen konnte man als Notwehr, als einziges Mittel zur Verteidigung der verletzten politischen Freiheitsrechte hinstellen. Die Erschießung der Führer der Arbeitergewerkschaften, die vom Gericht während des Prozesses ungesetzlicherweise verfügt wurde, konnte die Empörung des Volkes, die ohnehin bereits – auch ohne politische Manöver – gewaltig angestiegen war, zur Entladung bringen: ähnlich wie in Italien wegen des Matteotti-Mordes. Die estnischen Kommunisten waren allerdings gegenüber Italien im Vorteil: In Italien war das Proletariat geteilt und keine Fraktion imstande, eine allfällige revolutionäre These in die Praxis umzusetzen; in Estland war das Proletariat geeint, und die kommunistische Partei genoß im Proletariat ein absolutes Prestige. Die Partei war eben wahrhaft revolutionär und begnügte sich nicht mit bloßer Rhetorik.

Unter kommunistischer Führung hätte eine derartige Volksbewegung durchaus den Aufstand einer bewaffneten Kerntruppe nach sich ziehen können, die von einer überwältigenden Volksmehrheit unterstützt worden wäre. Auf Grund der von der Regierung begangenen Fehler hätte solch ein Aufstand als legale Volksbewegung zur Verteidigung der Verfassung aufgezogen werden können. Mit welch bewundernswerter Geschicklichkeit haben es doch die russischen Bolschewisten im Oktoberaufstand verstanden, ihrer Offensive den Anschein einer legalen Verteidigung der Sowjets zu geben! Alle Regimenter standen im Banne der Überzeugung, daß sie nur jene Institutionen verteidigten, die die Struktur des neuen Staates bildeten, wenn sie gegen die Provisorische Regierung vorgingen.

Dennoch war die Lage in Reval nicht grundsätzlich anders. Die Regierung war diskreditiert und ohne ernsten Rückhalt im Lande, und die bewaffnete Macht des Staates stand größtenteils mehr auf seiten des Proletariats als auf seiten der Regierung. Die kommunistischen Führer befürchteten, daß die Regierung noch mehr politische Führer erschießen lassen, die Arbeiterorganisationen verfolgen und den Terror damit auf die Spitze treiben könnte, und hielten es daher für zweckmäßiger, die Massen nicht aufzuhetzen. Man könnte, nach Ansicht der Führenden, den Aufstand auch so durchführen, auf den sich die kleine bewaffnete Avantgarde fieberhaft vorbereitete. So kam es, daß sie isoliert dastanden, trotz der für sie äußerst günstigen allgemeinen politischen Situation.

Der Hamburger Aufstand vom Oktober 1923 hingegen ist ein Musterbeispiel dafür, was man als Optimum in der politischen Vorbereitung der Massen zur gewaltsamen Aktion erreichen kann. Der Aufstand scheiterte zwar wegen militärischer Fehler, aber nicht wegen politischer Mängel der Führer des städtischen Proletariats. Ihr Verhalten war mustergültig. Die kommunistische Partei zählte 18.000, die Sozialdemokraten 40.000 Mitglieder, doch war erstere damals die

Seele der Arbeiterklasse; es gelang ihr auch, sie unter Kontrolle zu halten und sie politisch zu lenken. Man hielt einen Generalstreik für unmöglich, schon deshalb, weil die Sozialdemokraten dagegen waren. Dafür gab es einige Streiks in lebenswichtigen Betrieben der Stadt, wie den Streik der Werftarbeiter und aller Hafenbetriebe. In der Zeit vom Abend des 21. (Sonntag) bis fünf Uhr früh des 23. (Dienstag), dem Tag des Aufstands, wurde eine Aktion aller politischen und gewerkschaftlichen Funktionäre in den Fabriken, im Hafen und in den volkreichen Stadtvierteln durchgeführt, um die Masse dahin zu bringen, dem Aufstand Folge zu leisten. Diese ganze Bewegung konnte natürlich nicht unbemerkt bleiben. Doch die Polizei vermochte sich über die wahre Sachlage nicht klar zu werden und war überzeugt, es handle sich nur um eine vorübergehende Erregung; denn sie hielt die Gefahr einer Revolte für endgültig gebannt.

Die solcherart gut vorbereitete Masse reagierte auf den an sie gerichteten Appell und nahm aktiv und wirksam an der Aktion teil; ihre Anwesenheit bewirkte eine überwältigende zahlenmäßige Überlegenheit. Überall wo der Angriff der bewaffneten proletarischen Organisationen Erfolg hatte, konnte man auch die spontane Teilnahme ansehnlicher Arbeitertrupps feststellen, die sich an strategisch besonderts günstigen Punkten unversehens zusammengerottet hatten, unter ihnen auch Angehörige anderer Volksschichten, sogar Frauen und junge Leute. Die vorher bestimmten Informationsstellen an den Eingängen zu den Fabriken und zu jenen Betrieben, in denen kein Streik ausgerufen worden war, sowie an allen wichtigen Versammlungspunkten in den volkreichen Stadtvierteln funktionierten tadellos. Die Massen stürzten sich zur Unterstützung der vordersten Linie in einen regelrechten Kampf. Der Erfolg zeichnete sich in kurzer Zeit ab, und wären nicht die erwähnten Fehler begangen worden, so hätten die Ereignisse einen anderen Verlauf genommen. Auch nachdem das Eingreifen der Polizeiabteilungen und der hinzugekommenen Panzerwagen die errungenen Teilerfolge zunichte gemacht hatte, brach der Aufstand nach Zersprengung der kampfunerfahrenen kleinen Stoßtrupps nicht plötzlich zusammen, wie es in Reval der Fall war; man ging vielmehr zur Defensive über und hoffte auf Erfolge in anderen Stadtteilen. Auf den Barrikaden, die in etlichen Stadtvierteln errichtet wurden, leistete das Volk den ganzen Tag über den Angriffen wohlorganisierter Polizeitruppen Widerstand. In einigen größeren Bezirken dauerte der Straßenkampf bis zum 25. Oktober an.

Daraus läßt sich ersehen, wie wichtig es ist, die Massen auf eine Revolte vorzubereiten. Wie stark auch das Proletariat unter günstigen Voraussetzungen sein mag, es wird schwerlich in der Lage sein, dem Aufstand eine so große Zahl bewaffneter Streitkräfte zuzuführen, daß deren Aktion entscheidend wirken könnte und das Einschreiten der Volksmassen überflüssig machen würde. Nur die Bolschewisten verfügten im Oktober 1917 zur Eroberung der Hauptstadt und der politischen Macht über solche Streitkräfte. Im eigentlichen Oktoberaufstand – also während jener militärischen Operationen, die in der Nacht zum 24. mit der Besetzung der Newabrücken begannen und am 26. um 2 Uhr nachts mit der Besetzung des Winterpalais ihr Ende fanden – hatte das Revolutionäre Komitee zweifelsohne beachtliche Kräfte eingesetzt, wenn man sie mit den 1500 Mann vergleicht, die zur sogenannten Verteidigung der Hauptstadt der Provisorischen Regierung zur Verfügung standen. Am Aufstand nahmen etwa 6000 bis 7000 bewaffnete Arbeiter der Roten Garde, 5000 bis 6000 Matrosen der Baltischen Flotte, einige Kompanien Pioniere, ein Detachement des Semjonow-Regiments, Truppenabteilungen des Pawlowschen Regiments und ein weiteres Bataillon teil, eine Gesamtstreitkraft von etwa 12.000 Mann, die einen Panzerkreuzer, Panzerwagen, Maschinengewehre und Kanonen zur Verfügung hatten. Hinter diesen Truppen der vordersten Kampffront stand das gesamte militärische Kontingent der Petersburger Garnison und Umgebung, also fast ein ganzes Heer.

Strenggenommen hätten die Bolschewisten, die ihrer militärischen Schlagkraft sicher waren, auch darauf verzichten können, die Massen aufzuwiegeln. Stattdessen taten sie in kluger Voraussicht alles dazu, um ihre Aktionsfreudigkeit anzustacheln, als sollten die Massen und niemand anderer den Angriff tragen. Die großartige Demonstration vom 22. Oktober, drei Tage vor dem Aufstand, an der mehr als die Hälfte der Bevölkerung der Hauptstadt teilnahm, war die letzte einer ganzen Reihe seit dem Kornilow-Unternehmen. Diese pausenlosen Demonstrationen bildeten den Zündstoff zur Erreichung des Enderfolgs – ohne diese allgemeine Gärung, die Arbeiter, Soldaten, Kleinbürger und andere Bevölkerungsschichten in eine einzige, kompakte Volksmasse verwandelte, hätten die bewaffneten Organisationen der Arbeiter, Soldaten und Matrosen kaum gewagt, zur direkten Aktion überzugehen. Außerdem war die Situation damals ganz außergewöhnlich günstig, so daß ein Vergleich kaum allgemein gültige Nutzanwendungen zuließe.

Im Aufstand von Asturien gab es zwischen den Massen und den bewaffneten Abteilungen der Bergwerksarbeiter sofort Kontakt, sogar in Oviedo, wo die Gewerkschaftsführer kein besonderes Vertrauen und die politischen Führer keine Sympathie der revolutionären Aktion gegenüber hegten. Diesem Kontakt ist es zuzuschreiben, daß in dieser Region Spaniens der Aufstand hinsichtlich der Anzahl der Kämpfenden und der Zeitdauer ein so beträchtliches Ausmaß annehmen konnte.

Beteiligungen dieses Umfangs lassen sich weder improvisieren noch künstlich schaffen. Sie sind das Ergebnis beharrlicher methodischer Bemühungen und keinem glücklichen Zufall zu verdanken. Entsprechende Kampfparolen spielen dabei eine entscheidende Rolle.

Kampfparolen

Im Aufstand macht sich stets unerträglicher wirtschaftlicher und politischer Überdruck Luft, gleich einem explodierenden Dampfkessel. Ohne Überdruck und ohne unerträgliche Zustände ist es zwecklos, von Aufstand und Kampfparolen zu sprechen. Aufstand wäre dann nur Wunschtraum einiger weniger, und Kampfparolen fänden kein Echo. Sie hätten genauso wenig politische Tragweite wie andere lapidare Feststellungen, etwa: »Welch herrlicher Tag« oder »Die Liebe ist unsterblich«. Dennoch quillt die revolutionäre politische Literatur Europas im allgemeinen und Italiens im besonderen seit etwa zehn Jahren von solchen Kampfparolen über.

In einer günstigen politischen Situation sind dieser angepaßte Kampfparolen für die Masse Ansporn, die herrschende Klasse, zu der sie kein Vertrauen mehr hat, zu stürzen. Kampfparolen dienen der Orientierung des Volks in der allgemeinen Unsicherheit, weil nicht eine politische Partei in Versammlungen und Kongressen diskutiert und entscheidet, sondern das ganze Land in seiner ganzen Vielfalt fühlt, leidet und nach Ausdruck ringt.

Die Kampfparolen müssen folglich auf diese besondere Situation abgestimmt und an die Mehrheit des Landes gerichtet sein, nicht nur an das Proletariat oder an die Bauernschaft oder nur an das Kleinbürgertum.

Eine beispielhafte Kampfparole war jene der Bolschewisten im Oktoberaufstand: »Alle Macht den Sowjets!« Damit sprach man die große Mehrheit des russischen Volkes an. Allen Bevölkerungsschichten war klar, daß damit nicht irgendeine abstrakte, sondern ihre eigene Macht gemeint war. Die Arbeiter begriffen, daß mit der Machtübertragung an die Sowjets die despotische Unternehmerherrschaft in den Fabriken ein Ende haben würde; die Bauern wußten, daß Grund und Boden de facto und de iure ihnen gehören würde; die Soldaten waren überzeugt, daß sofort Frieden geschlossen würde, und das arbeitende Kleinbürgertum nahm an, daß Hungergefahr und Chaos endlich der Vergangenheit angehören würden. Alles in allem war das also ein etwas zugkräftigeres Schlagwort als jenes von Miljukow: »Rußland an die Dardanellen!« Damit gedachte er – in gutem Glauben – die alliierten Mächte an die Wand zu drücken und gleichzeitig das russische Volk hellhörig zu machen. Diese Ankündigung hatte nach offizieller Bestätigung genügt, um das Finnische Regiment in Aufruhr zu versetzen, worauf eine Großkundgebung des Militärs und der bewaffneten Arbeiterschaft in Petersburg folgte. Außerdem war »Alle Macht den Sowjets!« weit zugkräftiger als alles, was Kerenski und alle Gemäßigten kreierten, nämlich zuerst die »Staatsberatung«, dann die »Demokratische Beratung«, aus der das »Vorparlament« hervorging, und schließlich die »Konstituante«. Für all das hatte kein Mensch im Volke etwas übrig.

Will man Kampfparolen und Schlagwörter in Umlauf setzen, muß man vor allem die nötige Autorität besitzen, sonst nützt alles nichts. Die bolschewistische Partei hätte vielleicht auf Grund ihres Einflusses auf die Arbeitermassen und auf die Petersburger Garnison im Oktober 1917 die Macht auf eigene Faust ergreifen können. Aber Petersburg war nicht ganz Rußland, und die Autorität der Partei war zwar in der Hauptstadt unbestritten, nicht aber im gleichen Maße in der Provinz. Die *Sowjets* besaßen diese Autorität, und der Aufruf ging von ihnen und in ihrem Namen aus. Im Grunde war es dasselbe, da die Bolschewisten die Sowjets beherrschten. Allein in der Politik hat die Form keine geringere Bedeutung als die Substanz.

Losungswort oder Kampfparole ist ein Ausdruck aus der militärischen Terminologie. Beim Militär dient das Losungswort, das vom Kommando an die Wachtposten ausgegeben wird, zur Unterscheidung von Freund und Feind. Ähnlich ist es auch in der Politik. Freund ist, wer bekanntgegebene Ziele zu den seinen macht, Feind derjenige, der sie ablehnt. Beim Militär wie in der Politik müssen die Parolen äußerst einfach und verständlich sein. Volk und Wachtposten verstehen keine andere Sprache.

Parolen findet man in keinem Wörterbuch. Man kann auch keines zusammenstellen, das für alle Länder Gültigkeit hätte.

Parolen dieser Art sind etwas ganz anderes als die Befehle einer Parteileitung an ihre Mitglieder; sie müssen sich an das ganze Land wenden und eine Zusammenfassung dessen sein, was die Partei erstrebt. Man kann sie nicht einmal im voraus bestimmen. Heute *(Dezember 1935)* können wir nur vermuten, daß Kampfparolen für einen antifaschistischen Aufstand in Italien Bezug haben werden auf den Afrikakrieg, auf den Schutz der Wirtschaft des Landes und des Lebens unserer Jugend, die als Schlachtvieh in fremde Länder geschickt wird; außerdem werden sie gegen alle politisch Verantwortlichen gerichtet sein. Doch können wir nicht ausschließen, daß möglicherweise andere Ereignisse eintreten und daher auch andersgeartete Parolen notwendig machen werden. So war im Oktober 1917 in Rußland die Beendigung des Krieges ein Beweggrund, doch nicht der einzige und entscheidende, für das zusammenfassende Schlagwort: »Alle Macht den Sowjets!« Diese Parole wäre im Februar oder im Juni und schon gar nicht im Juli ein schlagkräftiges Losungswort gewesen. Sie wurde erst nach dem Kornilow-Putsch dazu, in dem die militärische und kapitalistische Reaktion die Sowjets offen bedrohte, die einzige große, souveräne und politische Organisation des Volks nach dem Zusammenbruch des autokratischen Staates.

Die Übereinstimmung des Losungswortes mit dem augenblicklichen Volksempfinden ist die erste und unerläßliche Voraussetzung für den Erfolg. Der spanische Aufstand von 1934 verfügte über keine solche Parole. Die ausgegebene Parole löste keine umfassende praktische Aktion aus, wie sie für einen Erfolg notwendig gewesen wäre.

Das Motto lautete: Rettet die Republik!

War die Republik in Spanien in Gefahr? Gewiß war sie das; auch wenn die Machtergreifung Lerroux', der von der C.E.D.A. unterstützt wurde, dem Buchstaben des Gesetzes nach legal war. So gesehen waren auch die Machtübernahme der Volkspartei Tsaldaris' und jene der Radikalen unter Condylis in Griechenland nach der Wahlniederlage der liberalen Partei und der republikanischen Koalition legal. Condylis bedeutete für Griechenland, was Lerroux für Spanien war: Beide hatten dazu beigetragen, die Monarchie zu stürzen. Tsaldaris hatte sich wie Gil Robles in Spanien in aller Öffentlichkeit zur Republik bekannt. Wir haben ja erlebt, welche Art Republik unter Republikanern dieser Gattung daraus geworden ist.

In Spanien war also die Republik in Gefahr. Die sozialistische Partei hatte sich seit Anfang 1934 darauf vorbereitet. Nach der Niederlage der Reformisten wurde Largo Caballero Präsident der Exekutivkommission der Partei, Generalsekretär der U.G.T. und Verkünder einer neuen revolutionären Periode. Allein Largo Caballero und die von ihm geführte sozialistische Partei haben infolge offensichtlicher geistiger Vorbehalte und evidenter maximalistischer Fehlhandlungen in Wirklichkeit die Verteidigung der Republik verhindert.

Die gefährdete Republik aber hätte man ernsthaft zu retten versuchen müssen – nicht nur so tun, als ob. Diese Republik war keine Staatsform im Sinne Platos oder der Sowjets. Sie war demokratischbürgerlich und 1931 aus der Wahlniederlage der Monarchie hervorgegangen. In Barcelona und in Madrid hatte man sie unter den Klängen der *Hymne von Riego* und der *Marseillaise* ausgerufen. Man kann diese Tatsache bedauern, aber nicht daran rütteln. Diese Republik war das Ergebnis jener Machenschaften, die zur Unterzeichnung des Paktes von San Sebastian geführt hatten und die den Konservativen Alcalá Zamora zum Ministerpräsidenten und danach zum Staatspräsidenten werden ließen. Folglich hätte man sich mit dem Ersuchen zur Mitarbeit an jene wenden sollen, die Republikaner geblieben waren, da ja die sozialistische Partei allein offensichtlich nicht ausreichte. So hatte sich die bolschewistische Partei zur Rettung der Sowjets, die von der Reaktion und von der Provisorischen Regierung bedroht wurden, an alle Organisationen der Sowjets und nicht nur an die bolschewistischen Organisationen gewandt. Immerhin waren diese im Oktober 1917 doch etwas stärker als die sozialistische Partei Spaniens im Oktober 1934.

Stattdessen hat die sozialistische Partei Spaniens gewollt alle Republikaner, auch Azaña, unbeachtet gelassen. Dies war unter anderem gleichbedeutend mit einer Nichtberücksichtigung des Heeres, dessen Reformer und Chef Azaña von 1931 bis 1933 gewesen war, und aller militärischen Kader, unter denen er viele Bewunderer hatte.

Das Motto: Rettet die Republik!, war nicht besonders geeignet, das Volk zum Aufstand zu ermutigen, wenn gleichzeitig die Gründer und Vorkämpfer der Republik kaltgestellt wurden. Außerdem wurde klar, daß die sozialistischen Führer keineswegs gesonnen waren, für die Rettung der Republik zu kämpfen, als sie die legalen Verteidiger ausbooteten.

Und noch etwas anderes ereignete sich. Die Arbeiterallianz *(Alianza Obrera)*, die auf Betreiben der sozialistischen Partei und des Arbeiter- und Bauernblocks zustandegekommen war, umfaßte außer diesen beiden die kommunistische Partei, die Freiheitlich-Gewerkschaftliche Vereinigung, alle diesen Organisationen unterstellten Gewerkschaften und einige freie Gewerkschaften. Alle diese Organisationen glaubten ebenso wie Largo Caballero an die Verteidigung der Republik. Der »spanische Lenin«, als der Largo Caballero gefeiert wurde, war gewiß ein höchst schmeichelhafter Name, aber kaum dazu geeignet, nach außen hin als Symbol der zu verteidigenden republikanischen Verfassung zu gelten.

Der Arbeiterallianz und der von ihr befürworteten Verteidigung der Republik schlossen sich die *Iberische Anarchistische Föderation* und die von ihr abhängige *Landeskonföderation der Arbeiter* nicht an. Sie machten vielmehr sogar aus ihrer Gegnerschaft kein Hehl.

Man kann den Anarchisten Spaniens für vieles die Schuld wegen ihrer Nichtbeteiligung am Aufstand geben – aber man kann sie nicht beschuldigen, illoyal gewesen zu sein. Es war ja seit langem ein offenes Geheimnis, daß sie (zu Unrecht) sogar die von Azaña, Largo Caballero und Prieto geführte Republik als bürgerlich werteten, die nicht würdig war, vor der faschistischen Gefahr bewahrt zu werden. Zu dieser Haltung hatte die schwerfällig-langsame und zögernde Sozialgesetzgebung der ersten Republik beigetragen, die der Reaktion neuen Auftrieb gegeben hatte; vielleicht aber noch mehr die Tatsache, daß auch das Korps der Guardia Civil intakt geblieben war, das unter Sanjurjo in Sevilla am 1. August 1932 deutlich bewiesen hatte, daß es bloß die Nachhut der Monarchie war. Ferner ließen die Geschehnisse von Casas Viejas in den Streitkräften der Republik einen lange aufgestauten und geheimen reaktionären Haß aufbrechen. Das Fernbleiben der Anarchisten von der »Verteidigung der Republik« war also nicht nur auf die theoretische Abneigung gegen den Staat zurückzuführen, sondern vorwiegend auf reale Geschehnisse. Die Anarchisten glaubten als einzige, daß Largo Caballero tatsächlich diese bürgerliche Republik verteidigen wollte.

Wenn der Beweggrund für den Aufstand ein anderer gewesen wäre, wenn sein Motto anders gelautet hätte, dann hätten die Anarchisten höchstwahrscheinlich daran teilgenommen und damit ein nicht zu verachtendes Gewicht in die Waagschale geworfen.

Das »Rettet die Republik!« erwies sich also als unwirksam, da gewichtige revolutionäre und republikanische Kräfte diesem Rufe nicht gefolgt waren oder sich ihm sogar entgegengestellt hatten. Das erklärt, wieso Spanien, mit Ausnahme von Asturien und Katalonien, unbewegt blieb und die Hauptstadt Madrid nur einige vereinzelte Schießereien erlebt hat. Niemand hatte sich von dem Ruf »Rettet die Republik!« aufrütteln lassen. Die gewaltige Entfaltung des Aufstands in Asturien ist der Tatsache zu verdanken, daß 30.000 Bergarbeiter eine Disziplin an den Tag legten, die sich in zwanzig Jahren zähen Kampfes ums Dasein herausgebildet hatte. Sie waren gestählt durch Niederlagen, Kerkerstrafen und Siege und wußten sehr genau, was reaktionäre Unternehmer an der Macht für alle bedeuteten. Ihr politisch waches Bewußtsein, ihr fester Glaube rissen ganz Asturien mit und boten dem Weltproletariat ein leuchtendes, unvergängliches Beispiel.

Losungsworte, Kampfparolen sind keine literarischen Erzeugnisse, deren Formulierung mehr oder minder schwierig ist. Sie sind auch keine listigen Slogans, mit denen man auf Bauernfang geht. Entweder sind sie das Echo auf die Leiden eines Landes – oder sie taugen nichts. Es ist besser, gar keine Parolen auszugeben, als schlechte zu kreieren.

In der heutigen politischen Praxis wurden die Kampfparolen auch zu Befehlen von oben, Parteiparolen, ja beinahe militärische Befehle. Das alles hat nichts mit Kampfparolen zu tun. Immerhin muß man auch mit militärischen Befehlen behutsam umgehen, sonst gibt es heillose Verwirrung. Einem gegebenen Befehl darf kein Gegenbefehl folgen. Haben nämlich die Truppen die Überstürztheit und Sinnlosigkeit des ersten Befehls erkannt, werden sie sich veranlaßt sehen, auch die Ernsthaftigkeit des nachfolgenden Befehls anzuzweifeln.

Man muß bei einem Befehl voraussetzen können, daß diejenigen, an die er gerichtet ist, auch in der Lage sind, ihn augenblicklich auszuführen. Niemals darf ein Befehl gegeben werden, wenn der Befehlende nicht absolute Gewißheit hat, daß er auch befolgt werden kann. Ist dies nicht der Fall, dann ist Schweigen vorzuziehen.

Zur Beachtung: Niemals zwei Befehle gleichzeitig erteilen. »Alles rechtsum!« kann ein ganz vernünftiger und ausführbarer Befehl sein. Der gleichzeitige Befehl: »Alles linksum!« würde zweifellos bewirken, daß man sich im Kreise dreht.

Niemals sollte ein zweiter Befehl folgen, ehe nicht die Durchführung des ersten festgestellt worden ist. Wer nicht imstande war, den ersten Befehl auszuführen, wird nun kaum befähigt sein, den zweiten zu befolgen. Falls der erste Befehl nicht ausgeführt wurde, muß man vor Erteilung des zweiten die Mängel und Fehler feststellen und ausmerzen, die der Ausführung hinderlich waren. Normalerweise ist die ausgebliebene oder mangelhafte Ausführung eines Befehls dem anzulasten, der ihn gegeben hat.

Der Leser möge diesen militärischen Exkurs ins Politische transponieren und seine eigene politische Erfahrung einsetzen...

Krieg und Aufstand

Strategie und Taktik der Generalstäbe der großen europäischen Armeen werden gegenwärtig vom folgenden politischen Kriterium bestimmt: »Ein zukünftiger Krieg muß äußerst rasch ablaufen, andernfalls muß man mit einer Revolution im Innern rechnen.« Das führt zu einem allgemeinen Ausbau der Luftwaffe, zu ihrer Ausrüstung mit Kampfjägern und Bombern, zum Aufbau motorisierter Einheiten, zur Entwicklung von Kampfpanzerwagen und der chemischen Industrie. Man mißtraut dem Menschen als Soldaten oder simplem Staatsbürger; man mißtraut auch den Massen als Heer oder Volk. Man möchte sie durch Mechanik ersetzen, die rascher, anpassungsfähiger und ohne Geist und Seele ist.

Die Erfahrungen aus dem Ersten Weltkrieg sind noch höchst aktuell. Drei Kaiserreiche – Deutschland, Österreich-Ungarn und Rußland – sind zusammengebrochen, ebenso die Türkei, die aber schon vorher in Auflösung begriffen war. Griechenland ist keine Monarchie mehr, und in Bulgarien hätte die Abdankung des Königs um Haaresbreite auch das Ende des Regimes bedeutet. Die unterlegenen Staaten haben bestimmt den kürzeren gezogen, doch auch die Siegerstaaten haben schwere Erschütterungen in Kauf nehmen müssen. In Italien war Caporetto (Karfreit) die passive Revolte eines Heeres, das der stur anbefohlenen Massaker und des Stellungskrieges müde geworden war. Und die Stadt Turin hatte einen tagelangen ernsthaften Arbeiteraufstand erlebt.

In Frankreich, das sich wie kein anderes Land einer kriegerischen Überlieferung rühmen kann, hatten die Meutereien alarmierende Ausmaße angenommen – beinahe wären erbitterte Divisionen von der Front gegen Paris marschiert. Großbritannien erlebte ein nicht minder lehrreiches Caporetto als Italien, doch zog der imperiale Stolz einen dichten Schleier darüber. Der republikanische Aufstand von Dublin beschleunigte die Lösung der jahrhundertealten irischen Frage.

In einem modernen Krieg sind so große Gemetzel und so harte Opfer für das Land zu erwarten, daß bei einer zu langen Kriegsdauer Sieger wie Besiegte nur Katastrophen entgegensehen. Daraus ergeben sich wichtige Probleme sowohl für die Kriegskunst als für die Theorie des Aufstands, der unser Interesse gilt.

Nach der Niederlage des Pariser Proletariats im Juni 1848 hatte die Reaktion in Preußen und in Österreich, die von den Aufständen in Berlin, Wien und Ungarn vorübergehend besiegt worden war, wieder ihr Haupt erhoben. Rußland unter Nikolaus I. bot ihr Gold und Kosaken an. In diesem Augenblick feuerten Marx und Engels die deutschen Demokraten zum Krieg gegen Rußland an. Diese hätten gleich den Jakobinern die Revolution in die Tat umsetzen sollen. Diese Zumutung war freilich etwas weit hergeholt, denn die deutschen Demokraten hatten mit den Jakobinern nicht einmal die Mützen gemein. Wie dem auch sei – das Barometer stand auf revolutionärem Krieg.

Fünf Jahre später peilte Alexander II. die Dardanellen an, die beiden damaligen Großmächte Großbritannien und Frankreich, die für den Frieden eintraten, stellten sich im Krieg auf die Seite der Türkei. Dort herrschte noch eines der rückständigsten Regime der Welt. England konsolidierte sein Empire, in konservativer, als auch in liberaler Form. Frankreich wies noch Blutspuren des bonapartistischen Staatsstreiches auf. Dessenungeachtet traten Marx und Engels entschieden für diesen Krieg ein, der die russische Autokratie hätte vernichten sollen. Die revolutionäre Kraft der deutschen Demokratie von 1848 hätte sich zu diesem Zweck auf die drei Großstaaten übertragen müssen. Das alles stand jedoch auf tönernen Füßen, ebenso wie die erste Version. Dennoch ist der politische Grundgedanke klar: Entwicklung der Revolution. Darum war Mazzini auch gegen eine Intervention des Königreichs Sardinien in diesem Kriege, weil dadurch die Savoyer Monarchie an die erste Stelle getreten und der demokratische Prozeß einer nationalen Revolution aufgehalten worden wäre. Aus eben dieser Erwägung war Mazzini später jedesmal für einen Krieg, wenn dieser einen weiteren Fortschritt in der Emanzipation der Völker erhoffen ließ. Das war ganz im Sinne einer Theorie des revolutionären Kriegs.

1859 konnte ein Napoleon III. dem immer noch von Metternich geprägten Österreich sogar als Bannerträger der Freiheit erscheinen. Die Revolutionäre, die ihm mit Worten oder mit Bomben zusetzten, waren großenteils für ihn: Geächtete Polen und Ungarn meldeten sich als Freiwillige in sein Heer. Lassalle, der zwar kein Geächteter oder Verbannter war und in Preußen eine recht realistische Politik betrieb, begeisterte sich spontan für den Franzosenkaiser und für den König von Sardinien, die, ungeachtet der Unterstützung von seiten des autokratischen Rußlands, das reaktionäre Österreich hätten zerschlagen sollen, um die deutsche Demokratie wieder anzufeuern, die zu versanden drohte. Er hörte auch nicht auf die sorgenvollen Appelle der österreichischen Militärs, die die Lage mit dem Säbel maßen und ihn beschworen, daß zum Schutz des Rheins unbedingt der Po verteidigt werden müßte. Die politische These war der revolutionäre Krieg.

Marx und Engels waren ebenfalls für den Krieg, doch auf andere Weise. Ihnen galt der Kaiser der Franzosen gleich viel wie der österreichische; beide reaktionäre Staaten hielten einander die Waage. Sie setzten also kein Vertrauen in den Sieg des einen oder des anderen. Wenn aber Rußland, dieser europäische Dauerreaktionär, an der Seite Frankreichs in den Krieg gezogen wäre – dann allerdings hätte Deutschland zur Verteidigung Österreichs einschreiten müssen. Es hätte jedoch ein revolutionäres Deutschland sein müssen, und ein solches war kaum vorstellbar, denn 1859 war es nicht minder reaktionär als 1849. Der Wunsch allein, Rußland fertigzumachen, hätte es wohl kaum revolutionär werden lassen. Wieder stand der revolutionäre Krieg im Vordergrund.

Der preußisch-französische Krieg von 1870 ließ Marx und Engels kalt: Da lagen sich zwei imperialistische und reaktionäre Staaten in den Haaren.

Zur Zeit des russisch-japanischen Kriegs gab es in Europa schon recht gut entwickelte sozialistische Parteien. Deren Exponenten sympathisierten zum überwiegenden Teil mit Japan, da sie überzeugt waren, daß eine Niederlage des russischen Heeres das Ende des Zarismus bedeutet hätte: »Zur Befreiung Rußlands muß man gegen Rußland sein.« Jules Guesde, der Monomane des revolutionären Kriegs im Interesse des Proletariats, der stets bereit war, »dem Schlachtengott freie Hand zu lassen«, rief laut und vernehmlich: »Es lebe Japan!« Die These des revolutionären Kriegs war auf ihrem Höhepunkt.

Kautsky hatte aus dem Krimkrieg gelernt: Das russische Heer war geschlagen worden, aber der Zarismus war weiterhin im Sattel. Daher setzte er in einen Krieg kein Vertrauen. Seine Gegnerschaft ist nicht ideologisch und absolut; sie ist das Ergebnis einer bitteren Enttäuschung. Hätte er den Zusammenbruch des Zarismus erhofft, dann wäre er für den Krieg gewesen. Mehring kommt der Sachlage am nächsten, doch prägt auch er kaum mehr als ein Wortspiel: »Das Interesse des Proletariats liegt nicht darin, für einen Krieg zu sein, sondern es liegt im Krieg selbst.« Damit kommt er zu ähnlichen Schlußfolgerungen wie Guesde.

Die russischen Emigranten, allen voran Plechanow und Lenin, brachten zum erstenmal eine Wandlung in die althergebrachte revolutionäre Anschauung vom Krieg; sie fungierten als Zuschauer, die es den Heeren überlassen, zu siegen oder geschlagen zu werden. Sie predigten und praktizierten stattdessen den Defätismus und trieben das Proletariat an, die krisenhafte Situation zu nützen und sich zur gewaltsamen Machtergreifung zu erheben. Die neue Taktik führte zum proletarischen Aufstand und schuf die Grundlage der Sowjets im Jahre 1905. Dieses Vorgehen wurde zum Ärgernis aller Befürworter des revolutionären Kriegs um seiner selbst willen – unter ihnen vertrat Guesde nur einen besonders übertriebenen Standpunkt. Die These vom revolutionären Krieg deckte sich oft mit der nationalistischen, wie sich in der revolutionären Intervention Italiens 1915 überdeutlich zeigte. Die neue Taktik schreckte sogar nicht davor zurück, mit dem im Kriegszustand gegen das eigene Land befindlichen Feind Komplotte zu schmieden – wie es dann Lenin im Ersten Weltkrieg gründlichst tat. Trotz scheinbarer Analogien war diese Taktik ganz anders als jene der polnischen sozialistischen Partei, die irredentistisch-nationalistisch war und Vertreter nach Tokio sandte, um sich mit Japan über eine Aktion gegen Rußland zu verständigen. Daraus ergaben sich weitaus mehr Analogien zum Verhalten Mazzinis, der 1870 Bismarck um Hilfe für einen Aufstand der Republikaner in Süditalien und auf den Inseln bat.

Im russisch-japanischen Konflik war nur Jaurès unerschütterlich bei seinem Pazifismus geblieben und bemühte sich, den Krieg zu verhindern. Mit der gleichen politischen Konsequenz ging er dann auch 1914 vor.

Fast ausnahmslos alle sozialistischen Parteien der am Ersten Weltkrieg beteiligten Staaten traten für die nationale Verteidigung ein und betrachteten sich als Angegriffene, nur wenige verhielten sich neutral oder vertraten einen aufständischen Defätismus.

Die von 1848 bis heute gemachten Erfahrungen reichen aus, um endgültige Schlußfolgerungen zu ziehen.

Es gibt keinen revolutionären Krieg, wie es auch keinen reaktionären Krieg gibt. Ein Krieg kann je nach den Umständen zur Revolution oder zur Reaktion führen. Es ist anzunehmen, daß ein hypothetischer begrenzter Krieg Deutschlands und Japans gegen Rußland höchstwahrscheinlich reaktionär wäre. Dagegen wäre ein ebensolcher Krieg Rußlands, Frankreichs und der Kleinen Entente gegen Deutschland mit gleicher Wahrscheinlichkeit revolutionär. Die russische Reaktion könnte die erstgenannte Form wünschen. Sollte das deutsche revolutionäre Proletariat die zweite Form ersehnen?

Eine häufig gestellte Frage lautet: Muß das Proletariat einen revolutionären Krieg wünschen? Zwei Lehrmeinungen, eine ethische und eine politische, antworten darauf mit einem absoluten Nein.

Die ethische Doktrin kennt nur moralische Gesichtspunkte: »Eure Feinde wie eure Freunde sind eure Brüder. Wenn euer Feind sich in Schwierigkeiten befindet, dann brecht den Kampf ab und helft ihm«, predigte Mahatma Gandhi. Diese religiöse Geisteshaltung verurteilt bedingungslos jede Gewalttat, selbst im Falle der Widerstandsleistung oder der Selbstverteidigung. Von gleicher Art ist auch jener integrale Pazifismus in Europa, den Lansbury in England vor dem Kongreß der Labour Party in Brighton 1935 vertrat: »Wer das Schwert zieht, wird durch das Schwert umkommen. Wie die ersten Christen muß man die Gewalt verabscheuen...« Ähnlich lautet die Lehre vom passiven Widerstand, die von der Vereinigung der Kriegsdienstverweigerer aus Gewissensgründen seit dem letzten Krieg praktiziert wird, die jedoch im Prinzip die ethische Norm der englischen und der amerikanischen Quäker darstellt.

Das alles sind moralische und keine politischen Geisteshaltungen, die man – wie alle religiösen Forderungen – annehmen oder verwerfen kann und über die eine Auseinandersetzung zwecklos wäre.

Etwas anderes ist die politische Doktrin. Auch sie lehnt den Krieg entschieden ab – und zwar jeden Krieg –, doch aus vorwiegend politischen Erwägungen: der Krieg als untaugliches Mittel zur Lösung jener Probleme, die zum Krieg geführt haben; unabsehbare Vernichtung von Menschenleben und von nationalen Gütern, Profite für wenige, allgemeine Verarmung und dergleichen mehr. Das ist die sozialistische These. Die Abneigung resultiert zum großen Teil aus der Enttäuschung, die der revolutionäre Krieg gebracht hat. Der russisch-japanische Krieg brachte allerdings den Aufstand von 1905, der in gerader Linie zur Revolution führte, allein der japanische Imperialismus, der in diesem Kriege letzten Endes nur den 1894 gegen China geführten Kampf fortsetzte, wuchs nach dem Krieg ins Gigantische. Die Besetzung der Mandschurei und Nordchinas ist lediglich eine Fortsetzung des Kriegs von 1905. Der japanische Generalstab denkt bereits an die Möglichkeit einer künftigen, gegen Sowjetrußland gerichteten Aggression als vierter Etappe. Ebenso nachhaltige Folgen hatte der letzte Krieg *(der Erste Weltkrieg)*. Die unmittelbaren Folgen waren wohl revolutionär, doch die weitere Entwicklung war reaktionär. Die Sozialdemokratie sieht darin den Ursprung des Faschismus und nicht so sehr in den eigenen Fehlentscheidungen. Darum ist ihr der Krieg verhaßt.

»Die Sozialistische Internationale würde sich unter keinen Umständen mit dem Krieg abfinden, nicht einmal dann, wenn mit seiner Hilfe das Volk befreit werden könnte.« So lautete der einstimmig beschlossene Appell ihres Exekutivkomitees am Vorabend des italienisch-abessinischen Kriegs. Léon Blum hat diesen Gedanken ausgeführt: »Wir denken nur an den Frieden. Wir wollen nur den Frieden. Wir ziehen vor, daß die unausbleibliche Verurteilung eines blutbesudelten Diktators hinausgeschoben wird und der Frieden erhalten bleibt.« Das heißt also, daß der Krieg auch dann mit allen Mitteln verhindert werden müsse, wenn man die begründete Gewißheit hätte, daß der Faschismus in einem solchen Krieg zusammenbrechen müßte. Und da die »unausbleibliche Gerechtigkeit« leider nur zu oft und gerne ausbleibt, so müßte man einen Krieg auch dann vermeiden, wenn das Ende des Faschismus derart ad calendas graecas verschoben würde. Das ist der Grundgedanke des integralen Pazifismus.

Mazzini schrieb nach dem Fall der Römischen Republik: »Ungarn ist gefallen, Venedig ist gefallen... In Rom verhaften sie, verbannen und verurteilen sie... In Bologna und in Terni morden sie unsere Jugend. In Mailand prügeln sie Männer, Frauen und Kinder... Wir werden wie wilde Tiere gehetzt, und dann reden sie von Frieden und Erhaltung der Ordnung. Und wir haben Friedenskongresse in Paris. Lord Palmerston sagt, er wolle den Frieden in Europa...« Die schlimmste Situation von heute, in Italien und in ganz Europa, ist weitaus schlimmer als die Lage im Jahre 1849. Breite Volksmassen liegen in Fesseln oder werden vernichtet. Fast die ganze hohe Diplomatie ist sich darüber einig, daß die großen Kaliber der Feuerwaffen, die Gas- und die Bakterienwaffen, die Geißeln der Menschheit, abgeschafft werden müssen: Nur gegen das Volk werden Spieß und langsames Verbrennen noch toleriert. Auch wenn Befreiungskriege möglich wären, verurteilt man sie mit gleicher Unnachsichtigkeit, und der Frieden würde sich weiterhin ungerührt mit vertrockneten Ölzweigen schmücken.

Dieses Eintreten für den Frieden ist heute kein Charakteristikum des Sozialismus mehr. Der Frieden wird nicht allein von unabsehbaren Massen des Proletariats aufrichtig ersehnt, sondern auch von ebenso beachtlichen Kräften des Großbürgertums. Mit dem Frieden betreibt das letztere eine konservativ ausgerichtete Politik. Die konsolidierten Staaten müssen ihren Status quo verteidigen: In einem Kriege haben sie alles zu verlieren und nichts zu gewinnen. Freilich laufen auch ethische Motive mit den politischen parallel und bekräftigen sie. In der Friedensfrage hat sich aus Tendenzen der Linken und der Rechten eine solch unentwirrbare Durchdringung ergeben, wie sie nur noch mit der zwischen Liberalen, Konservativen und Sozialisten im House of Commons in der Frage des Katechismus der anglikanischen Staatskirche entstandenen Übereinstimmung verglichen werden kann. Das Verhalten einiger kriegslüsterner Staaten, das für das Proletariat wie für kapitalistische Länder gleicherweise bedrohlich ist, macht diese Verquickung durchaus erklärlich.

Auf diese Weise betreibt die Bourgeoisie eine vom Pragmatismus beherrschte Politik. Sie läßt sich nicht von einer starren Friedenstheorie leiten, sondern von Erfahrungstatsachen. Der Krieg war für die Bourgeoisie zu anderen Zeiten nützlich, jetzt dient ihr der Frieden besser. Die gleiche Taktik verfolgte die bolschewistische Partei, die in ihrer Kriegs- und in ihrer Friedenspolitik jeweils von den zu wahrenden Interessen der Revolution ausging. Man kann nicht behaupten, daß diese Taktik falsch sei, auch wenn man eine gegenteilige Einstellung vertritt.

Vor solch abstrakten Einstellungen muß sich eine ernst zu nehmende Theorie des Aufstands hüten. Erfahrung und Praxis bestimmen ihre Gesetze. Ein integraler Pazifismus hat an sich schon keinen praktischen Wert. Um jeden Preis einen Krieg zu wollen ist zweifellos Wahnsinn, aber es ist nicht minder töricht, um jeden Preis Frieden haben zu wollen. China wollte um jeden Preis Frieden, und nun erntet Japan die Früchte dieses Friedens. Frankreich will gleichfalls den Frieden, aber könnte es weiterhin pazifistisch sein, wenn Hitler-Deutschland angreift? Sowjetrußland will den Frieden, aber könnte es untätig zusehen, wenn eine fremde Macht in sein Staatsgebiet eindränge? Diese Fragen sind politischer und nicht abstrakt-ethischer Art – es hätte aber wenig Sinn und Zweck, sich an Worten zu berauschen.

Das Problem des Aufstands ist revolutionär, daher werden ihm pazifistische Theorien nicht gerecht. Wer sich zum Aufstand bekennt, bekennt sich auch zum Krieg. Der Aufstand in der Innenpolitik entspricht dem Krieg in der Außenpolitik. Man muß also die Gewalt als unabdingbares Mittel im politischen Kampf in einigen außergewöhnlichen Situationen anerkennen, ungeachtet der nötigen Opfer. Wenn ein Krieg in Italien und in Deutschland einen erfolgreichen Aufstand gegen den Faschismus gewährleistete, dann müßte man ihn als notwendiges Übel ansehen. Daher ist der Ausspruch der Sozialistischen Internationale im politischen Sinne recht bestürzend. Er entspricht zwar den Bestrebungen von drei Vierteln des europäischen Proletariats, dem italienischen Proletariat ist aber damit nicht geholfen.

Die Praxis gleicht jedoch in keiner Weise der Theorie. Im italienisch-abessinischen Krieg zum Beispiel hat das europäische Proletariat bitter wenig und das italienische überhaupt nichts tun können, um ihn zu verhindern oder zu mildern. In der Praxis steht erst gar nicht zur Diskussion, ob man diesen oder jenen Krieg vermeiden soll oder nicht. Es gilt vielmehr die Feststellung: »Der Krieg, den der Faschismus gegen Abessinien vom Zaune gebrochen hat, ist ein Fehler eben dieses Faschismus. Das Proletariat muß die Situation daher mit allen zu Gebote stehenden Mitteln nützen, um den Krieg zu sabotieren, und alles dazu tun, damit dadurch das Zustandekommen des Volksaufstands beschleunigt wird.«

In einer so verworrenen Lage, in der sich das heutige Europa präsentiert und die durch den scharfen Gegensatz kapitalistischer Interessen und durch erbitterten Nationalismus gekennzeichnet ist, kann man keine allgemeinen Regeln aufstellen. Nicht einmal das Proletariat hat überall die gleichen Interessen. In einem französisch-deutschen Konflikt würde das deutsche Proletariat so handeln, daß die Niederlage des Regimes und der Aufstand herbeigeführt wird. Das französische Proletariat hingegen würde sich an der nationalen Verteidigung beteiligen, weil ein Debakel des Heeres den Zusammenbruch der Republik, den Verlust der demokratischen Errungenschaften und das Aufkommen eines französischen Faschismus bedeuten würde. Die Intransigenz der III. Internationale hat auf dem VII. Kongreß 1935 eine Revision erfahren; die neue Situation in Europa mußte berücksichtigt werden. Die – auch bewaffnete – Verteidigung der bürgerlichen Demokratie durch das Proletariat verzögert zwar die Umgestaltung der kapitalistischen in eine sozialistische Gesellschaft, aber sie hält die Reaktion auf. Daher wird der Kampf für die Demokratie zum ureigenen Kampf des Proletariats.

Das Proletariat, auch das revolutionäre, kann keinen bürgerlichen Krieg befürworten, selbst wenn dieser revolutionär wäre, ohne Gefahr zu laufen, für die Sache jener Klasse einzutreten, die ihn provoziert hat. Doch die Aversion gegen den Krieg kann nicht Selbstzweck sein und kann auch keinen Wert an sich darstellen. Sie dient zur Agitation gegen die verantwortliche herrschende Klasse, um dem Volk den Aufstand als einzig mögliche Rettung vor Augen zu halten.

Das unterdrückte Proletariat hat jedoch keine Angst vor dem Krieg, wenn dieser sein eigener Krieg ist. An diesem nimmt es mit ganzer Seele teil, bereit, jegliches Opfer auf sich zu nehmen, bis zum endlichen Sieg. Daher verurteilt das revolutionäre Proletariat den schönfärberischen integralen Pazifismus, der ihm den nötigen draufgängerischen Mut nimmt und damit seine Versklavung nur noch verlängert. Das Proletariat preist den Heldenmut, der sich in den Taten einzelner oder eines Kollektivs als höchster Ausdruck seines politischen Bewußtseins äußert. Der Idealtyp des revolutionären Proletariers ist nicht der Friedensapostel des Evangeliums: Es ist der Arbeiter des Schutzbundes und der Bergarbeiter Asturiens, es ist der Soldat der Roten Volksarmee, der die sowjetische Revolution auf den Schlachtfeldern gegen die europäische Reaktion und gegen die Heere der Weißen verteidigt hat.

Heutigentags sind Kriege die natürliche Folge der kapitalistischen Gesellschaftsordnung und des fanatischen Nationalismus.

Nur die Abschaffung der Klassengegensätze, des Nationalismus und des Imperialismus kann einen stabilen Frieden auf lange Sicht gewährleisten. Dieser Frieden wird das Wesensmerkmal des sozialistischen Europas von morgen sein.

Tyrannenmord und Terrorismus

Über den Tyrannenmord wird im allgemeinen nur hinter vorgehaltener Hand geflüstert. Es gibt keine andere politische Frage, die so vielen geistigen Vorbehalten begegnet. Dennoch jubelte man in halb Europa, als Lenin von einer Frau durch Pistolenschüsse verletzt wurde. Und als eine andere Frau in einem Augenblick mystischer Erleuchtung auf dem römischen Kapitol die Cäsarennase unseres Diktators aus nächster Nähe mit einem Schuß durchlöcherte, geriet man in der anderen Hälfte Europas fast aus dem Häuschen. Offenbar heißt man also in ganz Europa den politischen Mord gut – mit belanglosen Ausnahmen. Sicherlich handelt es sich um eine schwierige Frage. Schon vor Marx war der Zweifel aufgetaucht, ob die Leidenschaften der Menschen nur von deren eigenen Besonderheiten gelenkt werden. Allerdings liegt ein gewisser Trost in der Feststellung, daß von den Griechen bis zu den Römern, von den Kirchenvätern bis zu den führenden Köpfen der abendländischen Kultur dem Tyrannenmord stets das zuteil geworden ist, was man heute eine gute Presse nennen würde. Trotzdem ist der Abscheu davor bei offiziellen Anlässen obligatorisch. Und auch das ist durchaus natürlich.

Die proletarischen Parteien äußern sich über dieses Thema mit Vorsicht. Im Innern seines Herzens würde jeder Sozialist und jeder Kommunist einige Jahre seines Lebens hingeben, um Hitler und Mussolini im Sarg zu sehen; doch die traditionelle sozialistische Literatur urteilt eher streng und hart über den von einem einzelnen begangenen Mord an einem Diktator. Darin sind Sozialisten und Kommunisten einig. Nach landläufiger Ansicht waren Brutus und Wilhelm Tell lediglich enttäuschte Kleinbürger.

All das ist moralisch und politisch vernunftwidrig. Warum sollte man die Gewalttat eines einzelnen verurteilen und kollektive Gewalttaten hochloben? Es bleibt doch nackte Gewalt. Ethisch besteht kein Unterschied, und politisch noch weniger. Der Tyrann stellt sich automatisch außerhalb des Gesetzes. Er verkörpert die Willkür. Er ist der Aggressor gegenüber der Mehrheit seines Landes. Eine gegen ihn gerichtete Gewalttat ist schlichte Notwehr. Falls man im politischen Kampf die revolutionäre Taktik billigt, ist es unlogisch, Gewalttaten gegen Diktatoren nicht zu billigen. Schließlich befindet man sich in einer revolutionären Lage und nicht in normalen Zeitläuften. Man ist im Krieg: Folglich muß man in kriegerischer Gesinnung urteilen und handeln, nicht aus einer pazifistischen Geisteshaltung heraus. Im Krieg sind alle Schläge erlaubt. Am Zelt des Oberkommandierenden gibt es kein rotes Kreuz. Es ist gleichgültig, ob man von vorne, von hinten, von rechts oder von links angreift. Niemandem würde einfallen, jenen Soldaten zu verurteilen, dem es gelänge, den Feldherrn des feindlichen Heeres zu beseitigen. Man würde ihm ganz im Gegenteil triumphale Ehrungen schulden. Man stelle sich doch einmal vor, welchen Ruhm jener französische Kämpfer erlangt hätte, der nach Überwindung der Drahtverhaue, Schützengräben und Auffangstellungen zum deutschen Hauptquartier vorgedrungen wäre und Hindenburg oder Ludendorff mit einem gut gezielten Schuß erledigt hätte. Ebenso mit Ruhm bedeckt hätte sich jener deutsche Frontkämpfer, der sich bis zu Joffre, Foch oder Nivelle durchgeschlagen hätte, obzwar der letztgenannte (gleich Cadorna) dem Feinde lebendig dienlicher gewesen wäre denn tot.

Im Krieg muß – wenn möglich – alles getan werden, was den Feind schädigen kann, weil es der Sache dient. Freilich würde sich ein Generalstab der Lächerlichkeit aussetzen, wenn er den Krieg durch den Tod des feindlichen Oberkommandierenden gewinnen und alle seine Operationen danach richten wollte. Einen Krieg gewinnt man nur mittels Schlachten, also durch Truppeneinsatz und Strategie. Ebenso kann ein politischer Kampf in einer revolutionären Periode nur mit Hilfe eines Aufstands ausgefochten werden, also durch den strategischen Einsatz der Massen. Wenn es aber im Krieg als begrüßenswert gilt, den Chef des feindlichen Generalstabs umzulegen, dann ist nicht einzusehen, warum es in einer revolutionären Periode falsch sein sollte, den höchsten Exponenten eines Regimes zu beseitigen, gegen das man sich auflehnt.

Wie weit kann der gewaltsame Tod eines Diktators die politische Situation beeinflussen? Werden die Massen sich dann eher ihrer Kraft bewußt werden, Mut fassen und die bewaffnete Avantgarde im Aufstand unterstützen? Das ist die politische Kernfrage.

Viele sind der Meinung, daß der Tod eines Diktators auch schon das Ende des Regimes bedeute. Das ist ein arger Irrtum. Mit Hitlers Tod würde in Deutschland der Rassenwahn nicht aufhören, sowenig wie in Italien der Faschismus mit dem Tode Mussolinis beendet wäre. Auch in Österreich ist die reaktionäre Diktatur mit dem Tod des Bundeskanzlers Dollfuß, ihrem Gründer und bedeutendsten Verfechter, nicht zu Fall gekommen.

In seinen Gesprächen mit Emil Ludwig hat Mussolini stark übertrieben, als er erklärte: »Ich glaube, daß kein Duce Nummer zwei kommen wird, und wenn ja, dann würde Italien ihn nicht ertragen.« Das klerikale, kapitalistische und monarchistische Italien würde nicht nur einen, sondern auch zehn leicht ertragen. Seine Nachfolger nähmen sofort eine kaiserliche Pose ein und dünkten sich unfehlbar. Guicciardini, der um 1500 in Italien allerhand miterlebte, schrieb, daß nach dem Tode eines Tyrannen dessen Parteigänger einen aus Wachs nachgebildet hätten, weil nur ein unmittelbarer Nachfolger ihre Interessen wahren konnte. Die heutigen reaktionären Diktaturen, vor allem die faschistischen in Italien und in Deutschland, sind so komplexe Gebilde, daß sie das gesamte nationale Leben umgewandelt haben. Um die Person des Diktators scharen sich, enger noch als seinerzeit um die Renaissancefürsten, die Exponenten des Großkapitals, der Kirche, der Dynastie, der politischen und der administrativen Bürokratie und eine ganze Horde von Prätorianern – sie alle wissen ganz genau, daß nur lückenlose gegenseitige Verbundenheit ihr Sein sichern kann. Man würde im Nu einen Duce Nummer zwei präsentieren, und die militärischen wie die zivilen Legionen würden nichts lieber tun, als wiederum in Kolonnen formiert zu marschieren. Gewiß würde sich mit der Zeit eine Lücke in diesem ausgedehnten imperialen System öffnen, doch würde sehr, sehr viel Zeit verstreichen, ehe Mißstimmung und Mutlosigkeit des Volks sich in einem offenen Aufstand Luft machten und der lebende Diktator seiner Gloriole entkleidet oder sein Grab entweiht würden. Mittlerweile würden gräßliche Vergeltungsmaßnahmen das Recht des dahingegangenen Diktators auf nationalen Ruhm recht anschaulich zur Geltung bringen. Wer da glaubt, die Nachricht von seinem gewaltsamen Tod würde mit Beifall und Erleichterung aufgenommen werden, irrt gewaltig. In einem fest etablierten Terrorsystem müssen selbst die über ein gelungenes Attentat Erfreuten Entrüstung zur Schau tragen, wollen sie nicht selbst Opfer von Rächern werden. Lorenzino Medici war nach dem Tode des Herzogs Alessandro davon überzeugt, eine Tat begangen zu haben, die ganz Florenz bejubeln würde – wäre er nicht rechtzeitig geflohen, hätte man ihn gelyncht. Und hätte er sich nicht selbst vorsorglich eine *Apologie* geschrieben – kein anderer hätte es für ihn getan.

Eine Bewegung, die zum Aufstand führen will, muß andere Mittel und Wege als einen Tyrannenmord ersinnen, um die öffentliche Meinung aufzubringen und die Massen aufzurütteln. Die Verurteilung des Tyrannenmords wäre Heuchelei, es wäre aber ebenso ein Fehler, wertvolle Zeit, Mittel und Menschen in ein Unternehmen zu investieren, das zwar moralisch beachtlich, politisch erlaubt, in der praktischen Ausführung jedoch ungewiß oder ergebnislos wäre. Die eigenhändige moralische Bestrafung, die ein Rächer im Namen der Menschheit durchführt, kann immer nur ein rein persönlicher, spontaner Akt außerhalb aller Partei- oder Gruppenorganisationen sein. Ein sich selbst aufopfernder Märtyrer kann nur ein überlegenes, sich empörendes individuelles Bewußtsein ausdrücken – niemals kann er Sendbote einer politischen Fraktion sein.

Dazu kommt, daß moderne Diktatoren von einem Schutzwall von Bajonetten umgeben sind. Es ist kein leichtes Unterfangen, da durchzudringen. Deshalb ist von den vielen Attentatsversuchen auf den italienischen Diktator kein einziger gelungen. Sein Prestige stieg vielmehr sprunghaft und in direktem Verhältnis zu den mißlungenen

Attentaten, so daß diese letzten Endes das Gegenteil des Erwünschten erzielten. Die Polizei des Regimes hat dies glänzend begriffen und hat daher einige Attentate in eigener Regie ausführen lassen.

Auf der gleichen Ebene liegt der Terrorismus, wenn auch aus anderen Erwägungen. Eine aufständische Bewegung wird sich seiner in keiner Form bedienen.

Der Terrorismus hat als Mittel des revolutionären Kampfes kläglich versagt. Die spanischen Anarchisten haben ihn regelrecht angewandt, doch die Bergleute von Asturien hatten an einem einzigen Tag weit größeren Erfolg als alle Anarchisten Spaniens zusammen während fünfzig Jahren.

In Rußland wurde der Terrorismus weitgehend angewendet, doch mit recht unterschiedlichem Erfolg. Und er hat sich schließlich totgelaufen. *Die Besessenen* von Dostojewskij vermitteln ein anschauliches Bild davon. Die revolutionären Sozialisten organisierten den Terrorismus mit Hilfe eigens ausgebildeter Aktionstrupps, und es gelangen ihnen Taten, deren Rückwirkungen die Volksseele erschütterten. Der gewaltige Einfluß, den ihre Partei auf die Massen der Bauern und auch der Arbeiter auszuüben vermochte, ist größtenteils darauf zurückzuführen. Darauf folgten aber Entgleisungen, die unabsehbaren Schaden anrichteten. Die Partei begann mehr revolutionäre als sozialistische Züge anzunehmen, wodurch sie im entscheidenden Augenblick weder sozialistisch noch revolutionär war. Provokateure hatten sich sogar in das geheime Zentralkomitee eingeschlichen, wo sie Argwohn, Zwietracht und Verrat stifteten. Die vielen großherzigen erhabenen Opfer als Protest gegen die Tyrannis und gegen deren allgemeine Duldung waren im politischen Endeffekt so gut wie nutzlos.

In der Theorie kann man mittels des Terrors die höchsten Führungsspitzen vernichten, alles Ungemach rächen, in den Reihen der Parteigänger des Regimes Panik verbreiten und das entmutigte Volk durch pausenlose Aktionen aufmuntern – in der Praxis jedoch erweist sich dies als unmöglich. Das Buch *Nacht über Rußland* von Wera Figner offenbart, welche unzählige Schwierigkeiten die Terroristengruppen zu überwinden haben und welchen Wagemut und welche Seelengröße man dazu aufbringen muß. Vor allem aber wird Schritt für Schritt die kleine heldenmütige Elite gezeichnet, die von der Titanenlast derartiger Unternehmen regelrecht zermalmt wird. Die Geschichte des russischen Terrorismus ist eine unausgesetzte Folge von Tragödien und Fehlschlägen. Angesichts der Todesgewißheit geben auch die Besten auf; Schwächen und Enttäuschungen krönen fast jedes Unternehmen. Es genügt nämlich nicht, etwas zu planen – es muß auch ausgeführt werden. Und die Ausführenden sind Menschen und keine leblosen Maschinen.

Selbst in Irland, wo die Sinn Féiners in ihrem nationalen Kampf mit allgemeinem offenem Einverständnis rechnen konnten, wurde der Terrorismus der Freiwilligen der Republikanischen Armee gegen die englischen Behörden mittels rücksichtsloser Vergeltungsmaßnahmen in Schach gehalten. Eine Handvoll stahlharter Männer reicht niemals aus, um einer Polizeimacht, die ein Imperium verteidigt, die Stirn zu bieten. Die tausend Freiwilligen, die 1920 eine unvergleichlich tollkühne Offensive im Jahrhunderte währenden Kampf Irlands gegen die Krone Englands unternahmen, wurden überwältigt. Angriffe auf Kasernen und Waffenlager, Tötung von Offizieren, Streifzüge durch die Stadt und auf dem Lande wurden mit unglaublicher Unverfrorenheit ausgeführt. Allein der Triumph war nicht von Dauer. Lord French, der Vizekönig, hatte keine Skrupel. Die Royal Irish Constabulary, die fast ausschließlich aus gut besoldeten Iren bestand, die das Terrain und die örtlichen Dialekte gut kannten, übte nackten Terror und schlug vor allem mit gleicher Taktik zurück. Der Sieg war dem Stärkeren sicher.

Der Enderfolg der Iren ist der gesamtnationalen politischen Bewegung und keineswegs ihrer terroristischen Fraktion zu verdanken.

Das klassische Land des Terrorismus, Bulgarien, hat keine größeren Erfolge aufzuweisen. Die Makedonier huldigen mit ihren *Komitadschi* dem Terrorismus seit bald einem halben Jahrhundert. Ihre Unternehmen sind zu Heldenepen geworden. Tausende von Toten blieben auf der Strecke. Die todesmutigen und an Verfolgung gewohnten Komitadschi wurden schließlich zu Außenseitern der modernen Zivilisation und fristeten zuletzt ein Brigantendasein. An die Stelle politischer Beweggründe traten mit der Zeit Haß und Rachegelüste zwischen den verschiedenen Clan-Mitgliedern; die einzelnen Fraktionen befehden einander erbittert bis zu Mord und Totschlag. Das politische Ergebnis ist gleich Null.

Italien hat nur negative Erfahrungen auf diesem Gebiet. Wenn es überhaupt ein Volk gibt, dessen Geisteshaltung die Negation allen Terrorismus ist, dann ist es das italienische Volk.

Niemand kann einen Menschen verurteilen, der in einem Augenblick unerträglicher politischer Unterdrückung zur Selbstjustiz greift. Doch der politische Terrorismus als Organisationsform ist eine Verirrung im politischen Kampf. Er ist eine primitive Ausdrucksform, ein Anfangsstadium von untergeordneter Bedeutung. Terrorismus ist die spontane Revolte des Gefühls gegen alle Vernunft – allzumenschlich, aber ergebnislos, großherzig, doch vergeblich. Eine revolutionäre Bewegung muß auf terroristische Aktionen verzichten, und zwar schon deshalb, weil man dadurch Argwohn und berechtigten Widerwillen hervorrufen würde und weil die Verantwortung weniger allen Anhängern angelastet würde.

Mit dem Verzicht auf Attentate auf das Leben eines Diktators und auf Terrorakte gegen die Vertreter des Regimes, das man bekämpft, braucht eine revolutionäre Bewegung nicht auch auf jene Aktionen zu verzichten, deren Erfolg die Massen begeistern könnte. Musterbeispiele dafür sind zwei Unternehmen, die der italienische revolutionäre Antifaschismus geplant und ausgeführt hat: der *raid* von Lipari, 1929, und der Flug über Mailand, 1930.

Der *raid* von Lipari war ein Stoßtruppunternehmen, in dem wenige kühne Männer die Sperren auf einer Insel für Deportierte durchbrachen und blitzartig politische Häftlinge befreiten. Es war ein Meisterstück in Planung und Ausführung, wie das für jedes kriegerische Unternehmen mit glücklichem Ausgang gilt, und dennoch war es nur eine Flucht. Nun – fliehen kann bald einer. Die Geschichte der Gefängnisse aller Länder ist mehr oder weniger die Chronik gelungener oder mißlungener Ausbruchsversuche. Dennoch fand diese geringfügige Aktion in Italien und unter den Italienern im Ausland großen Widerhall. Sie bewirkte ein Wiedererwachen der Kampfesfreude im Untergrund und den Zulauf neuer Anhänger: Intellektueller, Arbeiter und Bauern; spontane Begeisterung flammte auf und allgemeine Hoffnung griff Platz.

Der Flug über Mailand hatte noch beachtlichere Rückwirkungen. Ein kleines Farman-Flugzeug, das von einem Behelfsflugfeld aufgestiegen war, erschien ganz plötzlich über der Hauptstadt der Lombardei, unbekümmert um die einsatzbereiten mächtigen Militärjagdflugzeuge auf dem Flugplatz von Taliedo. Es überflog in niedriger Höhe mehrmals die Stadt und warf Flugblätter gegen das Regime ab – dann machte es ungeschoren kehrt zum Heimflug. Ein Großteil der Bevölkerung konnte dieses Schauspiel bewundern, und die öffentliche Meinung war sichtlich betroffen. Die Parteipresse mußte sich nach peinlichem Schweigen endlich dazu entschließen, die Sache zur Sprache zu bringen, und machte sich in ganz Italien lächerlich. Die Volksviertel und die Arbeiterquartiere Mailands wurden so sehr von der Aktion mitgerissen, daß es zwischen Faschisten und Antifaschisten zu Zusammenstößen kam, wenige Tage später sogar zu einem Gefecht beim Claretta-Milchhof.

Derartige Aktionen, die immerhin kostspielige und schwierige Vorbereitungen erfordern, mögen jenen, die das psychologische Klima in einem von der Reaktion niedergehaltenen Land nicht kennen, mehr als bescheiden dünken, doch ihre politische Wirksamkeit ist außergewöhnlich stark. Solche Aktionen legen die Unzulänglichkeiten eines sich allmächtig gebärdenden Regimes bloß und unterminieren sein Prestige. Die Opposition erhebt mutiger ihr Haupt. In Augenblicken der inneren Krise und in Abwandlungen wiederholt, können solche Aktionen die Masse derart in Erregung versetzen, daß sie sich zur Tat hinreißen läßt. Der Bann träger Tatenlosigkeit wird gebrochen und die Masse zum Gegenschlag angestachelt.

Erfolglose Aktionen jedoch sind unwirksam. Eine Masse, die alle politischen Schlachten verloren hat und deren Formationen zerschlagen worden sind, die ihrer Führer beraubt worden ist oder sie fliehen gesehen hat und die nicht einmal zu sich selber mehr Vertrauen hat, braucht zu ihrer Wiedererstarkung Siege, aber nicht wieder Niederlagen. Deshalb müssen Aktionen von Fachleuten vorbereitet und keinesfalls von Nichtsachkundigen improvisiert werden. Sie müssen in allen Einzelheiten durchdacht und mit äußerster Entschlossenheit in die Tat umgesetzt werden. Der Erfolg muß ihnen gewiß sein, und der Zufall muß weitgehend ausgeschaltet werden. Geheimhaltung und Wagemut garantieren sicherlich für den Erfolg. Mit fehlgeschlagenen Aktionen erreicht man das Gegenteil des Erhofften.

Solche kriegerischen Unternehmen können in der Luft, auf dem Meer und zu Lande durchgeführt werden, und damit ändern sich auch ihr Aussehen und ihre Ziele. In manchen wird es mehr auf technische Sachkenntnis, in anderen auf Mut ankommen. Sie können ausgefallen oder Routine sein, niemals aber darf der Feind sie voraussehen können.

Wenn sich das Land in einem revolutionären Prozeß befindet, können derartige Aktionen die Merkmale von militärischen Vorhutgefechten annehmen. Sie dienen dazu, den Feind zur Entfaltung und Deklarierung seiner Kräfte zu zwingen, außerdem zur Sondierung des Terrains und zur Erforschung der realen Möglichkeiten eines Aufstands.

Keineswegs fallen diese Aktionen unter den Begriff »romantisch«, wie oft geringschätzig behauptet wird, sondern gehören zur Vorbereitung des Aufstands. Wenn der Aufstand eine Kunst wie der Krieg ist, dann muß man ihn eben genauso kunstgerecht in die Wege leiten.

Die bewaffnete Avantgarde

Eine revolutionäre Bewegung wartet nicht auf einen spontanen Volksaufstand, sondern bemüht sich, ihn hervorzurufen und rasch in Gang zu bringen. Wesentlich dabei ist die politische und militärische Führung.

Ohne eine solche Führung ist ein Volksaufstand zum Scheitern verurteilt. Er wird schließlich nur noch von Männern und Klassen vertreten werden, die nichts mit der ursprünglichen Aufstandsursache und den Aufstandsinteressen gemein haben. Der Pariser Aufstand vom Juli 1830, der nicht nur Karl X., sondern mit ihm die Monarchie liquidieren sollte, geriet in die Hände von Adolphe Thiers und des konservativen Bürgertums – und darauf folgte Louis Philippe. Die Februarrevolution von 1848, die zu Anfang vornehmlich proletarische und kleinbürgerliche Züge aufwies, wurde zur Sache des monarchistischen Bürgertums, das sich republikanisch gebärdete: Ihr legitimer Nachfolger wurde Louis Bonaparte. Der demokratische und republikanische Mailänder Aufstand von 1848 fand den Grafen Casati und die Gemäßigten – Monarchisten und Konservative – an der Spitze, die obendrein auf zwei Sätteln saßen: Turin und Wien. Auch den Aufständen in Wien und Berlin im gleichen Jahr war kein besseres Schicksal beschieden.

Die elementaren Volksaufstände, selbst die hinreißendsten, bleiben irgendwann einen Augenblick lang im Leeren hängen – diesen Moment nützen die gegnerischen Klassen zu ihrem Vorteil. Das letzte großartige Beispiel bot der Februaraufstand im Jahre 1917, der den Zarismus aus Rußland hinwegfegte. Er war einzig und allein das Werk der Arbeiter und Soldaten, kam also ganz aus dem Volke, ohne jede festgelegte Planung, spontan: Nach den ersten Erfolgen geriet er ins Stocken, wurde unsicher, weil er keine festgesetzten weiteren Ziele hatte. Die Provisorische Regierung, die sich eben konstituierte, ging aus der Duma hervor, die nichts mit dem Aufstand zu tun hatte. Rodianko, eine Art slawischer Graf Casati, schien die Verkörperung des neuen revolutionären Rußlands zu sein. Der angesehenste der in Petersburg akkreditierten Botschafter fand es durchaus angebracht und selbstverständlich, einem von Rodiankos Sendboten zu erklären: »Ich bin dafür, daß Sie den Zaren wechseln – aber erhalten Sie den Zarismus.« Nach einer Woche hörte man nichts mehr von Rodianko, seine Nachfolger jedoch waren vom gleichen Stamm.

Der Aufstand, der zur Pariser Kommune führte, und der Oktoberaufstand in Rußland – um nur die wohlvorbereiteten, siegreichen und größten Aufstände zu erwähnen – wurden hingegen von echten Vertretern des Volkes gelenkt und brachten dessen revolutionäre Gesinnung zum Ausdruck. Daher konnten die reaktionären Klassen daraus keinen Profit schlagen. An dieser Art des Aufstands muß sich das revolutionäre Proletariat orientieren.

Der Aufstand der Kommune wurde von der Republikanischen Vereinigung der Nationalgarde vorbereitet und von deren Bataillonen ausgeführt.

Der Oktoberaufstand wurde vom Militärischen Revolutionären Komitee organisiert. Als militärisches Organ des Exekutivkomitees des Petersburger Sowjets hatte es sich gleich nach der Weigerung der Regimenter, die Stadt zu verlassen, gebildet und sich als Gegenspieler des Generalstabs der Garnison etabliert. Zum Revolutionären Komitee gehörten das Präsidium der Sowjets und der Soldatensektionen, ferner die Vertreter der Flotte, der Fabrikskomitees, der Roten Garde, der Eisenbahner und kleinerer Organisationen. Alle diese Organisationen lassen sich in einer einzigen zusammenfassen: der bolschewistischen Partei. Sie leitete und kontrollierte alle. Die Aktion selbst wurde unter dem Befehl des Militärischen Revolutionären Komitees von den Truppenabteilungen der Roten Arbeitergarde, von den Matrosen und den Soldaten durchgeführt. Die Hauptorganisation aber, die den erfolgreichen Angriff auf das Winterpalais leitete, war die Rote Garde, die vor allem aus bolschewistischen Arbeitern und solchen, die mit dem Bolschewismus sympathisierten, zusammengesetzt war. Die bolschewistische Partei beschloß den Aufstand und bereitete ihn vor, legte das Datum fest und leitete ihn mit Hilfe der Sowjets, um schließlich die politische Macht zu ergreifen. Es gab keinen Augenblick des Zögerns, dafür aber klare Ideen und genaue Programme. Man kann über die bolschewistische Revolution diskutieren, sie billigen oder kritisieren – man kann ihr jedoch die konsequente logische Entwicklung vom Aufstand bis zu den nachfolgenden Errungenschaften nicht absprechen. Das Proletariat griff zu den Waffen und übernahm die politische Macht, ohne Vermittler oder Verwalter, sondern ganz auf eigene Rechnung und Gefahr.

Das revolutionäre Proletariat, das von seinen politischen Organisationen unterstützt wird, darf nicht erst auf den Höhepunkt der Krise warten, um eine bewaffnete Avantgarde zu bilden. Daß man in der Stunde der Aktion das Heer und die Marine so sehr auf seiner Seite hat, wie es den Bolschewisten im Oktoberaufstand zuteil wurde, ist ein Glücksfall, an den man für die Zukunft nicht einmal denken darf. Das Proletariat muß zum überwiegenden Teil innerhalb seiner eigenen Reihen die wichtigsten Angriffskräfte ausbilden. Kommt es nicht dazu oder sind diese nicht aktionsfähig, dann bleibt der Aufstand ein bloßer Wunschtraum. Der Februaraufstand hätte sich kaum im Oktober wiederholt, wenn ihn die Bolschewisten nicht mit Hilfe ihrer Organisationen in Gang gesetzt hätten. Der Aufstand in Österreich wäre im Februar 1934 nicht ausgebrochen, wenn die Sozialdemokraten nicht über den Schutzbund gegen die reaktionäre Unterdrückung hätten verfügen können. Und hätten die spanischen Sozialisten nicht mit der beachtlichen Masse der Bergarbeiter Asturiens rechnen können, auch wenn diese militärisch nicht besonders geschult waren, so wäre der spanische Aufstand vom Oktober unterblieben.

Die Rote Garde spielt im Aufstand die Rolle des Heers im Krieg. Das Heer ist die bewaffnete Vertretung der Nation; es ist speziell für den Kriegsfall ausgebildet. Wenn eine Nation von Kriegsgefahr bedroht und das Heer für den Ernstfall nicht vorbereitet ist, dann muß die Nation alle Erniedrigungen, ja sogar die Besetzung des eigenen Staatsgebiets erdulden, ohne Widerstand leisten zu können. Ein aktuelles Beispiel bietet China (1935). Falls jedoch eine revolutionäre Situation gegeben ist und sich über Nacht der günstige Augenblick für einen Aufstand ergibt, kann er dennoch für immer verlorengehen, wenn keine bewaffnete, einsatzbereite Organisation vorhanden ist. So war es während der Agitation wegen der Matteottiaffäre vom Juni 1924 bis zum Jänner 1925.

Gewiß gibt es große Unterschiede zwischen Roter Garde und Heer, so wie es sie auch zwischen Aufstand und Krieg trotz aller Analogien gibt. Eine Rote Garde kann nicht in normalen Zeiten aufgebaut werden, während ein Heer in Friedenszeiten aufgestellt wird. Es wäre unsinnig, heute eine Rote Garde in Belgien, England oder in der Schweiz aufstellen zu wollen. In diesen Ländern gibt es keine revolutionäre Situation. Nicht einmal in Ländern, in denen zwar eine revolutionäre Situation gegeben ist, allerdings in statischem Zustand, kann man Rote Garden organisieren, weil die Vorbedingungen fehlen, um Freiwillige anzulocken und wehrhafte Kampfformationen zu bilden. Es wäre vergebliche Mühe, sie heute – 1935 – in Italien oder in Deutschland aufstellen zu wollen. Das war in aller Öffentlichkeit nur in Österreich möglich, das sich seit 1918 in einer besonderen, für ganz Europa außergewöhnlichen Situation befand.

In Ländern, in denen eine statische, aber latente revolutionäre Situation herrscht, kann man nur die Keimzelle eines Generalstabs der künftigen Roten Garde bilden. Man hat damit die Möglichkeit, politisch-technische Kompetenzen und den Rahmen für die noch aufzustellenden Kader zu schaffen. Man muß mit allen politischen und militärischen Problemen eines Aufstands vertraut werden, denn ein Aufstand ist grundsätzlich stets politisch, selbst in den militärischen Belangen. Man muß unbedingt die gesamte Waffenmacht des Staates kennen und beobachten. In Emigrantenzentren mag es möglich sein, entsprechend ausgewählte und ausgebildete Kerntruppen der Roten Garde aufzustellen. Selbst wenn diese nicht zum selbständigen Einsatz kommen sollten, so kann doch jedes Mitglied im Aufstand Anführer einer ebensolchen Kerntruppe werden.

Es ist durchaus möglich und notwendig, rechtzeitig einen solchen Minigeneralstab zu bilden. Die Aufstände unserer Zeit hatten militärisch unzulängliche Führungen, mit Ausnahme des Schutzbundaufstands, wobei allerdings im Augenblick der tatsächlichen Revolte ein Großteil seiner Anführer im Gefängnis saß. Auch der Bolschewistenaufstand litt unter dem Übel einer unzulänglichen militärischen Führung, auch wenn er den größten Erfolg für sich buchen konnte. Das Triumvirat Podwoiski, Antonow-Owsejenko und Tschudnowski war in militärischen Fragen wenig beschlagen. Vom ersten weiß man nicht, welche praktische und theoretische Ausbildung er genossen haben kann. Der zweite war in Friedenszeiten Leutnant der Infanterie gewesen. Der dritte schließlich verdankt seinen Ruf einem Frontbesuch, den er als politischer Agitator machte. Dieser gemischten Dreierkompetenz entsprang ein Aktionsplan, demzufolge man um das Winterpalais aufmarschierte, als wäre es nicht ein Gebäude von 200 mal 200 Meter, sondern ein weitausgedehntes Schützengrabensystem. Der Angriff auf das Winterpalais, der in der Nacht vom 24. auf den 25. hätte beginnen sollen, war bei Einbruch der Nacht zum 25. noch nicht erfolgt. Glücklicherweise kannten alle aus eigener Erfahrung das Palais, andernfalls wäre es denkbar gewesen, daß man ein anderes Gebäude angegriffen hätte; ähnliche Zwischenfälle ereignen sich auch im Krieg. Selbst erfahrenen Generälen ist dies passiert. Ein Beispiel: General Ferrero, der ehemalige Direktor des Militärischen Geographischen Instituts in Florenz, galt im italienischen Heer als namhafter Experte auf dem Gebiet der Topographie. Im Juni 1917 verwechselte er auf der Hochfläche von Asiago einen Berg mit einem anderen und ließ seine Division eine Meierei angreifen, die er für den Monte Zebio gehalten hatte, der immerhin mehr als 10 Kilometer entfernt war. Doch konnte der General schließlich mit Hilfe eilends herbeigerufener Führer aus der Gegend den richtigen Berg finden. In Moskau war es noch schlimmer – der Kampf dauerte acht volle Tage statt einer einzigen Stunde.

Wir haben bereits auf die Unzulänglichkeiten in der militärischen Führung einiger Aufstände hingewiesen. Der Ruhraufstand zum Beispiel hatte eine hervorragende Rote Garde, aber keine Führung. Der Aufstand in Asturien hatte keinerlei militärische Führung.

Die militärische Führung eines Aufstands läßt sich nicht aus dem Nichts hervorzaubern. Rote Garden kann man nur in Zeiten heranbilden, in denen die Volkserregung im Zunehmen ist und die Begeisterung die Besten veranlaßt, sich als freiwillige Kämpfer für die Revolution anzubieten. Dann kann eine Rote Garde in wenigen Wochen oder noch rascher aufgestellt werden. Im Ruhraufstand glaubte man, daß mit Hilfe eines ganzen Netzes geheimer Formationen und Ausbildungslager seit Monaten eine Rote Garde vorbereitet worden sei. In Wahrheit waren nur subalterne Kader geschult worden, die als politische oder Gewerkschaftsführer mit der Masse in Kontakt waren. Die eigentliche Rote Garde wurde erst in den Tagen nach dem Kapp-Putsch gebildet.

In Rußland machte die bewaffnete Organisation des Proletariats einige Phasen durch, ehe sie zur Roten Garde der Oktobertage wurde. Schon seit dem Februaraufstand hatten sich Arbeiterkompanien gebildet, die ähnliche Funktionen hatten wie die Nationalgarden in den Volksaufständen des vergangenen Jahrhunderts. Sie waren aber gering an Zahl, schlecht aufgebaut und fast unbewaffnet; denn die im Verlauf des Aufstands aus den Militärdepots entwendeten Waffen waren der Kontrolle der Arbeiterorganisationen entgangen. Nach dem Scheitern des Juliaufstands (der eigentlich eine Demonstration von Arbeitern und Soldaten ohne ernsthafte Organisation war und in dem nur die Regimenter bewaffnet waren) wirkten die Arbeiterkompanien im Untergrund, um sich den polizeilichen Verfolgungen zu entziehen. Angesichts der Bedrohung durch Kornilow nahmen sie einen plötzlichen Aufschwung und zählten 25.000 eingeschriebene Arbeiter. Im Einverständnis mit der Regierung bewaffneten sie sich und übten in aller Öffentlichkeit. Nachdem die Gefahr gebannt war, duldete die Regierung sie nicht länger – es blieben nur kleine Formationen im Untergrund und die Kader übrig. Am 10. Oktober beschloß die bolschewistische Partei den Aufstand, am 13. bildete sich das Militärische Revolutionäre Komitee, und noch am gleichen Tage wurde dem Komitee eine Sonderabteilung der Roten Garde angegliedert. Das war die eigentliche Rote Garde des Aufstands. In der Konferenz der Roten Garde von Petersburg am 22. Oktober waren – laut Trotzki – die Vertreter von 20.000 nominellen Mitgliedern zur Stelle. Aller Wahrscheinlichkeit nach verfügte man für den Aufstand über nicht einmal 10.000 regelrecht organisierte bewaffnete Arbeiter.

In Hamburg bildeten sich seit dem Erfolg des Auguststreiks die proletarischen Hundertschaften. Je gespannter die Lage wurde, desto größer wurde ihre Zahl. Doch war ihre Teilnahme an den Oktoberaktionen fast null, da die Führer es vorzogen, mit dem Ordnerdienst vorzugehen: Kampftruppen, die sich schon seit Monaten besonders für den Aufstand ausgebildet hatten und die subalterne Kader mit vollwertiger militärischer Ausbildung aufwiesen. Im Asturienaufstand bildeten sich die roten Truppen an der Front im Verlauf der Kampfhandlungen. Die ersten improvisierten Sturmtruppen waren Freiwillige der Bergarbeiter ohne vorherige militärische Ausbildung, die sich allerdings großartig in der Verwendung von Dynamit auskannten.

Im allgemeinen ist es nicht möglich, eine Rote Garde aufzustellen, ehe ihr Einsatz nicht offensichtlich unmittelbar bevorsteht. Niemand wird sich dazu bereit finden, sich ausbilden und organisieren zu lassen und dann die Eintönigkeit eines geheimen Kasernendaseins Tag um Tag ertragen zu müssen.

Die Aufstellung einer Roten Garde knapp vor Beginn der Aktion ist somit eine unvermeidliche Unzulänglichkeit. Die Organisation läßt sich nicht in der Ruhe normaler Zeiten aufbauen, und im letzten Augenblick wird sie begreiflicherweise überstürzt. Daraus folgen der Zustrom unfähiger und zwielichtiger Elemente, Schwierigkeiten in der Disziplin, in der Ausrüstung mit Waffen und in der Ausbildung. Gemeinhin sind aber die reaktionären Regime, gegen die das Proletariat aufsteht, militaristisch, so daß sie infolge ihrer Militarisierung selber zur Lösung vieler dieser Schwierigkeiten beitragen. Kriegerische Nationen wie das faschistische Italien und Deutschland zwingen alle zur vormilitärischen Ausbildung. Die jungen Leute gewöhnen sich daher an Disziplin und Rangordnung – eine Klippe für alle Freiwilligen – und an Kollektivaktionen, sie werden mit Waffen vertraut und durch die Strapazen der Manöver und des Kampfes abgehärtet.

Aus den intellektuellen Schichten werden sich überwiegend Offiziere rekrutieren, aus dem Volk Soldaten und bereits ausgebildete Chargen, aber auch viele Offiziere; denn wer während seines Militärdienstes einen Zug oder eine Kolonne befehligt hat, kann in einem Aufstand auch einen Zug, eine Kompanie oder ein Bataillon kommandieren. Der Militarismus des Regimes wird also letztlich dem Volk dienen, gegen das er sich richtete. Und man wird auch den größten Mangel aller Aufstände vermeiden können, weil man über die nötigen Spezialisten für alle Hilfswaffen verfügt, nämlich über Artilleristen, MG-Schützen, Funker und andere mehr.

Man darf jedoch nicht etwa glauben, daß diese allgemeine technisch-militärische Vorbildung der reaktionären Regime schon alles sei. Sie wäre von recht geringem Nutzen, wenn es keine revolutionäre Schulung gäbe, vor allem für die Untergrundkader, die sich stets Überraschungen und Risiken gegenüber gesehen haben. Das macht ja gerade die Stoßkraft einer bewaffneten Avantgarde aus – und nicht die zahlenmäßige Stärke. Petersburg stellt eine großartige Lehre dar. Vom Ende des Russisch-Japanischen Kriegs bis zum Ersten Weltkrieg bildete das Petersburger Proletariat die Vorhut der Arbeiterbewegung des Kaiserreichs. Nach zwei Kriegsjahren gab dieses Proletariat das Zeichen zum Aufstand. Am 18. Oktober 1916 war sein Einfluß so stark, daß die beiden Infanterieregimenter, die gegen das Proletariat ziehen sollten, stattdessen gegen die Polizei Front machten. Am ersten Tag des Februaraufstands 1917 zog das Petersburger Proletariat als erstes auf die Straße. Im Juli war es wieder das Petersburger Proletariat, das von Aufschub und Zeitgewinn nichts wissen wollte, jeden Appell zur Besonnenheit in den Wind schlug und den Angriff wagte. In den Oktobertagen eröffnete eben dieses Proletariat die Offensive und entschied über das Schicksal der Revolution. Moskau war im Hintertreffen. Als sich sein Proletariat gegen die Reaktion erhob, geschah dies unter Zögern und Zaudern. Dennoch konnte sich Moskau einer ausgezeichneten gewerkschaftlichen Organisation rühmen, und die allgemeine Lage war in dieser Stadt weitaus günstiger als in Petersburg, so daß Lenin Anfang Oktober vorschlug, der Aufstand solle in Moskau und nicht in Petersburg beginnen. »In Moskau ist der Sieg gesichert – dort ist niemand, der gegen uns kämpfen könnte. In Petersburg kann man warten.« Doch erschöpfte sich die Geschäftigkeit weit mehr in Streiks und Tagesparolen, was an die großen italienischen Städte in den Jahren 1919 und 1920 erinnert. Aus diesem Grunde ging Mussolini über Mailand und Rom hinweg, als seien sie Kadaver, während Kornilow in Petersburg sich mit ernsthafteren Dingen auseinandersetzen mußte.

Man wird nicht schlagartig in einem Tage zum Revolutionär. Die Rote Garde muß aus dem Herzen des Landes kommen, aus seinen Leiden und seinem Martyrium geboren werden. Je mehr ihre Mitglieder gelitten und riskiert haben, um so wagemutiger werden sie am Tage der Aktion sein.

Organisation
der bewaffneten Avantgarde

Eine Rote Garde kann keine Parteiorganisation sein. Selbst wenn ihre Gründer vornehmlich aus einer Partei kommen und nicht aus einer revolutionären Bewegung, so wird sie verständlicherweise von dieser beeinflußt und überwacht; die Partei wird jedoch von den Mitgliedern der Garde nicht verlangen können, daß sie sich ihren politischen Gedanken zu eigen machen. Die Rote Garde muß als Avantgarde des Volks in Erscheinung treten, nicht als bewaffnete Sonderabteilung der Partei. Andernfalls würden ihr moralischer Einfluß und ihre zahlenmäßige Bedeutung stark herabgesetzt. Sie muß allen kampfbereiten Freiwilligen offenstehen, aber auch einigen grundlegendem allgemeinen politischen Direktiven folgen. Die Rote Garde der Oktoberrevolution umfaßte Bolschewisten, Sozialrevolutionäre der Linken und größtenteils parteilose Arbeiter. Ebenso gemischt war die Zusammensetzung des Schutzbundes, der dennoch als bewaffnete Organisation der österreichischen sozialdemokratischen Partei galt. Die Rote Garde des Ruhraufstands bestand vornehmlich aus parteilosen Arbeitern. In Asturien gehörten ihr Sozialisten, Kommunisten, Anarchisten und Parteilose an. Nur in Reval gab es reine Partei-Kampfformationen, während der Hamburger Aufstand sich auf den Ordnerdienst stützte. Beide waren Untergrundorganisationen mit wenigen ausgewählten Mitgliedern: einige hundert in Reval, an die tausend in Hamburg. Nicht einmal die Kader dürfen ausschließlich einer Partei angehören. Wenn sich die Rote Garde nach den ersten Erfolgen weiterentwickelt, wird sie zum Volksheer des Landes, nicht einer Partei. Im sowjetischen Heer, das ja ausschließlich eine Schöpfung der bolschewistischen Partei ist, gibt es noch heute viele höhere und niedere Offiziersgrade, die keine eingeschriebenen Parteimitglieder sind.

Rote Garden sind militärische, keine politischen Organisationen. Indirekt verfolgen sie politische Ziele, doch ihre unmittelbaren Ziele sind militärischer Natur. Daher sind sie auch militärisch und nicht politisch tätig. In ihren Reihen soll man über die Technik des Aufstands, über Waffen, über die Ausbildung diskutieren – nicht jedoch über Parteiprogramme und deren Ideologien. Letzteres kann jeder auf eigene Rechnung innerhalb der politischen Organisationen seiner Partei tun. Den Roten Garden müssen alle Probleme, die beeinträchtigend wirken könnten, ferngehalten werden. Um die Roten Garden zu technisch wirksamen Einheiten zu machen und sie als solche zu erhalten, müssen sie in erster Linie moralisch zusammengeschweißt sein; Elemente, die zu Spaltungen führen könnten, müssen entfernt werden. Das sind unabdingbare Voraussetzungen.

Die Rote Garde ist ein der politischen Gewalt gehorchendes Heer. Seine obersten Führer sollten zweckmäßigerweise auch der politischen Führung angehören, der die Rote Garde untersteht; doch beide Institutionen müssen voneinander getrennt sein, wie das im modernen Staat zwischen dem Generalstab des Heeres und der Exekutive der Fall ist.

Eine Rote Garde muß vorwiegend aus jungen Leuten bestehen. In einem Aufstand – wie im Krieg – kommen die begeistertsten und wagemutigsten Kämpfer aus den Reihen der Jugend. Sie schrecken vor keiner Gefahr zurück. Gut geführten Jugendverbänden ist nichts unmöglich. Man muß viele junge Leute gewinnen, nicht nur als Mitläufer, sondern als Kommandierende. Die Mehrzahl der Führer muß sich aus der Jugend rekrutieren. Als feste stets zu befolgende Regel muß der Grundsatz gelten, jene »Veteranen«, die sich im letzten Bürgerkrieg nicht oder nur schlecht geschlagen haben, von Kommandoposten zu entfernen. Trotz allen guten Willens werden sie stets zum Pessimismus neigen und die drückenden Erinnerungen an vergangene Niederlagen nicht abschütteln können. Solche Männer sind schon als Mitläufer unnütz, als Führer jedoch gefährlich. Bewaffnete Minderheiten, die sich zum Angriff rüsten, sollten die bestmögliche Auslese darstellen. Die Qualität hat den Vorrang vor der Zahl. Dieses Kriterium muß die Grundlage der ganzen Organisation bilden. Andernfalls könnte es geschehen, daß im gegebenen Augenblick weder Fußvolk noch Führer dem Appell Folge leisten.

Beim Ruhraufstand schlugen sich die aus jungen Leuten zusammengesetzten Abteilungen am besten. Die Gefallenenstatistiken weisen eine Mehrheit von Arbeitern unter 25 Jahren aus. Die Anwerbung für das Rote Heer in Asturien hatte großen Erfolg bei Freiwilligen zwischen 18 und 35 Jahren. Doch fand diese Anwerbung gleich nach dem ersten Erfolg des Aufstands statt und hatte eher den Charakter einer allgemeinen Mobilisierung. Im Alter von dreißig Jahren hat ein Arbeiter meist schon Familie. Es bedarf schon eines starken politischen Glaubens, daß er dann noch sein Leben freiwillig aufs Spiel setzt.

Man sollte die Bildung von Sonderabteilungen aus Studenten oder ausgewählten Arbeitern tunlichst vermeiden. Zweckdienlicher ist es, diese in die gewöhnlichen Abteilungen einzugliedern und ihnen Befehlsstellen zu überantworten.

Mit größter Unnachsichtigkeit sind zwielichtige Elemente und Gesindel auszuschließen. Es gibt noch Leute, die aus Naivität und falschem Realismus glauben, daß solches Menschenmaterial für

Himmelfahrtskommandos besonders geeignet sei. Schon vor einem Jahrhundert hatte der kommunistische Schneidergeselle Wilhelm Weitling, der damals eine gewisse Berühmtheit erlangt hatte, einige schwache Seiten der Lehre Blanquis, den er bewunderte und dem er mit anderen deutschen Emigranten im Aufstand von 1849 Gefolgschaft geleistet hatte, kopiert und weiterentwickelt. In diesem Aufstand wollte er sich nur auf das Lumpenproletariat verlassen, also auf jene Sorte Proletarier, die heute etwa im Hauptberuf arbeitslos sind und in den Tag hineinleben. Die Anarchisten nennen sie mit franziskanischem Euphemismus »Leichtlebige«. Im Neapel der Bourbonen bildeten solche Elemente den berüchtigten linken Flügel der *Lazzaroni*, die unter der Schutzherrschaft von San Gennaro oder des Königs jederzeit bereit waren, sich für alles und jeden zu schlagen, wenn sie nur einen Teller voll Pastasciutta bekamen. Zu diesen natürlich für den Fortschritt aufgeschlossenen Männern gesellte Weitling die notorischen Kriminellen. Jene Elemente, die sich in dauernder Revolte gegen die Gesellschaft befanden, sollten nun die Elite der revolutionären Avantgarde bilden. In Süditalien würde man sie als Mafia, Camorra und Banditen bezeichnen.

Auch heute noch ist im Plan jedes guten Revolutionärs der Angriff auf Gefängnisse enthalten, wobei alle gemeinen Häftlinge befreit werden, die dann – durch den Kontakt mit der revolutionären Freiheit geläutert – sich zu politischen Helden wandeln.

In einer so heiklen Materie ist es empfehlenswert, humanitäre Bestrebungen einzudämmen. Kriminelle bleiben es auch im pathologischen Sinn, egal ob sie in einer bürgerlichen oder in einer sozialistischen Gesellschaftsordnung leben. Es bedarf der Zeitspanne einiger Generationen, um das Milieu zu ändern und eine neue ethische Haltung zu erzielen. Auch wenn wir hoffen, daß die Zukunft weniger Kriminelle aufweisen möge, dürfen wir doch nicht übersehen, daß es in der Gegenwart recht viele und gefährliche gibt. Es fehlte gerade noch, daß als Vorspiel zu einer weiterreichenden Rekrutierung in die Rote Garde alle auf freiem Fuße befindlichen Kriminellen aufgenommen würden. Im Ruhraufstand haben solche der Roten Garde angehörende Elemente zwischendurch die Soldkassen der Kommandostellen und die anspruchsvollsten Offiziere überfallen. Man mußte als Abschreckungsmittel sogar die Todesstrafe einführen. Ähnliche Ganoven gesellten sich zu den Kämpfenden in Asturien, hatten jedoch nur Raub und Plünderung im Sinn. Im Sturmangriff waren sie die letzten, beim Flüchten aber die ersten, und nach der Niederlage betätigten sie sich als die eifrigsten Denunzianten. Auch in Italien erinnert man sich nicht gerade mit Freude an die Befreiten von Ponza während der Pisacane-Expedition. Beim ersten Anzeichen von Gefahr ergriffen die meisten die Flucht und entwickelten dabei – unbeschadet ihrer langen Bewegungslosigkeit während der Zeit der

Deportierung – eine erstaunliche Behendigkeit. Es gibt ähnliche Erfahrungen aus jüngster Zeit. Nach dem Ersten Weltkrieg kam der Auswurf der Nation an die Oberfläche, weil ja in jeder revolutionären Periode die Hefe nach oben kommt, die sich in einer zerrütteten Gesellschaft herangebildet hat. Manche waren ehemalige Kriegsteilnehmer, andere nicht, aber aus ihren Reihen kamen die aktivsten politischen Kriminellen, die in den Parteien des Proletariats nicht recht zum Zuge gekommen waren und nun im faschistischen Squadrismus mehr Glück hatten. Vor den Schwachen mimten sie Helden, vor den Starken und Mächtigen duckten sie sich feig: So haben sie in der Geschichte des politischen Söldnertums Unsterblichkeit erlangt. Weitling könnte vollauf zufrieden sein.

Es ist ein gewaltiger Irrtum, daß Kriminelle hervorragende Kämpfernaturen sind. Das Buch von Roger Vercel, *Le Capitaine Conan*, ist ein reines Phantasieprodukt. Weder im Krieg noch im Aufstand ist Heldentum das Ergebnis eines moralischen Defekts. Revoluzzer sind Großmäuler mit lockerer Zunge und flinken Beinen.

Die Anwerbung Freiwilliger ist also eine ernst zu nehmende Angelegenheit. Die Rote Garde ist nicht besonders ideal für Experimente der Resozialisierung.

Ob die Kommandostellen von unten her durch Wahl oder von oben durch Ernennung besetzt werden ist zu Anfang gleichgültig. Wenn sich die Organisation ausdehnt, werden Ernennungen nötig werden. Die Besetzung vieler militärischer Kommandos durch Wahl hat sich nicht bewährt.

In Rußland war die Rote Garde folgendermaßen organisiert: Ein Trupp zählte 12 bis 15 Mann; ein Zug hatte vier Trupps, eine Kompanie drei Züge, ein Bataillon drei Kompanien. Ein Bataillon wies daher ein Maximum von 540 Mann auf, einschließlich der Offiziere.

Die Organisation der Ordnerdienste in Hamburg hatte während des Aufstands Trupps mit acht Mann und einem Kommandanten; jeder Zug hatte vier Trupps und einen Kommandanten; die Kompanie bestand aus vier Zügen mit einem Kommandanten. Jede Kompanie zählte somit einschließlich der Kommandanten 133 Mann. Dazu kamen noch die Radfahrer und Motorradfahrer als Melder, Sanitäter, Kundschafter: alles in allem kaum zehn Mann.

Der österreichische Schutzbund hatte Gruppen zu zehn Mann, Züge mit vier Gruppen, Kompanien mit drei Zügen, Bataillone mit vier Kompanien. Dazu kamen noch Sonderabteilungen.

Der Unterschied zwischen den einzelnen Organisationen ist nicht groß.

Fernando De Rosa, der entsprechende Erfahrungen im spanischen Oktoberaufstand und als Chef kleiner Guerillabanden in Madrid gesammelt hat, schlägt folgende Organisation vor: Ein Trupp sollte so groß wie möglich sein, muß aber mittels Zurufen und Gesten befehligt werden können – wenigstens acht Mann mit einem Kommandanten und einem Vizekommandanten. Ein Zug sollte aus drei Trupps bestehen, einen Kommandanten und einen Stellvertreter haben, ferner drei Melder. Eine Kompanie sollte drei Züge aufweisen mit einem Kommandanten und einem Vize, dazu eine Verbindungsabteilung. Ein Bataillon sollte drei Kompanien haben, einen Kommandanten und einen Vize, außerdem einen Zug als Verbindungseinheit. Das ergäbe also Trupps zu 10 Mann, Züge zu 35 Mann, Kompanien zu 117 Mann und Bataillone zu 388 Mann, einschließlich der Kommandanten und der Vizekommandanten.

Das wichtigste Erfordernis in der Organisation der Abteilungen ist die leichte Manövrierfähigkeit. Es ist ziemlich schwierig, während des Kampfes die einzelnen Abteilungen zu manövrieren, auch wenn diese voll ausgebildet sind. Wenn man noch nie an einer Aktion teilgenommen hat, kann man sich kein rechtes Bild machen, in welche Situation die einzelnen Abteilungen beim Anrücken, während des Angriffs und des Kampfes kommen können. Verwirrung, allgemeines Durcheinander und Versprengung – dafür genügen wenige Minuten. Die Schwierigkeiten nehmen proportional zu mangelhafter Schulung und Ausbildung zu.

Die Rotgardisten können nie genügend ausgebildet sein, und sie holen das auch während des Aufstands nicht nach. Nicht einmal eine abgeschlossene militärische Ausbildung der Gardisten genügt. Selbst unter den günstigsten Verhältnissen werden sie nicht lückenlos aufeinander eingespielt sein, was taktische Bewegungen auf dem Lande und in den Straßen einer Stadt beeinträchtigt. Daher muß jede Abteilung möglichst beweglich sein, um leichter befehligt werden zu können. Trupps zu zehn Mann sind viel zu schwerfällig. Trupps zu sechs Mann, einschließlich des Kommandierenden, sind vorzuziehen. Ein Zug, der sich aus vier Trupps zu sechs Mann zusammensetzt, ist beweglicher als ein Zug aus drei Trupps zu zehn Mann. Mit solchen Zügen (vier Trupps zu sechs Mann) sollte man besser auch Kompanien zu vier Zügen und Bataillone zu vier Kompanien aufstellen. Falls aber die Effektivbestände nicht hinreichen – und nur in diesem Falle –, sollte man Züge aus drei Trupps, Kompanien aus drei Zügen und Bataillone aus drei Kompanien bilden. Jede Unterabteilung, von den Trupps bis zu den Bataillonen, muß einen Kommandierenden haben. Als Stellvertreter kann im Trupp der jeweils älteste Gemeine fungieren, im Zug die älteste Charge, in der Kompanie und im Bataillon der älteste Offizier. Zwei Ordonnanzen und zwei Sanitäter pro Kompanie reichen aus. Den Abteilungskommandos wird es obliegen, je nach den örtlichen Möglichkeiten Sonderabteilungen von Spezialisten aufzustellen.

Auch jene Freiwilligen, die ihren Wehrdienst abgeleistet haben, werden eine militärische Ausbildung für den Aufstand benötigen. Es genügt nicht, mit Waffen umgehen zu können, man muß auch über die Taktik im Aufstand instruiert sein, der sich ja vorwiegend in Städten abspielt und aus Angriffen gegen Gebäude sowie aus Straßenkämpfen besteht. Aber auch auf dem flachen Lande finden Aktionen statt. Die aus Städtern gebildeten Abteilungen bildet man zweckmäßigerweise für Aktionen in der Stadt aus, die anderen für Operationen auf dem Lande. Die technische Unterweisung muß sich mit Angriff, Verteidigung, Vormarsch, Rückzugsgefecht, Barrikadenkampf, Verteidigung gegen Artilleriebeschuß, gegen Panzer, Maschinengewehrnester, Flugzeuge und anderem befassen. Der Mut eines Kämpfenden hängt nicht zuletzt von seiner technischen Ausbildung ab. Wagemut und Elan gehört zur Jugend, doch so mancher Veteran kann weitaus mutiger sein, weil er mehr praktische und technische Erfahrung hat. Ein Trupp Veteranen wird wahrscheinlich mit größer Sicherheit ein Maschinengewehrnest aufstöbern und unschädlich machen. Ein Bataillon junger unerfahrener Burschen wird zwar vielleicht ebenfalls imstande sein, ein solches Nest ausfindig zu machen, aber mit Verlusten.

Wir kommen nun zur Bewaffnung. Auch sie hat bedeutenden Einfluß auf die Moral der Kämpfer. Während des Ersten Weltkriegs kam wahrscheinlich ein Verwundeter auf eine Million Gewehrschüsse. Soldaten feuern aus Nervosität, zur Ablenkung, zur Ermutigung, doch höchst selten können sie begründete Hoffnung hegen, ihr Ziel auch zu treffen. Nur richtig eingestellte Maschinengewehre und Kanonen sind unfehlbar. Im Angriff feuern Soldaten nicht – ihre Gewehre sind bestenfalls Stöcke. Dennoch würden Soldaten ohne Gewehre keinen Schritt vorgehen.

Ebenso verhält es sich in einem Aufstand. Die Roten Garden müssen mit Gewehren, Pistolen und Handgranaten ausgerüstet sein. Das Gewehr ist *die* Waffe des Aufstands, es dient zur Verteidigung und zum Angriff, zum Nahkampf und zum Beschuß aus der Ferne. Wer es in Anschlag bringt, fühlt sich als ernst zu nehmender Gegner.

Je größer eine Rote Garde zahlenmäßig ist, desto schwieriger gestaltet sich ihre Bewaffnung. Die Forderung, Waffen vom Feind zu erobern oder sie aus zu besetzenden Kasernen und Waffenarsenalen zu holen, entbehrt der realen Überlegung, denn auch für diese Art der Waffenbeschaffung benötigt man zuerst einmal Waffen und keine schönen Worte. Im Krieg gab es Generäle, die von ihren sicheren Unterständen aus von der Infanterie verlangten, die feindlichen Schützengräben mit Krallen und Zähnen zu erobern. So denken auch jene Leute, die glauben, Kasernen und Waffenlager durch Reden einnehmen zu können. Jede Hoffnung, sich Waffen und Munition im allerletzten Augenblick verschaffen zu können, ist grober Unfug. Die Bergarbeiter Asturiens hatten bereits einige Zentner Dynamit zur Verfügung und verwendeten es anstelle von Handgranaten; sie hatten sich auch einiger Munitions- und Waffenfabriken bemächtigt. Dennoch war das zuwenig für eine ordnungsgemäße Bewaffnung der Aufständischen. Jeder Zusammenstoß brachte den verzweifelten Schrei um Gewehrpatronen.

Waffen und Munition werden niemals für den ganzen Aufstand reichen, aber jene Formationen der Roten Garde, die den Angriff beginnen, müssen hinreichend damit versorgt sein. Sonst verfügt man schneller, als man glaubt, weder über Waffen und Munition noch über Männer. Wer die versprochenen Waffen nicht erhält, wird enttäuscht den Kampfplatz räumen. In Hamburg hatte jeder Trupp (neun Mann) im Augenblick des Angriffs ein Gewehr oder zwei Revolver! Das war der Grund dafür, daß ein Drittel der Kämpfer, als sie die versprochenen Waffen nicht bekamen, sich im entscheidenden Moment von der Aktion zurückzogen. Es wäre ungerecht, ihnen daraus einen Vorwurf zu machen. »Mit Krallen und Zähnen« können wohl nur Eichhörnchen vorgehen. Die Verantwortung fällt auf die Führenden zurück. Es war nämlich soviel Geld für diesen Aufstand aus dem Fenster geworfen worden, daß die Führer – hätten sie mehr graue Zellen im Kopf gehabt – mit diesen Mitteln nicht nur Revolver, sondern Kanonen hätten beschaffen können.

Waffen fallen nicht vom Himmel. Zum Losschlagen wird man nur jene Waffen haben, die man sich zuvor beschafft hat. Man darf sich nur auf sich selbst verlassen. Die Rote Garde muß von vornherein eine Waffenbeschaffungsabteilung einrichten. Es ist vergeudete Zeit, sich um Kanonen, Maschinengewehre und andere schwere Waffen umzusehen. Selbst wenn man die dazu nötigen Mittel hätte, könnte man solche Waffen und Munition nicht in Geheimdepots verteilen. Der Transport wäre zu auffällig. Zuallererst muß man Infanteriewaffen beschaffen, weil die Infanterie den Angriff trägt. Handgranaten, die im Verteidigungskampf, in den Häusern und in den Straßen zweckdienlich sind und mit denen jeder Kämpfer ausgerüstet sein sollte, können mit Leichtigkeit selbst hergestellt werden. Der Schutzbund verfertigte sie in Eigenregie in einer Spezialistenwerkstatt. Die asturischen Bergarbeiter stellten sie aus Dynamit mit Gelatine her. Gewehre jedoch lassen sich nicht so leicht herstellen. Diese sowie Pistolen und die dazu nötige Munition muß man sich mit Hilfe von Militärpersonen verschaffen, die Fabriken und Waffenlagern zugeteilt sind, oder in einem wohlvorbereiteten Handstreich; einen Teil kann man auch kaufen.

Waffenschmuggel ist in Europa so allgemein üblich, daß es mit dem nötigen Geld nicht schwieriger ist, Pistolen und Gewehre zu erwerben, als Kartoffeln einzukaufen. Die Finanzierung ist das Grundproblem revolutionärer Bewegungen.

Derartige Erwägungen beziehen sich nur auf die Vorbereitung der

Roten Garden in der ersten Aufstandsphase. Ein siegreicher Aufstand nimmt ohnedies solche Ausmaße an und bringt entsprechende Umwandlungen mit sich, daß die Gesamtsituation des Landes umgestürzt wird. Dann wird die Rote Garde des Aufstands in das stehende Heer der Revolution umgewandelt werden müssen. Dafür allerdings werden die üblichen Regeln zur Organisierung und Verwendung regulärer Streitkräfte maßgebend sein.

Revolutionäre Disziplin

Politische und militärische Organisationen, Komitees und Führende verursachen in revolutionären Zeiten untereinander Gegensätzlichkeiten, Einmischungen und Spannungen. Aus persönlichen Zwistigkeiten werden nur allzuoft politische Tendenzen, und diese führen früher oder später wieder häufig zu persönlichen Zwistigkeiten. Es ist gar nicht immer leicht, festzustellen, was wovon abhängt. Die Folgen jedoch sind immer katastrophal. Während des Asturienaufstands kam es innerhalb weniger Tage zu fortgesetzten Übergriffen von Personen und Komitees. Drei Komitees für einen einzigen Aufstand sind zuviel, auch wenn er ein ganzes Jahr dauert. Im Ruhraufstand erklärte das zweite Komitee das erste als Verräter, und in dem darauffolgenden Durcheinander trugen die Exponenten der einzelnen politischen Strömungen ihren Meinungsstreit mit der Schußwaffe aus. Solche Bedeutung können Kleinigkeiten erlangen, so leidenschaftlich werden rein persönliche Angelegenheiten ausgetragen, wenn alles von Auflösung bedroht ist.

Aber auch siegreiche Revolutionen zeigen ähnliche Erscheinungen. Erfolg steigt zu Kopf. Dantons Tod hat so manchem Freude bereitet, ebenso Robespierres Tod. Es war bestimmt nicht nur der Gegensatz zwischen zwei einander zuwiderlaufenden Interessen, der die Führer der Jakobiner zur Ausschaltung der Girondisten und dann zum gegenseitigen Gemetzel getrieben hat, sondern wohl auch das unbezwingbare Verlangen, sich an die erste Stelle zu schieben. Selbst Napoleon war nicht gefeit vor hemmungsloser Eifersucht. Als erster Konsul, der dann dank des grenzenlosen Vertrauens seiner Soldaten Kaiser wurde, war er ein Idol. Seine Generäle jedoch, die einander bekämpften und denunzierten, betrachteten ihn als Gleichgestellten. Mehr als einmal wünschten sie Napoleons Niederlage – denn sie kannten nur ihren persönlichen Ehrgeiz. Ebendies ersehnte auch Bernadotte in Jena. Dieser Haß in den eigenen Reihen kennt keine Klassengegensätze. In Eylau beschimpfte ihn Augereau – jener Augereau aus dem italienischen Feldzug, Marschall und Pair von Frankreich – wie ein Fischhändler. In Eßling überhäufte ihn Marschall Lannes, Herzog von Montebello, der von Napoleon laufen, lesen und schreiben gelernt hatte, auf seinem Sterbelager – also mit unbezweifelbarer Aufrichtigkeit – mit heftigen Schmähungen. Dann verrieten ihn Bernadotte, Marmont und Ney. Nach seinem Verrat schrieb Marmont in seinen Memoiren, daß Napoleon von Taktik keine blasse Ahnung gehabt habe. Und Moreau wiederholte vor seinem Tode unablässig, als wollte er sich von einem schweren Druck befreien, daß Napoleon nur ein vom Glück begünstigter Mensch gewesen sei.

Auch die russische Revolution bietet in dieser Hinsicht manches Beispiel. Lenin erfreute sich uneingeschränkter Autorität; er setzte sich mit souveräner Tüchtigkeit durch. Dennoch betrachteten ihn in den letzten Jahren die Führer seines Stabes etwa wie herangewachsene Söhne, die sich gerne ihres vielleicht lange geliebten, nunmehr aber alten und lästigen Vaters entledigen möchten. Die Epigonen im Sinne Trotzkis – eigentlich muß man auch Trotzki dazu zählen, wenn auch nur hypothetisch und als Fehlschlag – boten ein erbauliches Schauspiel. Trotzki, Stalin, Sinowjew, Kamenew, sie alle ließen sich gewiß nicht vom Klassenkampf, vom ökonomischen Determinismus oder von ideologischen Haarspaltereien über die kommunistische Theorie dazu verleiten, einander zu bekämpfen. Sicherlich ist es dieser ewige, weil allzu menschliche Antagonismus, der die Menschen gegeneinander aufbringt; denn Ehrgeiz ist kein Produkt der Bourgeoisie, aber auch kein literarisches Produkt. Stalin ist an der Macht, Trotzki im Exil, Sinowjew und Kamenew sind im Kerker. Sie können von Glück reden, daß Stalin nicht die unerbittliche Geistesschärfe eines Robespierre hat, denn sonst hätten die drei Unterlegenen längst das gleiche Ende gefunden wie Danton und Desmoulin.

Im Gegensatz zur allgemein verbreiteten Ansicht mäßigt der Erfolg keineswegs diese Leidenschaften. Zur Zeit der Römischen Republik verursachten gerade die ersten Erfolge vom 30. April gegen das französische Heer zwischen Garibaldi, Roselli und Pisacane einen Wirrwarr von Gegensätzlichkeiten. Erfolg bringt mehr Kontroversen und Disziplinlosigkeit mit sich, als man glauben möchte. Sieg und Niederlage können gleicherweise die Zügel der Disziplin lockern. Was hat sich nicht alles unmittelbar nach dem Krieg in Italien in unseren Arbeiterparteien abgespielt. In außergewöhnlichen Zeiten steigen Erfolge, auch rhetorische, ausnahmslos Offizieren und Unteroffizieren nur zu leicht zu Kopf. Der Abgeordnete Barberis konnte einen Augenblick lang die Hoffnung hegen, Kriegsminister zu werden – bloß weil er sich im Parlament durch beharrliche Zwischenrufe hervorgetan hatte: »Nieder mit der Guardia Regia« (der königlichen Polizeitruppe). Damit hatte er sich sozusagen als Fachmann in Wehrmachtsfragen ausgewiesen. Der Abgeordnete Bombacci träumte davon, erster Volkskommissar in der im Werden begriffenen neuen Republik zu werden, bloß, weil er die Geschäftsordnung des Abgeordnetenhauses auswendig gelernt und einige nebensächliche Fehler entdeckt hatte. Der Abgeordnete Bucco, ein Analphabet und Wüstling, konnte nur dank seiner Stentorstimme auf den Gedanken verfallen, aus Bologna unter seiner Führung die Hauptstadt Italiens zu machen und dem kopflosen, stagnierenden Rom entgegenzustellen. Nur die Leichtigkeit des Erfolgs war schuld daran, daß die italienische sozialistische Partei zum Teil zugrunde gerichtet wurde; unter ihren Mitgliedern, unbefriedigten und von sich selber eingenommenen Bonzen, kam es sogleich zu endlosen Machtkämpfen.

Wenn solch böses Beispiel von der obersten Hierarchie aus gegeben wird, machen Zank und Streit sofort Schule.

Selbst der italienische Faschismus und der deutsche Nationalsozialismus haben während ihrer revolutionären Festigung eklatante Schulbeispiele für einen derartigen hemmungslosen Bonzenzwist geliefert. In Deutschland haben sie sich schließlich gegenseitig umgebracht – aber es läßt sich darüber streiten, ob es im Interesse der Menschheit besser gewesen wäre, wenn die Hingemordeten weitergelebt hätten statt jener, die mit ihrem Leben auch ihre Schlüsselstellungen zu bewahren vermochten. In Italien gab es ein tolles Nebeneinander von faschistischen Organisationen der Gemeinden, der Provinzen, der Regionen, der Nation, der »ersten«, »zweiten« und »dritten Stunde« – wahre Sturmwellen, die übereinanderschlugen. Das Kommandofieber gleicht dem Goldfieber, aber es stimmt nicht, daß beide stets zusammenfallen. Die Faschisten haben sich untereinander tüchtig gerauft und haben sich erst dann etwas beruhigt, als Mussolini, der durch diese inneren Stürme ernstlich besorgt war, auf den Gedanken verfiel, mit der Wachablösung eine Art politische Sommerzeit einzuführen. Das ist im Grunde eine systematische und legale, von oben ausgehende Dezimierung, um das allgemeine Schlachten in den unteren Rängen zu unterbinden.

Mussolini hat es ebenfalls nicht vermocht, sich aus diesen Kämpfen überlegen herauszuhalten. Er weiß nur zu gut, daß Grandi ihn für einen Epileptiker, Balbo für einen längst überholten Mann, Farinacci für einen Feigling und De Vecchi – der nationale Esel aus Val Cismon – für einen Trottel hält. Selbstverständlich hält sich jeder einzelne für weitaus geeigneter, der *Duce* der Italiener zu sein. Der heiße Wunsch nach der Marschallwürde nährt in so manchem die Hoffnung auf ein Debakel in Afrika. Das erinnert an Bernadotte vor Jena.

In der Vorbereitung eines Aufstands muß eine politische Bewegung rechtzeitig die Gefahren derartiger Unzuträglichkeiten aus dem Wege räumen. Vor allem muß man der politischen und der militärischen Organisation eine auf Souveränität begründete, aus freien Stücken angenommene Konstitution geben. In den großen und kleinen Versammlungen der niederen Ränge müssen Beschlüsse in voller Unabhängigkeit gefaßt werden. Die Führer müssen jedoch in der Lage sein, ihre Macht ungeschmälert und auf lange Sicht auszuüben. Dieser mindeste Grad von Disziplin muß unter allen Umständen verlangt werden. Ohne Führungshierarchie, die als regulär anerkannt wird und daher Autorität hat, wäre es zwecklos, von revolutionärer Disziplin reden zu wollen.

Je besser diese politische Souveränität verstanden und anerkannt wird, um so eher wird sie sich widerspruchslos durchsetzen können. Der Oktoberaufstand verfügte in den Sowjets über ein solch souveränes Organ, dem alle folgten. Nicht die bolschewistische Partei brachte den Aufstand und dann die Revolution ins Rollen, sondern die Sowjets, die von den Bolschewisten angeführte Volksfront. Die Sowjets waren keine Schöpfungen Intellektueller und auch keine bürokratischen Organisationen, sondern von der Masse geschaffene Organe, deren Wurzeln unmittelbar in den Fabriken, in den Schützengräben und in den Feldern steckten und die sich angesichts der Panik und der Agonie der führenden sozialen Klassen noch tiefer verankert hatten.

Es läßt sich kaum absehen, welche Form die Volkssouveränität in proletarisch geführten Aufständen anderer Länder annehmen wird. Werden es die Arbeiterversammlungen sein, die von Proletariern und von allen, die von der eigenen Arbeit leben, ohne die Arbeit dritter auszubeuten, beschickt werden, oder Arbeiterkammern, wie sie schon jetzt in Italien bestehen? Oder Gewerkschaftskammern? Wie werden sich die Parteien des revolutionären Proletariats untereinander verbinden: mittels jeweiliger Vereinbarungen oder auf konstitutionell-föderativer Basis? Die Sowjets waren keine Arbeitsorganisation, sondern eine im wesentlichen politische Organisation. In welchem Ausmaß werden dies ähnliche Institutionen der kommenden Revolution sein? Auch die Terminologie hat in der revolutionären Psychologie ihre Bedeutung, und nichts wäre abgeschmackter als eine getreue Nachahmung der Einrichtungen anderer Länder. Die *Volkskommissare* zum Beispiel waren während der russischen Revolution eine treffende Bezeichnung. Weniger glücklich oder ganz fehl am Platz wäre diese Bezeichnung in Italien, wo das Wort »Kommissar« an Königstum oder Präfektur oder, noch schlimmer, an die Polizei gemahnen würde. Gewiß geht es nicht um das Wort, sondern um dessen Bedeutung. Man kann mit großer Wahrscheinlichkeit annehmen, daß – ähnlich wie die *Sowjets* eine spontane Schöpfung des Volkes in den Jahren 1905 und 1917 in Rußland waren – in anderen Ländern während einer akuten politischen Krise ebenso spontan aus dem Volke die erforderliche revolutionäre Vertretung mit einer ihr entsprechenden Bezeichnung hervorgehen wird.

Disziplin braucht nicht der Feldwebeldisziplin aus der österreichischen Monarchie zu gleichen. Revolutionäre Disziplin, auch jene der bewaffneten Avantgarden, ist in erster Linie politisch: Jede Tat muß sich in die von den Führern erteilten Weisungen einordnen. Das löscht die eigene Individualität nicht aus, sondern nur das Eigenbrötlertum, trägt aber dafür mehr zur Sache der Allgemeinheit bei. Es geht um keinen rein äußerlichen, formalen Gehorsam, sondern darum, die Befehle in dem Geiste auszulegen, in dem sie gegeben worden sind, und entsprechend zu handeln, auch wenn damit größere Risken verbunden sein sollten. Dem sofortigen leichten Tageserfolg ist der mit größerem Nutzwert verbundene Erfolg auf weitere Sicht vorzuziehen. Das ist politische Disziplin. Wer sie in Wort oder Tat sabotiert, ob Gemeiner oder Anführer, gehört an den Pranger gestellt. Alle Gegensätzlichkeiten, die Unordnung verursachen, müssen unnachsichtig an der Wurzel getilgt werden.

Zur politischen gehört die eigentliche militärische Disziplin. Die bewaffnete Avantgarde, die dazu bestimmt ist, die Verteidigungskräfte des Staates zu zerstören, muß sich einer höheren Disziplin unterstellen. Die Freiwilligenkorps haben sich niemals durch diese Tugend ausgezeichnet. Sie sind nach einem Fehlschlag ebenso schwierig bei der Stange zu halten wie nach einem errungenen Erfolg und erliegen ebenso schnell der Panik wie der Begeisterung.

Hier geht es nicht darum, festzulegen, ob man im Dienst Pfeife rauchen darf oder nicht oder ob man mit durchgestreckten Fingern zu salutieren hat, sondern um das Wesen der Disziplin als moralische Haltung, die man nicht in einem einzigen Tag erwerben kann. Disziplin heißt keineswegs schweigen, wenn ein Befehl erteilt wird, und ihn so ausführen, daß die Verantwortung immer auf den Befehlenden zurückfällt und daß man niemals in Mitleidenschaft gezogen wird. Disziplin heißt bereit sein, selber Verantwortung zu übernehmen, um das auszuführen, was von einem verlangt wird, und zwar immer im Geiste des erhaltenen Befehls. Disziplin heißt also nicht, rein mechanisch »ja« zu sagen, sondern sich die Absichten der Führer zu eigen zu machen und sie nach besten Kräften zu unterstützen. Es wird also kein passiver Gehorsam verlangt, sondern ein intelligenter und aktiver Gehorsam. Jede Initiative ist nützlich, wenn sie der Ausdruck eines persönlichen Willens ist, der sich den Führerabsichten untergeordnet hat. Hingegen sind Initiativen schädlich, die trotz Heldentum diesen Absichten zuwiderlaufen.

In einem Aufstand ist Gehorsam schwierig. Denn schließlich muß man hier inmitten unvorhersehbarer Umstände und Gefahren einem Feind gegenübertreten, der nur gezwungenermaßen Feind ist. Nur eine sinnvolle und entsprechende Ausbildung kann militärischen Gehorsam zur Gewohnheit machen. Disziplin ist also von fundamentaler Bedeutung – als Mittel zum Zweck, nicht als Selbstzweck. Andernfalls schafft man Marionetten, aber keine revolutionären Kämpfer.

Disziplin ist ein Kaderproblem. Die Disziplin der einzelnen Abteilungen hängt vom persönlichen Wert der Führer ab. Tüchtigen Führern entsprechen auch disziplinierte Abteilungen von entsprechender Einsatzbereitschaft und Durchschlagskraft. Sind die Führer unfähig, so lösen sich auch ihre Abteilungen auf. Das ist die nackte, unabänderliche Realität im Kriege wie im Aufstand. Foch kommentierte das Verhalten des V. Armeekorps, das aus Mangel an Disziplin die Niederlage von Vionville im August 1870 verursachte: »Verantwortlich dafür ist das V. Korps, wenn man Kommando und Truppe gleichsetzt; ungerechtfertigt hingegen wäre dieses Urteil, wenn man, wie es der Wahrheit entspricht, behauptet, daß stets die Generäle die Schlachten verlieren und nicht die Truppen.« Stalin hat nach fünfzehn Jahren revolutionärer Erfahrung unter den schwierigsten Umständen von den Offizieren des sowjetischen Heers gesagt: »Die Kader entscheiden über alles.«

Die Truppen entsprechen ihren Kommandeuren, und die Masse wird zu dem, was ihre Führer aus ihr machen.

Die Intellektuellen spielen eine ausschlaggebende Rolle in der Ausbildung der Kader. Ihr Beitrag ist unerläßlich. Ohne sie würde das Proletariat, auch wenn es siegt, wieder der Sklaverei verfallen. Es ist aber auch Tatsache, daß sich die Intellektuellen am meisten gegen die erforderliche Disziplin sträuben. Ein Großteil von ihnen betrachtet sich immer noch als eine Art privilegierter Aristokratie, die eigentlich ein natürliches Anrecht darauf hat, in olympischen Sphären zu leben. Diese Anmaßung basiert auf einem Rest Saint-Simonismus, demzufolge die Intellektuellen eine eigenständige Klasse sind, die dank ihrer geistigen Unabhängigkeit dazu ausersehen ist, der Menschheit als Führer im Fortschritt zu dienen.

Heute bilden die Intellektuellen jedoch weder eine eigene Klasse, noch sind sie eine autonome Kategorie mit eigenen Wesensmerkmalen. Sie sind in allen Schichten zu finden; einige ruhen in sich selber, andere unterstützen das Regime der Bourgeosie, aber es gibt auch solche, die Seite an Seite mit dem Proletariat gehen. Es gibt keinen Archetypus des Intellektuellen. Auch die These der Sozialisten und der Kommunisten vom Anfang des 19. Jahrhunderts entspricht nicht mehr den Tatsachen. Owen und Cabet glaubten an die Möglichkeit, die wirtschaftliche, politische und geistige Versklavung der Massen auszumerzen, und an eine sich daraus ergebende Umwandlung der Gesellschaft, die von weisen Erziehern und Philantropen, also Intellektuellen, als einziger erleuchteter Avantgarde bewerkstelligt würde. Diese These wurde von einem italienischen Schriftsteller übernommen, der diesen »über den Klassen stehenden« Abkömmlingen des Mittelstands oder Intellektueller das Privileg einräumt, das Gute und das Schlechte sehen zu können, weil sie an den Tageskämpfen unbeteiligt sind und daher die Mitte halten können. Ihnen gebühre daher das Recht, die in Umwandlung begriffene Gesellschaft anzuführen. Vor etwa zweitausend Jahren hat Konfuzius, der, wie Marx sagen würde, ein utopischer Sozialist vergangener Zeiten war, den Literaten alle Tugenden zugeschrieben – nur sie könnten die Welt mit offenen Augen sehen.

Unglücklicherweise gibt es weder weise Erzieher und Philantropen, noch weise Über-den-Klassen-Stehende oder überkluge Literaten und Intellektuelle. Die Universitätsprofessoren der Gegenwart, die jene

Konfuzius und seinen Schülern so teure unbefleckte Phalanx absoluter Weisheit hätten bilden sollen, sind zur Nachhut der fortschreitenden Menschheit geworden. In Italien hat die patentierte Weisheit Pleite gemacht – an ihrer Spitze die Pädagogen und Philosophen.

Kurz und gut: Der Intellektuelle möge seinen Hochmut, seine anmaßende Weisheit aufgeben und Stellung beziehen: entweder für die Freiheit oder gegen sie, für das Volk oder gegen das Volk. An der Seite der reaktionären Bourgeoisie fühlt er sich als Bourgeois und Reaktionär, und seine Qualitäten als Intellektueller geraten ins Hintertreffen; an der Seite des Proletariats wird er zum Proletarier, steht für dessen Sache ein und spricht als Proletarier, nicht als Intellektueller. Die Zwischenschicht jener Intellektuellen, die sich nicht für eine Seite entscheiden, die weder Fisch noch Fleisch sind, sind arme temperamentlose Teufel und richten sich zuletzt so gut wie möglich dort ein, wo ihnen ein Plätzchen an der Sonne winkt. Oder aber sie werden große und stolze Einsame, wie manche Junggesellen, die aus tiefem Haß gegen die Ehe ledig geblieben sind.

Wer aber die Sache des Volkes zu der seinen macht, muß sich auch dessen Willen und Disziplin unterwerfen. Und so werden sie Revolutionäre.

Aufstand und Heer

Die Rote Garde, die den Angriff gegen die Streitkräfte des Staates ins Rollen bringen muß, sollte vorher alles nur Denkbare versuchen, um diese Streitkräfte zu zersetzen und für die Sache der Revolution zu gewinnen. Diese Propagandaaktion bedarf einer besonderen Vorschulung und muß von geeigneten Mitgliedern der Roten Garde bewerkstelligt werden. Sie muß in erster Linie politischer Natur sein. Wollte man diese Propaganda auf höheren Soldforderungen aufbauen, als ob die Soldaten ihr ganzes Leben in Kasernen zu verbringen hätten, so wäre sie von geringem praktischem Wert. Diese Art Propaganda mag für China geeignet gewesen sein, wie es den Anschein hat, kann aber auf keinen Fall für europäische Heere taugen. Es ist kaum anzunehmen, daß ein Regiment meutert, weil es pro Tag um 200 Gramm Kartoffeln oder Fleisch pro Mann mehr haben will. Wenn man dem Film Glauben schenken will, dann ist auf dem Panzerkreuzer *Potemkin* die Meuterei ausgebrochen, weil die Matrosen kein verdorbenes Fleisch mehr essen wollten. Das kann man jedoch nicht verallgemeinern. Wegen schlechten Essens bricht nicht gleich eine Revolte aus, auch wenn seinerzeit die Janitscharen ihre Meutereien stets dadurch ankündigten, daß sie den Menagetopf umwarfen. Das hieße die menschliche Psyche verkennen, die hinsichtlich des Lebens und des Todes von unwandelbarer Einfachheit und Klarheit ist. Eine Revolte kann einen Soldaten das Leben kosten. Er wird also lieber einen knurrenden Magen ertragen, als ein solches Risiko einzugehen. Dieses Argument mag trivial erscheinen, aber in solchen Dingen ist wenig Raum für Poesie – wenn man überhaupt etwas Poetisches daran finden kann, daß man das Leben riskiert, nur um 200 Gramm mehr Lebensmittel zu erhalten. Im Krieg haben ganze Abteilungen gemeutert, aber nur weil sie hofften, eine gegenwärtige und konkrete Gefahr – etwa einen Angriff gegen Schützengräben, die durch Maschinengewehre und feste Drahtverhaue gesichert waren – gegen eine zukünftige, nicht unbedingt gegebene Gefahr eintauschen zu können. Es gab keine Meutereien um mehr Brot oder aus ähnlichen Beweggründen. Wenn man, wie es einige revolutionäre Parteien tun, für die Abschaffung des Kasernenzwanges, der Disziplinarstrafen, des Salutierens oder für das Recht, in Zivil zu gehen oder subversive Zeitungen zu abonnieren, agitiert, so gleitet dadurch – milde ausgedrückt – die Propaganda ins Groteske. Derartige und ähnliche Forderungen sind in den Grundsatzerklärungen des VI. Kongresses der Kommunistischen Internationale enthalten. Die Tatsache etwa, daß ein Regiment die Abschaffung der Dienstpflicht bei der Wehrmacht verlangt, würde nur beweisen, daß es bereits so zerrüttet ist, wie man durch die Agitation erreichen, wollte. Dann braucht man keine Agitation mehr, oder man müßte sie auf ernstere Anliegen abstellen.

Die Zeiten sind endgültig vorbei, da man zu einer militärischen Dienstpflicht von zehn Jahren oder mehr gezwungen werden konnte. Heute steht ein Staatsbürger nur wenige Monate unter den Waffen. Er bleibt also Arbeiter, Bauer, Handwerker oder Angestellter. Sein Interesse gilt mehr seinem Beruf oder seinem Handwerk, und damit seinem künftigen sozialen Status, als einer Reihe vorübergehender Einschränkungen. Er wird daher viel mehr für ernste politische Propaganda übrig haben, die die Einsichten über die Unterdrückung der Arbeiterklasse durch den Kapitalismus vertieft und den Weg zur Freiheit aufzeigt, als für Spitzfindigkeiten einer Agitation, die sich nur mit dem Kasernenleben befaßt.

Anderseits darf man sich auch keinen Illusionen über die Ergebnisse einer solchen Propaganda in ruhigen Zeiten hingeben. In revolutionsträchtigen Ländern, in denen die Bildung einer Roten Garde und zersetzender Einfluß auf die staatserhaltenden Kräfte möglich sind, kann jeder Versuch in dieser Richtung nur dann wirksam und erfolgreich sein, wenn sich die politische Krise verschärft. Zeiten der Beharrung sind auch Zeiten der Ruhe in Ländern mit normalen demokratischen Freiheiten. In solchen Zeiten ist die militarisierte Jugend in den Kasernen für Propaganda ebenso empfänglich wie der Rest der Nation, denn die Jugend ist ja nur ein Teil eben dieser Nation. In den vergangenen zehn Jahren sind zum Beispiel die Möglichkeiten für eine revolutionäre Propaganda innerhalb des italienischen Heeres nicht besser gewesen als in England, falls dort eine imaginäre revolutionäre Partei versucht hätte, im Heer Propaganda zu betreiben.

Noch eine weitere allgemeine Ansicht bedarf der Korrektur, nämlich daß die Offiziere in einem Heer böswillige Henkersknechte sind, gegen die man deren Opfer, die Soldaten, aufhetzen kann. Die besten europäischen Heere, und darunter das italienische, haben im allgemeinen ausgezeichnete Offiziere, die die Hochschätzung und Zuneigung ihrer Soldaten zu gewinnen verstehen. Es fällt ihnen daher nicht schwer, eine Atmosphäre zu schaffen, die zwar keine militärische Mystik aufkommen läßt, aber doch von Disziplin getragene, freundliche zwischenmenschliche Beziehungen. In normalen Zeiten wäre es daher vergebliche Liebesmühe, zwischen Mannschaft und Offizieren Haß säen zu wollen. Der Mechanismus der militärischen Organisation und des Soldatenlebens ist ernster zu nehmen, als Außenstehende glauben.

In revolutionären Situationen sieht die Sache anders aus. Wenn das Volk in Aufruhr ist, werden die Soldaten von den gleichen Gefühlen mitgerissen, selbst wenn das Heer keine eigenen Beweggründe für eine Revolte hat, wie es in Kriegszeiten der Fall sein kann. Dann ist politische Agitation in den Truppenteilen von großer Wirksamkeit. Die

Soldaten sind meist Bauern und Arbeiter, die man dem Land nicht entfremden kann. Dann ist der Augenblick für eine weitreichende revolutionäre Agitation gekommen, die sich auf gefühlsbetonte und politische Motive gründen muß.

Heutzutage ist ein Heer nicht mehr wie seinerzeit in den Dynastiestaaten (bis zum 18. Jahrhundert) eine Art Privatbesitz einzelner, seit der Französischen Revolution sind die Heere in Europa allmählich zu großen nationalen Einheiten geworden. Die Erfordernisse der modernen Kriegsführung haben die allgemeine Wehrdienstpflicht nötig gemacht, der sich niemand entziehen kann. Heute ist das Heer die Masse. Wenn mehrere Jahrgänge einberufen werden oder gar eine Allgemeinmobilisierung stattfindet, dann wird das Heer zur Masse mit den gleichen Unzuträglichkeiten, den gleichen Bestrebungen, dem gleichen Bewußtsein. Dann läuft die Geschichte schneller ab. Das Heer wird zur Avantgarde der Revolution. Die alten Regime, Feinde des Volkes, brechen zusammen wie Kartenhäuser. So war es 1917 in Rußland und kurze Zeit auch in den beiden anderen großen Kaiserreichen Europas.

»Eine durcheinander wogende Menschenmenge mit roten Fahnen taucht am Ende der Brücke am rechten Ufer der Newa auf, während ein Regiment von der anderen Seite angestürmt kommt. Ein Zusammenstoß scheint unvermeidlich. Doch beide Menschenmengen verschmelzen miteinander. Das Heer macht gemeinsame Sache mit der Revolte!« So beschreibt Maurice Paléologue den Beginn der Februarrevolution auf der Alexanderbrücke, die er von einem der Fenster des Botschaftsgebäudes beobachten konnte. Die Masse, die vom rechten Flußufer heranrückte, waren die Arbeiter des Stadtteils Wyborg, die anderen das Wolhynische Regiment.

Der Botschafter sah beim Potemkin-Palast mehr und Schlimmeres. »An der Spitze marschierten die Kosaken der Eskorte, stolze Reiter, die hochmütige und privilegierte Elite der Kaiserlichen Garde. Dann folgte das Regiment Seiner Majestät, die heilige Legion, die aus den Gardekorps ausgesucht wird und der vor allem der persönliche Schutz des Herrscherpaares obliegt. Ihnen schloß sich noch das Eisenbahnerregiment Seiner Majestät an, das die kaiserlichen Züge zu führen und für die Sicherheit der reisenden Souveräne zu sorgen hat. Der Aufzug endet mit der Polizei der kaiserlichen Paläste, ausgesuchten Leibwächtern, die für die Bewachung der kaiserlichen Residenzen im Innern zuständig sind und damit am intimen Familienleben ihrer Herren Tag für Tag teilnehmen. Und sie alle bezeugen ihre Ergebenheit für das neue Regime, dessen Namen sie nicht einmal kennen...« Der republikanische Botschafter sieht vor seinem geistigen Auge die Bataillone von Faubourg Saint-Antoine und Saint-Marcel im Jahre 1792: »Betrübliches Schauspiel und beschämende Episode.« Es war eine wahre Sturmflut. Das alte Regime hatte keine Verteidiger mehr.

Im Außenministerium begleitete ein äthiopischer Kammerdiener des Zaren mit tränenerfüllten Augen den Botschafter. Auch ein Republikaner muß seinen Gleichmut nicht stets bewahren. »Ich richtete einige Worte des Trostes an ihn und drückte ihm die Hand.« Der Äthiopier und der französische Botschafter reichten sich in stummem Schmerz und Einverständnis die Hände.

Das revoltierende Heer beschleunigte das Tempo der Revolution. Ohne das Heer wäre der Oktoberaufstand unvorstellbar gewesen. Das gleiche gilt auch für die Kriegsmarine.

Eine Wiederholung der Umstände von 1917 in Rußland ist nicht denkbar. Doch die Heere werden sich niemals, wenn auch in viel begrenzterem Umfange, dem Einfluß der öffentlichen Meinung entziehen können. Das deutsche, das bulgarische und das österreichische Heer blieben dem Volksaufstand gegenüber unempfindlich, weil sie Söldnertruppen aus längerdienenden Freiwilligen waren. Sie bestanden aus Reaktionären oder aus Bedürftigen, die glücklich waren, mit einem als Privileg geltenden Sold dienen zu können. Daher hatten sie auch keine Verbindung zum Volk, gegen das man sie einsetzte und dem gegenüber sie stets große Rohheit hervorkehrten. Dennoch gab es auch unter ihnen manch ernste Revolte. Im Oktoberaufstand 1923 widersetzten sich die Matrosen des Kreuzers *Hamburg* dem Befehl zum Marsch gegen die Aufständischen. In andere Heere jedoch, selbst in jene, die nach den offiziellen Berichten als treu ergeben galten, hat der Volksaufstand so manche Bresche geschlagen.

In Spanien kam es während des Aufstands von 1934 zu mehr als einer Meuterei der Luftwaffe. In Barcelona und in Oviedo verhielten sich die Garnisonen den Aufständischen gegenüber unnachgiebig, was aber der Schlappheit, Unentschlossenheit und Unfähigkeit im Vorgehen der Aufständischen zuzuschreiben ist. Die Soldaten konnten in Barcelona auch kaum gemeinsame Sache mit den Aufständischen machen, weil diese davor zurückschreckten, sich zu erheben. Man kann nicht verlangen, daß sich das Heer einem Aufstand anschließt, an dessen Erfolg nicht einmal die aufständischen Hauptakteure glauben. Wer den General Batet für das Scheitern des Aufstands verantwortlich machte, war auch Befürworter von Aufstandserklärungen, in denen die Forderung gestellt wird, daß Volksaufstände von Divisions- und Armeekorpskommandanten befehligt werden müssen. General Batet, der der Madrider Regierung und nicht dem katalanischen Staat unterstand, handelte als Soldat und nicht als Verschwörer. Als Militär war er untadelhaft. Wäre ein ihm ähnlicher Führer in Katalonien und in Asturien an der Spitze des Aufstands gestanden, hätte sich die Regierung Lerroux-Gil Robles einer ernsthaften Gefahr gegenübergesehen. Batet war mit außergewöhnlicher Entschlossenheit zum Angriff übergegangen. Nur so kann man offensiv werden. Angesichts der erdrückenden Übermacht des Gegners hätte er sich nämlich defensiv verhalten und sich gleich der Garnison von Oviedo verschanzen und abwarten können. Dank seinem blitzartigen Erkennen der gegnerischen Unfähigkeit kehrte er die Situation um, und das Heer der Aufständischen löste sich auf wie jenes von Xerxes.

Wie hätte in Oviedo die Garnison daran denken können, zu den Aufständischen überzugehen, wenn diese selber nicht recht wußten, ob sie sich nun im Aufstand befanden oder nicht? Das Proletariat der Hauptstadt Asturiens vertat drei Tage damit, in den Straßen umherzuziehen und darauf zu warten, daß die Bergarbeiter der Umgebung die Kastanien für die wohlverdienten Bürger der Stadt aus dem Feuer holen würden. So besetzte die Garnison die wichtigsten Gebäude und wartete auf die Verstärkungen von seiten der Regierung. In der Zwischenzeit leistete sich die Garnison etliche Streiche, wie die Razzia gegen die Arbeiterzeitung *Avance* und gegen das Volksheim mit dazugehöriger Brandlegung. Angesichts der Teilnahmslosigkeit der Stadt zeigten sich die Garnisonschefs unerbittlich. Es genügte aber, daß die Bergarbeiter in die Stadt zogen und sich in der Umgebung der Pelayokaserne sehen ließen, daß die 890 darin verschanzten Soldaten und Offiziere daran dachten, sich den Aufständischen anzuschließen. Das behauptete wenigstens General Lopez Ochoa. Die Waffenfabrik leistete nur zum Schein Widerstand. Die Regierung machte sich berechtigterweise ernsthafte Gedanken wegen der Anziehungskraft des Aufstands auf das Heer. Auf dem Kreuzer *Libertad* wurde gemeutert. Das 3. Ausländerregiment und die marokkanischen Truppen wurden gegen Oviedo eingesetzt, weil die Regierung glaubte, sich auf die nationalen Truppen nicht verlassen zu können.

Nationale Heere sind für reaktionäre Regierungen unbekannte Größen.

In ruhigen Zeiten kann man in ihnen jedoch nur kleine Zellen einrichten, die im gegebenen Moment in der Lage sind, zwischen den Aufständischen und den einzelnen Truppenabteilungen Verbindung herzustellen. Das bedeutet schon viel. Innerhalb des Offizierskorps – Berufsoffizieren oder Reservisten – wird man bestenfalls einzelne für die Sache gewinnen können, was aber für den Nachrichtendienst wichtig werden kann. Unter den Soldaten ist es weniger schwierig. Man wird vor allem trachten müssen, Leute mit Eigeninitiative entsprechend politisch zu schulen. Wenn die Stunde des Aufstands schlägt, werden sie große Dienste leisten können. Dann muß die Aktion zur Gewinnung der einzelnen Abteilungen ins Rollen kommen. Die Kommunisten von Reval schickten neun Mann des 2. Bataillons der Aufständischen zum 10. Infanterieregiment, damit dieses gemeinsame Sache mit ihnen mache. Dieses war bereits geneigt dazu. Doch die neun Männer waren lauter unbekannte Arbeiter, ohne Autorität. Ihre Anwesenheit hat mehr geschadet als genützt. Ganz anders handelten die Bolschewisten im Oktober, um die noch feindlich gesinnten Abteilungen der Peter-und-Paul-Festung für sich zu gewinnen. Zur internen Versammlung aller Truppenkontingente der Festung am 23. Oktober entsandte das Militärische Revolutionäre Komitee Trotzki, den Präsidenten des Petersburger Sowjets, ferner Lenin, den am stärksten im Blickfeld der Massen stehenden Mann, der auf die Truppen der Hauptstadt ungeheuren Einfluß hatte. Sicherlich war es ein gewisses Risiko, diesen Trumpf auszuspielen. Trotzki betrat waffenlos feindliches Gebiet. Doch die persönliche Ausstrahlung des Agitators führte zum Erfolg, und alle bisher noch feindlich gesinnten oder neutralen Abteilungen erklärten sich für die Sowjets und für das Militärische Revolutionäre Komitee. Trotzki wurde tags darauf ausgeschickt, um ein Bataillon Motorradfahrer zu gewinnen, das allein der Versammlung vom 23. Oktober ferngeblieben war. Auch sie gingen dann zu den Sowjets über. Wenn Companys in Barcelona ebenfalls eine solche revolutionäre Führerpersönlichkeit gewesen wäre und alles auf eine Karte gesetzt hätte, statt zu versuchen, General Batet auf telephonischem Wege zu überzeugen, dann hätte er unter Einsatz seiner ganzen Autorität gewagt, zu den in der Kaserne versammelten Truppen zu sprechen. Höchstwahrscheinlich wäre Batet dann zu einem General ohne Divisionen geworden, so wie sich der Kommandant der Peter-und-Paul-Festung plötzlich seiner Kosaken und Kraftfahrer beraubt sah. Für die katalanische Linke war die Lage in Barcelona kaum ungünstiger als jene der Bolschewisten im Oktober 1917 in Leningrad. Im Heer ist zwar die Disziplin groß geschrieben, aber es kämpft höchst ungern gegen einen Volksaufstand.

Man braucht jedoch nicht zu glauben, daß ein Aufstand unmöglich sei, wenn das Heer in sich geschlossen und feindlich gesinnt bleibt. Der Krieg hat ein für allemal schlagend bewiesen, daß selbst ein kräftig von Artillerie unterstütztes Heer nicht unbesiegbar ist. Selbst ganz geringer Widerstand reicht aus, um gewaltige Massen angreifender Streitkräfte lange Zeit aufzuhalten. Auch für Berufssoldaten ist ein Aufstand kein Kinderspiel, sondern etwas ganz Neues. Es kann vorkommen, daß die Soldaten bei weitem weniger sicher sind als die Aufständischen, gerade weil sie zum erstenmal erfahren, daß ein Krieg nach Kasernenmuster und Dienstvorschrift etwas ganz anderes ist als der nackte Kampf in den Straßen gegen einen feindlich gesinnten Volkshaufen. Wenn zu Beginn eines Aufstands objektiv und subjektiv günstige Umstände herrschen, kann er von keinem Heer aufgehalten werden. Das Mailänder Volk wagte es 1848, das wohlformierte, disziplinierte österreichische Heer, das unter dem Kommando eines der besten Feldherrn des Kaiserreichs stand, anzugreifen. Es schlug dieses Heer in den Straßen der Stadt – unter Verlusten von 4000 Gefallenen – und zwang es, Mailand und die Lombardei zu räumen. »Wollen Sie denn, meine Herren«, hatte kurz zuvor ein Parlamentär des Feldmarschalls Radetzky zu den Anführern der Aufständischen gesagt, »daß ein Feldmarschall, der über Kavallerie und Artillerie verfügt, sich vor den Bürgern einer Stadt zurückzieht?« Dennoch mußte er es tun. Die nur mit Stöcken ausgerüstete Gruppe des Luciano Manara, die Barrikaden aus Möbeln und zusammengerollten Reisigbündeln errichtet hatte, eroberte die Porta Tosa gegen 2000 Verteidiger und sechs Kanonen. Eine Woge des Heldentums hatte die Stadt erfaßt. Wenn ein Mann aus einem Fenster blickte, schrie das Volk, der Platz für Männer sei draußen auf der Straße. Junge Leute kamen von allen Ecken und Enden, bewaffnet mit Pistolen, Säbeln und Stöcken.

Im Ruhraufstand 1920 war die Reichswehr geschlossen gegen die aufständischen Arbeitermassen vorgegangen. Es gab keinen einzigen Überläufer. Dennoch waren die Aufständischen ungefähr einen Monat lang die Herren in Westfalen und im Rheinland. Dortmund wurde von der roten Armee im Sturme genommen und mußte kapitulieren. Das meistgehaßte Korps der Reichswehr, unter dem Kommando von General Lützow, das etwa einer italienischen Division entsprach, wurde allen Geboten der Klugheit und Vorsicht zum Trotz von den Arbeitern Westfalens angegriffen und geschlagen. Es mußte sich nach schweren Verlusten zurückziehen und hinterließ 1500 Gefangene. Essen, dessen Garnison über alle modernen Verteidigungsmittel verfügte, wurde nach blutigen Kämpfen besetzt. Die Reichswehr mußte aufgeben. Sie sah sich ihrer Bewegungsfreiheit gänzlich beraubt und aus den bedeutenden Zentren vertrieben, und so war sie machtlos gegenüber dem Bürgerkrieg, der zwischen Rhein und Ruhr immer mächtiger wogte. Nur ein allgemeiner Rückzug konnte die Reichswehr noch retten. Sie sammelte sich in Wesel. Die Überlegenheit ihrer Kader war ihre Rettung, denn sie konnte ihre Gefechtsformationen während der ganzen Zeit über bewahren und mußte nur einige Kanonen, Hunderte Maschinengewehre und Tausende Gewehre auf der Walstatt zurücklassen. Die militärischen Hauptleute der Aufständischen waren Laien, und daher konnte in Westfalen und im Rheinlande kein gemeinsames Vorgehen der Aufständischen verwirklicht werden. Hätten die Streitkräfte der Aufständischen ein entschlossenes und fähiges Kommando gehabt, wäre die Gegenoffensive der Reichswehr nur mit weit größeren Truppenkontingenten möglich gewesen.

In Österreich hätte der Aufstand unter der Leitung des Schutzbundes den Sieg davongetragen, unbeschadet der Regierungstreue des Bundesheeres, wenn die politischen Führer die Revolte im richtigen Augenblick zum Ausbruch gebracht hätten, statt sie in letzter Verzweiflung über sich ergehen zu lassen. Wir kommen noch darauf zurück.

Auch in Spanien hätte das Heer nicht ausgereicht, um den Aufstand von 1934 zu unterdrücken, wenn weniger Fehler begangen worden wären. Nach den republikanischen Reformen war das spanische Heer gänzlich neu gestaltet und von der Politik ferngehalten worden. Budgeterfordernisse und ein geringeres Engagement in der internationalen Politik hatten es auf acht Divisionen Infanterie zu je zwei Brigaden dezimiert. Die Brigade umfaßte zwei Regimenter und diese wieder zwei Bataillone. Dazu kamen auf jede Division eine Schwadron Kavallerie und eine Brigade leichte Feldartillerie mit zwei Regimentern. Die unabhängigen Kavalleriedivisionen hatten insgesamt zehn Regimenter. Das Heer hatte zur Zeit der Revolte auf der Halbinsel nur 100.000 Mann unter den Waffen, da die Kolonialkontingente aus lauter Freiwilligen bestanden. Wenn man dazu noch die Guardia Civil und die Carabinieri rechnet (die Sturmgarde war eher für den Aufstand), so verfügte die Regierung über nicht mehr als 130.000 Mann Streitkräfte, die auf die acht wichtigsten Regionen verteilt waren. Ihnen konnte die Arbeiterbewegung 2,5 Millionen Mann entgegenstellen, einschließlich der Sozialisten, Kommunisten, Anarchisten und Trotzkisten mit ihren gewerkschaftlichen und politischen Organisationen. Die sozialistische Partei umfaßte allein 90.000 Mitglieder, und der Allgemeine Arbeiterverband zählte 1,300.000 Arbeiter und 500.000 Bauern. Die Sozialistische Jugend hatte 40.000 eingeschriebene Mitglieder. Die Kräfte des Staates sahen sich also einem Gegner gegenüber, der ihnen zahlenmäßig mindestens zehnmal überlegen war, worin die Anarchisten und die vielen kleinbürgerlichen Elemente nicht mitgezählt sind, die bei entschlossener Führung des Aufstands, trotz der Zurückhaltung oder gar Feindseligkeit ihrer politischen Führer, zuletzt doch noch zu den Waffen gegriffen hätten. Alle diese Kräfte waren nicht kampffähig, nicht angriffsbereit, und doch hat der Aufstand in Asturien gezeigt, welch gewaltigen Einfluß ein erster großer Erfolg auf die breite Masse haben kann.

Die Macht eines Heeres ist äußerst ernst zu nehmen, darf aber auch nicht überschätzt werden. Einige Waffengattungen sind einem Aufstand gegenüber so gut wie nicht existent. Kavallerie kann in den Straßen einer Stadt nicht eingesetzt werden – sie kann leicht aufgehalten werden. Zu Fuß ist sie unnötig. Pioniere sind für bestimmte Aufgaben besser tauglich als andere Waffenarten, nur ausnahmsweise können sie als Kampftruppen eingesetzt werden. Von der Artillerie kann nur die Feld- und Gebirgstruppe Verwendung finden. Nur die Infanterie ist zu fürchten, doch ist sie zahlenmäßig unterlegen. Trotz guter Organisation vermag ein Heer in Friedenszeiten, selbst in den militaristischsten Ländern, seine volle Stärke nicht auszuspielen, wie es seiner Papierform entspräche. Sonderaufträge und Wachtposten reduzieren jedes Regiment auf die Hälfte seiner Effektivstärke – und nur mit dieser muß ein Aufstand rechnen. Bricht ein Aufstand im günstigsten Augenblicke aus und verfügt er über eine gut ausgebildete Rote Garde, dann braucht man sich wegen dieser Effektivbestände keine grauen Haare wachsen zu lassen.

Beachtenswert wird ein Heer nach einer allgemeinen Mobilisierung oder nach Einberufung mehrerer Jahrgänge, wenn es Kriegsstärke erreicht. Nur in diesem Falle sind Mannschaften und Kader vollzählig. Ist der Aufstand aber einmal ausgebrochen, wird jede ordnungsgemäße Mobilisierung hinfällig – ausgenommen ein Aufstand ist auf ein zu kleines Gebiet beschränkt oder bereits am ersten Tag fehlgeschlagen. Die Regierung Tsaldaris-Condylis konnte im griechischen Aufstand vom März 1935 die Mobilisierung anordnen, da die Aufständischen bloß auf der Insel Kreta und an der thrakischen Grenze bewaffnet waren. Vor allem aber handelte es sich um keinen wahren Aufstand, sondern um eine Revolte, die sich auf einige Heeresgruppen beschränkte und notdürftig von einigen Arbeitergruppen unterstützt wurde. Eine Mobilisierung setzt besonders das normale Funktionieren aller Dienstleistungen, vor allem des Transportwesens voraus. Fällt ein Aufstand mit einem Generalstreik zusammen, wird das unmöglich. Im übrigen würde eine Generalmobilmachung in revolutionären Zeiten das Heer mit mehr als unzuverlässigen Elementen durchsetzen und letztlich den Aufstand ins Heer verpflanzen.

Defensive:
Der Aufstand des Schutzbunds

Zur zahlenmäßigen Überlegenheit gehört, daß man das Volk für sich gewinnt, daß Proletariat, Kleinbürgertum und Bauernschaft in den grundlegenden revolutionären Forderungen zusammenfinden, daß die bewaffnete Avantgarde für den Angriff ausgebildet wird, daß man die Sympathien des Heeres gewinnt und daß man mit dem ersten Erfolg die Unterstützung der Massen erlangt. Von grundlegender Bedeutung ist weiters die Offensive. »Handeln ist das oberste Gesetz des Krieges. Von allen Fehlern ist nur einer entehrend: die Untätigkeit.« Diese Worte stammen von Foch und nicht etwa von einem Romantiker.

Unter Offensive versteht man nicht nur die letzte Aktion, die den entscheidenden Angriff einleitet, sondern eine ganze Reihe von Handlungen, die zumindest in ihrer Bedeutung koordiniert sein müssen, während die eigentliche Offensive nur deren Abschluß ist. Sie läßt sich nicht an einem einzigen Tage ins Rollen bringen, sondern ist das Ergebnis einer intensiven und konstanten monate- und jahrelangen Vorbereitung auf dieses Ziel. Sie setzt sich nicht aus Einzelresultaten zusammen, sondern ist das Resultat von vielen siegreichen oder scheinbar fruchtlosen Bemühungen um ein und dasselbe Ziel. Der Bolschewistenaufstand begann nicht erst in der Nacht zum 25. Oktober, sondern bereits mit dem Februaraufstand. Er umfaßte die allgemeine bolschewistische Agitation im Lande und im Heer, den Kampf in den Sowjets, den Boykott des Vorparlaments und der Demokratischen Konferenz, das Scheitern des Juliaufstands, die Aktion gegen Kornilow, die Aufstellung der Roten Garde, das Militärische Revolutionäre Komitee, die große Demonstration vom 21. Oktober und, als Richtlinie, die revolutionäre Führung Lenins, die Tausende kleiner Parteigänger mitriß und das politische Gedankengut eines kleinen Kreises von Führern formte. Ein Aufstand beschränkt sich nicht auf den Kampf an einem einzigen Tag, auf eine großartige Feldschlacht, in der man gerne sein Leben aufs Spiel setzt. Um am Tage der entscheidenden Aktion alles auf eine Karte setzen zu können, muß man bereits zuvor manches riskiert haben. Um fähig zu sein, alles zu wagen, wenn es so weit ist, muß man sich vorher mit dem Wagemut vertraut gemacht haben. Die Grundlage der Offensive ist die Angriffspsychologie. Und darum wußten die großen Parteien der traditionellen Sozialdemokratie – die italienische und die deutsche sozialistische Partei – in dem Augenblicke, da sie hätten losschlagen sollen, nichts Besseres zu tun, als sich untätig einer Sachlage zu beugen, die ihnen als ungerechtes Schicksal erschien. Hier handelten eben Männer aus der Friedenszeit, die nur den Frieden kannten. Man wird nicht auf Befehl oder aus plötzlichem Entschluß kampfesfreudig.

Das gilt gleicherweise für die Führer wie für das Fußvolk. Die Offensive muß man mit einer fixen Idee und einer exakten Theorie betreiben, wie es Lenin im Oktober getan hat, und ihr nicht etwa mit Stoizismus begegnen, als wäre sie eine Art Selbstmord, den man resignierend begehen muß. Andernfalls geht man der sicheren Katastrophe entgegen, wie dies die österreichische Sozialdemokratie erlebt hat.

Im Krieg wie im Aufstand ist die Offensive das einzige Mittel, um den Sieg zu erlangen. Jede revolutionäre Organisation, bewaffnete Avantgarden und die Gunst der Massen sind nutzlos, wenn man nicht zum Angriff übergeht. Die Defensive kann wohl eine Phase im revolutionären Kampf, nicht aber das Kampfsystem schlechthin sein. Sie kann als taktisches Mittel während einer Stockung oder zum Zeitgewinn Anwendung finden, wenn die offensive Tätigkeit nachher wieder aufgenommen wird. Die Defensive kann den Feind aufhalten, ihn aber niemals besiegen. Ihre Resultate sind immer negativ. Sie führt früher oder später zur Niederlage. Das aufschlußreichste Beispiel bietet die österreichische Sozialdemokratie. Es lohnt sich, alle Phasen dieses Falles zu untersuchen.

Im November 1918 waren die Sozialdemokraten an die Macht gekommen, und zwar in einer Koalitionsregierung mit den bereits im Parlament vorhandenen Vertretern der deutschen Gebiete Österreichs. Die Sozialdemokraten bildeten eine Minderheit im Kabinett, doch der Zusammenbruch des Kaiserreichs brachte ihnen die Mehrheit im Land. Folglich lag die Regierungspolitik in ihren Händen. Daher macht man ihnen heute den Vorwurf, daß sie ihre Machtfülle nicht ausgenutzt und die revolutionäre Offensive zur Konstituierung einer sozialistischen Republik ergriffen haben. Der Vorwurf trifft ins Leere. Die sozialistische Partei war zur Gänze eine sozialdemokratische Partei, der die inneren ideologischen Gegensätzlichkeiten erspart geblieben waren, welche schon zehn Jahre vor Ausbruch des Kriegs die russischen Sozialisten in Menschewisten und Bolschewisten gespalten und aus den letzteren eine revolutionäre Partei mit dem Willen zum Aufstand gemacht hatten. Diese politische Sachlage war das unmittelbare Ergebnis der inneren Situation Rußlands, der gegenüber das österreichische Kaiserreich wie ein liberaler Staat anmutete. Wenn eine Fraktion der österreichischen sozialistischen Partei Ende 1918, Anfang 1919 revolutionäre Bestrebungen gezeigt hätte, so wäre gewiß in der Partei allgemeine Verwirrung ausgebrochen, ähnlich jener in der italienischen sozialistischen Partei in der Nachkriegszeit. Als dann in Italien Revolution und Teilnahme an der Macht unmöglich geworden waren, entstanden gegensätzliche Tendenzen, die die Kraft des Proletariats brachen und dem Faschismus den Weg freimachten.

In Österreich wäre damals eine sozialistische Revolution unmöglich gewesen, selbst wenn die Lage von einer revolutionären Partei wie 1917 von der bolschewistischen in Rußland beherrscht worden wäre. Die Wirtschaft der kleinen Republik stand vor dem Ruin und konnte nur mit Hilfe der Großmächte vor diesem bewahrt werden. Als Siegerstaaten konnten sie diktieren und sogar die Souveränität des Staats einschränken. Das von ihnen erlassene Verbot eines Anschlusses an Deutschland – obwohl die erste provisorische Regierung und das erste aus den Wahlen vom 16. April 1919 hervorgegangene Parlament ihn einstimmig gefordert hatten – ist ein Hinweis dafür, was geschehen wäre, falls die Pariser Friedenskonferenz in ihren Aufbauplänen für ein bourgeoises Europa von einer sozialistischen, von der Mehrheit des Landes gewollten Revolution gestört worden wäre. Die Alliierten hätten, um die Ordnung in ihrem Sinne wiederherzustellen, ein Heer gegen Wien in Marsch gesetzt, so wie sie das gegen Budapest getan haben.

1918 und 1919 waren in Österreich keine offensiven Aufstände zur Ergreifung der politischen Macht durch das Proletariat möglich. Dem sozialistischen Einfluß gelang es damals, die *Volkswehr* aufzustellen, eine 60.000 Mann zählende Volksarmee, mit ausgesprochen proletarischem Charakter, nach Art der Roten Armee Sowjetrußlands. Die Alliierten duldeten nicht einmal das. Der Vertrag von Saint-Germain gewährte Österreich ein kleines Berufsheer aus längerdienenden Freiwilligen. Die kleine Republik war zum Nachgeben gezwungen, und mit Gesetz vom März 1920 wurde die Volkswehr aufgelöst, an deren Stelle das Bundesheer trat. Die Sozialisten, denen es gelungen war, sich zusammen mit den damals noch nicht reaktionären Katholiken bis zu den Novemberwahlen 1920 an der Macht zu halten, konnten die republikanische und sozialistische Rekrutierung dieses Heeres vorerst sichern. Das galt auch für Polizei und Gendarmerie.

Die Katholiken ergriffen als führende Partei des konservativen Blocks die Macht und säuberten Bundesheer, Polizei und Gendarmerie. Darum wollten die Sozialisten mit eigenen Mitteln die Einrichtungen der Republik sicherstellen. Zwischen 1921 und 1923 wurde der *Schutzbund* aufgestellt – die größte bewaffnete Organisation, die das Proletariat jemals unter einem bürgerlichen Regime geschaffen hat. Er war auch als Gegenspieler der *Heimwehr* gedacht, der bewaffneten Organisation des ländlichen Bürgertums, die gegen Ende des Jahres 1918 gegründet worden war und von den an der Macht befindlichen Sozialisten wegen der katholischen Opposition nicht hatten aufgelöst werden können.

Der Schutzbund wurde schnell zu einer militärisch perfekten Formation. Er stand unter der Führung von Julius Deutsch, dem seinerzeitigen sozialistischen Minister in den Koalitionsregierungen, und des Generals Körner, des Exgeneralstabschefs des kaiserlichen Heeres und hervorragenden Offiziers der Monarchie – des Brussilow des österreichischen Sozialismus. Er hat auch die erste Formation des Bundesheeres organisiert. Wenn man sich vor Augen hält, daß die einzelnen Regierungen von 1921 bis 1934 mehr als 300 Maschinengewehre des Schutzbundes beschlagnahmt haben, kann man sich eine Vorstellung von dessen Bewaffnung machen. Waffen und Munition, die von Kriegsteilnehmern in den Wirren von 1918 behalten worden waren oder die sich Arbeiter und Bauern 1918 und 1919 aus den im Kriegsgebiet verlassenen Depots des kaiserlichen Heeres geholt hatten, dienten zur Bewaffnung des Schutzbundes, aber auch der Heimwehren.

Das österreichische Proletariat schien unschlagbar. Das Bundesheer durfte infolge der Einschränkungen im Vertrag von Saint-Germain und der alliierten Kontrollen bis 1933 nicht mehr als 30.000 Mann, einschließlich der Offiziere, umfassen. Die Bewaffnung war im Verhältnis zu diesen Effektivbeständen ebenfalls reduziert worden; schwere Artillerie, Panzer und Luftwaffe waren ausgeschlossen. Vormilitärische Ausbildung und jede Art von Mobilisierung waren untersagt. Die Erzeugung von Waffen und Munition war eingeschränkt. Angeworben durften nur Freiwillige werden, die sich auf mindestens sechs Jahre (Soldaten und Unteroffiziere) oder zwanzig Jahre (Offiziere) verpflichten mußten. Das Bundesheer bestand aus sechs gemischten Brigaden, dazu sechs Bataillone Radfahrer, vier Bataillone Jäger und ein selbständiges Artillerieregiment. Eine Brigade umfaßte zwei Infanterieregimenter, eine Artillerieabteilung, eine Schwadron Kavallerie und eine Kompanie Pioniere. Diese Truppenkontingente verteilten sich auf die neun Länder der Bundesrepublik – also nicht einmal eine Brigade pro Bundesland.

Der Aufbau des Bundesheeres wurde wiederholt modifiziert, doch ohne Änderung der Substanz. Man kann sagen, daß das Bundesheer im Februar 1934 noch die gleiche Gestalt aufwies. Erst Anfang 1933 wurde Österreich von den Großmächten zugestanden, daß es vorläufig auf die Dauer eines Jahres ein Ergänzungskorps junger Freiwilliger mit sechs Monaten Dienstverpflichtung anwerben dürfe. Die Effektivbestände dieses Korps mußten aber in den 30.000 Mann des Vertrags von Saint-Germain inbegriffen sein. Im September 1933, als Dollfuß seinen Staatsstreich bereits minutiös vorbereitete, wurden einheitliche Militärkommandos für jedes Bundesland geschaffen und das Bundesheer zusätzlich mit Panzerwagen, motorisierten Truppen und Kraftfahrerabteilungen ausgerüstet.

Die Heimwehren, die stets eine mit den Christlichsozialen verbundene Organisation geblieben waren, wurden schließlich in der Ära Dollfuß-Fey zur staatlichen Institution, die wie eine Hilfsgendarmerie besoldet und ausgerüstet wurde. Doch ihre militärische Durchschlagskraft war nie ernst zu nehmen, nicht einmal nach dem März 1933. Die Heimwehren hatten sich 1919 in den Zusammenstößen mit den Jugoslawen in Kärnten ausgezeichnet, zeigten aber dann Auflösungserscheinungen, so daß man bis 1927 nicht viel von ihnen hörte. Nach dem Volksaufstand vom 15. Juli 1927 in Wien ging das reaktionäre Bürgertum der Bundesländer zur Offensive über und reorganisierte die Heimwehren, ohne Kosten zu scheuen. Sie waren und blieben aber stets undisziplinierte Söldnerhorden ohne militärische Qualitäten, ähnlich den Abteilungen der italienischen faschistischen Miliz in den ersten Jahren nach dem Marsch auf Rom. Der Septemberputsch 1931 in der Steiermark bewies, daß sie träge Aufschneider waren, unfähig zu entschlossenem Vorgehen, wenn die Staatsmacht sie nicht deckte. Da sie keine politische und moralische Einheit bildeten, wurden sie stets Opfer von Intrigen und innerer Zwietracht.

Polizei und Gendarmerie als bewaffnete militärische Abteilungen fielen ebenfalls unter die vertraglich zugelassenen Effektivbestände. Diese Kräfte waren nicht immer antisozialistisch. Das Bundesheer bewahrte zehn Jahre lang seine ursprüngliche demokratische Prägung und war überwiegend prosozialistisch, unbeschadet aller reaktionären Umwandlungen auf Betreiben der klerikalen Regierungen. Bis 1930 hätte es ungesetzlichen oder von einer nicht verfassungsgemäßen Regierung erlassenen Befehlen niemals Gehorsam geleistet.

Diesen Kräften stand nun der Schutzbund gegenüber. Auch heute noch sind genaue Daten über zahlenmäßige Größe und internen Aufbau unbekannt. Seine Schlagkraft bewertete man jedoch weit höher als Bundesheer, Polizei, Gendarmerie und Heimwehren zusammengenommen. Auch in den für das österreichische Proletariat kritischsten Jahren 1933 und 1934 zählte der Schutzbund nicht weniger als 90.000 Mitglieder, davon 40.000 allein in Wien. Der Schutzbund der Bundeshauptstadt war somit der Gesamtheit des Bundesheeres überlegen. Er war ferner selektiv organisiert, dank vieler Waffenübungen und Manöver gut geschult und ausgebildet und hatte Sonderabteilungen wie ein modernes Heer. Versuchslaboratorien für Sprengkörper – eines entdeckte die Polizei am 4. Februar 1934 – sorgten statt der fehlenden Artillerie für Angriffs- und Verteidigungsmittel.

Hinter dieser bewaffneten Avantgarde standen neunzig Prozent des österreichischen Proletariats, alle wichtigen Städte, Wien mit zwei Dritteln der Gesamtbevölkerung, die modernsten Gewerkschafts- und Genossenschaftsorganisationen Europas und die beachtliche Anzahl von 600.000 Parteimitgliedern. Ein Wink im rechten Augenblick hätte genügt, und das Schicksal des Landes wäre von den Sozialisten gelenkt worden; es hätte nur eines Generalstreiks, der Mobilisierung des Schutzbundes und eines entsprechenden Angriffs bedurft. Der Schutzbund war stets offensiv; in den Zusammenstößen mit Polizei und

Heimwehren vor 1934 bewies er seine kämpferischen Fähigkeiten. Es gab keine inneren Zwistigkeiten, sondern einen edlen Wettstreit zwischen den Bundesländern, eine einzige politische Richtlinie und das Bewußtsein, die sozialistische Avantgarde des zivilisiertesten Proletariats der Welt zu sein.

»Es gibt keine Strategie, die uns lehren könnte, daß man den Sieg immer nur durch eine Offensive oder immer nur durch eine Defensive erringen kann«, schrieb Otto Bauer, der unbestrittene Führer der österreichischen Sozialdemokratie. Das ist ein grober Fehler. Erste und letzte Ursache der Niederlage des österreichischen Proletariats ist dieser Irrtum.

Die Forderung wäre anmaßend, daß die österreichische Sozialdemokratie um jeden Preis den Aufstand hätte beschließen sollen. Aufstand ist kein Sport. Im Linzer Programm aus dem Jahre 1926 hieß es, daß man nur dann den Weg der Demokratie verlassen werde, wenn Faschisten oder Monarchisten die demokratische Republik umstürzen wollen, wenn das allgemeine und gleiche Wahlrecht und das Recht der freien Meinungsäußerung abgeschafft wird, und wenn der Arbeiterklasse die Möglichkeit geraubt werden soll, mit den friedlichen Mitteln der Demokratie für die Umwandlung der Gesellschaft zu kämpfen. In offensive Strategie übersetzt heißt dies: Wenn wir auf Grund positiver Aktionen feststellen können, daß der Feind die Unterdrückung der demokratischen Republik vorbereitet und daß diese Gefahr unabwendbar unmittelbar bevorsteht, so werden wir ihm zuvorkommen und ihn angreifen, ehe er noch seine Absichten in die Tat umzusetzen imstande ist. Defensiv ausgedrückt heißt dies hingegen: Wenn der Gegner gegen uns einen Angriff plant, um die demokratische Republik abzuschaffen, so erwarten wir seinen Angriff und werden uns zu verteidigen wissen.

Es gibt heute in der ganzen Welt keine Militärschule, die behauptete, man könne den Sieg defensiv erreichen. Foch, der maßgeblichste aller modernen Heerführer, bestreitet, daß eine Defensive ein gutes Ende nehmen könnte. Die moderne Strategie befürwortet ausschließlich Offensivhandlungen, die nicht zu rasch ablaufen, aber nach einer unvorherzusehenden Kriegserklärung urplötzlich einsetzen. In Frankreich haben die Schüler Fochs Schützengräben nicht zur Verteidigung bauen lassen, sondern um die Mobilmachung zu ermöglichen und dann die Offensive zu ergreifen. In Deutschland ist die gesamte Kriegsschule auf Offensive ausgerichtet. In Japan hält man sich noch an die Lehren des Krieges von 1905. Rußland ist für die politische Defensive, wird jedoch in einem Konflikt zu seiner Verteidigung die kühnsten offensiven Maßnahmen ergreifen. In Italien hat das Buch des Generals Visconti-Prasca über die absolute Offensive Schule gemacht.

Selbst wenn es also zuträfe, daß man den Sieg nicht nur offensiv, sondern auch defensiv erringen kann – was keinesfalls zutrifft –, so sind doch die Führer der österreichischen Sozialdemokratie niemals offensiv vorgegangen. Sie haben nicht einmal die Wahl zwischen Offensive und Defensive erwogen, sondern haben sich gänzlich auf die Defensive eingestellt. Gewiß standen sie vor inneren und internationalen Schwierigkeiten, die in der politischen Geschichte der Nachkriegszeit ihresgleichen suchten. Hier sollen am grünen Tisch nicht leichtfertig Fehler kritisiert werden, die mit den Waffen in der Hand und unter Einsatz des Lebens bitter bezahlt worden sind; wir sind vielmehr auf der Suche nach Leitlinien für den revolutionären Kampf, und zwar im allgemeinen Interesse, nicht ex cathedra, nachdem man selbst tatenlos zugesehen hat.

Bis 1927 war die Republik, die zuerst eine Koalitionsregierung, dann eine Regierung des inneren Gleichgewichts und zuletzt eine den Sozialdemokraten feindlich gesinnte Regierung hatte, noch nicht in den Händen der Reaktion. Doch Monsignore Seipel, der zwar das Heer nicht faschistisch hatte machen können, hatte doch bereits die Bundespolizei reformiert. In der tragischen Nacht vom 15. Juli in Wien schoß diese Polizei wahllos auf die waffenlosen Arbeiter und hatte damit gezeigt, welches Gefühl sie und die Regierung aufbrachten. Die Massen waren von solch revolutionärer Erregung erfaßt, daß alles möglich gewesen wäre. Das Bürgertum war von Angst geschüttelt. Die Führer der sozialdemokratischen Partei konnten ihre Autorität geltend machen und die Gemüter beruhigen. Seipel, den die Arbeiter mit Leichtigkeit an einem Fensterbalken des Bundeskanzleramtes hätten aufknüpfen können, sagte sich danach, daß man Arbeiter – wenn sie auch dem weltbesten Proletariat angehörten –, die sich mit Maschinengewehren beschießen lassen, auch weiterhin straflos unter Beschuß nehmen kann. Er zeichnete die Polizei aus, verlieh den eifrigsten Führern Orden, sperrte die Arbeiterführer ein, die er am meisten für den Aufstand verantwortlich hielt, trommelte das Bürgertum aus Stadt und Land zusammen und entfesselte unbekümmert jene Offensive, die dann unter Dollfuß zum Staatsstreich vom 12. Februar 1934 führte.

Damals, gegen Ende Juli 1927, hätten sich die Führer der Sozialdemokratie genauer mit den Problem des Aufstands befassen sollen. Die Situation hatte sich radikal geändert. Die christlichsoziale Partei hatte nun nichts mehr mit den revolutionären Bauern von 1918 und 1919 gemein, die ihren Führern ein Bündnis mit den sozialistischen Fabrik- und Landarbeitern aufgezwungen hatten. Sie war mittlerweile zur Partei des städtischen und des besitzenden ländlichen Bürgertums geworden, die den Rest der alten verfallenden bürgerlichen Parteien in sich aufnahm. Ihre Führer redeten nun eine faschistische Sprache und priesen den Marsch auf Rom.

Die österreichische Sozialdemokratie bewaffnete den Schutzbund. Sie rüstete sich, im Gegensatz zum italienischen Sozialismus, der widerstandslos niedergeknüppelt worden war, für eine ruhmreiche

Niederlage. Doch Krieg ist ein militärisches und politisches, kein moralisches Problem. Die Heere wollen von ihren Führern zum Siege und nicht zu einer wenn auch noch so ehrenvollen Niederlage geführt werden.

Die Sozialdemokratie verteidigte sich.

Seipel, der an einem einzigen Tage an die hundert Arbeiter hatte töten und dreihundert verwunden lassen, war entsetzt über den »roten Terror«. Aus den in diesem Geiste vorbereiteten Wahlen ging der reaktionäre Block siegreich hervor. Das Proletariat war geschlagen: auf den Straßen mit Gewehrsalven und auch an den Wahlurnen. Als Krönung seines Siegs forderte das Bürgertum eine den Umständen entsprechende Bewaffnung. Und es bewaffnete sich tatsächlich unter dem Schutze der Regierung.

Als feierlichen Beweis ihrer legalen Absichten schlugen die Sozialdemokraten 1928 der Regierung eine bilaterale Entwaffnung vor. Seipel lehnte dies ab und lieferte damit den Beweis für das Gegenteil. Ob die Macht in den Händen von Seipel, Schober oder Buresch lag – immer wieder waren es die Christlichsozialen, die dem Rest des laizistischen und freidenkerischen Bürgertums Mut machten. 1929 forderten die Christlichsozialen eine Überprüfung der allzu demokratischen und den Kardinaltugenden offen zuwiderlaufenden Verfassung. Die Sozialdemokraten leisteten keinen besonderen Widerstand. Sie wollten versöhnlich bleiben, und blieben es auch bis zum letzten Augenblick: bis Dollfuß die Feldartillerie gegen die Arbeiter und gegen die Republik einsetzte. Denn die Sozialdemokraten verharrten noch immer in der Defensive.

1930 brachte die erste große Errungenschaft der Klerikalen. Je nachgiebiger sich die Sozialdemokraten verhielten, desto unnachgiebiger wurden die Klerikalen. Die Defensive ermutigt stets den Feind. Die Klerikalen warfen das Gebetbuch fort und griffen keck zum Gewehr. Nach den Wahlen von 1930 kam es nicht zur Zusammenarbeit mit den Sozialdemokraten. Die Klerikalen einigten sich lieber mit den Heimwehrlern, auch wenn sie dadurch im Parlament nur noch über eine Mehrheit von einer Stimme verfügten. Ihr Programm war klar: innere Abrüstung – der Sozialdemokraten. Die Polizei machte Hausdurchsuchungen, um die Waffenlager des Schutzbundes auszuheben. Mit dem Aufstieg Hitlers in Deutschland wurde ein Teil des Bürgertums nazistisch. Die Klerikalen nutzten dies zur restlosen Bemächtigung des Bundesheeres.

Die Sozialdemokraten verharrten weiter in der Defensive.

1931 erfolgte in der Steiermark ein Heimwehrputsch, so sehr war die Atmosphäre antirepublikanisch und antiproletarisch vergiftet. Die Regierung nutzte die Lage zur Durchsuchung vieler Lokale des Schutzbundes und beschlagnahmte weitere Waffen.

1932 zeigte Dollfuß die ersten Proben seiner wahren Absichten. Die

Sozialisten konnten keine Zweifel mehr hegen: Er bereitete das Ende der Republik vor. Bundesheer, Polizei, Gendarmerie und Heimwehren waren in seiner Hand. Die Exekutive unterstellte sich der Diktatur.

Am 1. März 1933 traten die Eisenbahner als Protest gegen schikanöse Maßnahmen der Regierung in einen Zwei-Stunden-Streik. Dollfuß sah sich genötigt, Vergeltungsmaßnahmen zu ergreifen, zog jedoch viele wieder zurück. Am 4. März intervenierten die sozialdemokratischen Abgeordneten zugunsten der Eisenbahner. Die Regierung hatte im Parlament eine Mehrheit von einer Stimme. Der sozialdemokratische Präsident des Nationalrats, Dr. Renner, demissionierte, um an der Abstimmung teilnehmen und die Mehrheit neutralisieren zu können. Daraufhin demissionierten sofort auch die beiden Vizepräsidenten, ein Christlichsozialer und ein Alldeutscher, und das Parlament war lahmgelegt. Am 5. März errang Hitler seinen großen, unerwarteten Wahlsieg, wodurch sich Dollfuß zu größeren Wagnissen veranlaßt sah. Am 7. März wurde die Verfassung abgeändert: Verordnungen traten an die Stelle von Gesetzen. Der Verfassungsgerichtshof wurde mundtot gemacht, damit er sich nicht gegen die Exekutive stellen konnte. Also ein echter Staatsstreich. Am 15. März versuchten die Sozialisten, die parlamentarische Arbeit wiederaufzunehmen, doch die Regierung verhinderte dies mit Hilfe des Heeres. Die Voraussetzungen für einen Aufstand, wie im Linzer Programm vorgesehen, wären also gegeben gewesen.

Noch nie hatte sich so eine günstige Gelegenheit geboten, um zur Offensive überzugehen. Die Empörung der Massen war allgemein. Ein Großteil des Proletariats forderte Generalstreik und Aufstand. Der Schutzbund erklärte sich zur Aktion bereit. Die Eisenbahner, die zufälligen Urheber der Kontroverse, waren zu allen Opfern bereit. Die ganze bewaffnete und unbewaffnete Arbeiterjugend scharte sich um die Sozialdemokratische Partei und forderte den Befehl zum Eingreifen. Das Bürgertum war wegen der erstarkenden Nazibewegung gespalten. Aus Abneigung gegen Dollfuß blickten die Nazis, zwanzig Prozent der Bevölkerung, mit Sympathie auf die sozialdemokratische Revolte. Die Regierung hatte nicht einmal ein Drittel des Landes auf ihrer Seite. Die internationale Lage war kein Hindernis.

Die Sozialdemokratische Partei verharrte weiter in der Defensive. Ihre beachtliche Autorität blieb noch einmal – wie am 15. Juli 1927 – Herr über die erregten Massen.

»Wir haben den Kampf hinausgezögert, weil wir dem Lande die Katastrophe eines blutigen Bürgerkriegs ersparen wollten«, schrieb Otto Bauer. Unglücklicherweise bedeutete jedoch das Hinauszögern des Kampfes unter diesen günstigen Umständen soviel wie den Kampf verlieren. Die Initiative zur Offensive ging damit an den Gegner über, der Bürgerkrieg wurde nicht vermieden. Nur mußte man ihn nun über sich ergehen lassen, statt ihn zu entfesseln und zu lenken.

Um Österreichs Unabhängigkeit von Hitler zu wahren, verkaufte sich Dollfuß an Mussolini, der zum »Marsch auf Wien« drängte. Das Parlament hatte Dauerferien. Pressezensur wurde angeordnet. Die Versammlungs-, Streik- und Propagandarechte wurden eingeschränkt. Mittels Verordnung wurden Strafgesetz und die Strafprozeßordnung abgeändert. Die Polizei urteilte über politische Verbrechen. Richter, die der Regierung nicht genehme Urteile verkündeten, wurden in Konzentrationslager verschickt. Die Gewerkschaftsorganisationen der Arbeiter wurden verfolgt, Arbeitsverträge abgeschafft, Arbeitslose mußten der »Vaterländischen Front« beitreten. Und die Eisenbahner, das Rückgrat jedes Generalstreiks, waren Verfolgungen ausgesetzt, wurden mit Kündigungen bedroht oder sofort gekündigt und durch faschistische Vertrauensleute ersetzt. Der Schutzbund wurde aufgelöst. Wien büßte seine Selbständigkeit als eigenes Bundesland ein.

Die Defensive hatte Früchte getragen.

Wer den Schaden hat, braucht für Spott nicht zu sorgen. In ihrem festen Entschluß, den Bürgerkrieg hinauszuschieben, waren die Sozialdemokraten immer noch bereit, sich mit Dollfuß zu verständigen. Der Bundeskanzler lehnte ab. Weil man nicht wußte, ob es Dollfuß genehm sei, mit den angesehensten Führern der Partei zu verhandeln, wurden ihm Zwischenhändler nach seinem Wunsche angeboten: Der Feind konnte die Botschafter der Gegenseite aussuchen. Der halsstarrig gewordene Bundeskanzler lehnte auch diese entschieden ab. Sogar der Präsident der Republik, ein Verfassungsbrüchiger und der Beihilfe Schuldiger, wurde zur Hilfeleistung für die Schiffbrüchigen angerufen. Dollfuß antwortete in äußerst geringschätziger und beleidigender Form, schrieb Otto Bauer. Eine Serie untätig hingenommener Demütigungen hatte der Partei einen solchen Tiefstand beschert.

Welch politische Weisheit hatten vergleichsweise jene einfachen und unbekannten Arbeiterführer von Reval bewiesen, die entgegen allen militärischen Regeln und jeder politischen Logik die Offensive ergriffen und sich – ganze zweihundert Mann stark – in den Kampf zur Eroberung eines Staates stürzten: »Besser ist es, gekämpft und verloren, als sich überhaupt nicht geschlagen zu haben.« Diese Worte sprach der Sinn-Féiner Mac Brid, der wegen des Dubliner Aufstands erschossen wurde. Und Engels, der gewiß kein Revolverheld und billiger Revoluzzer war, sagte: »In einer Revolution wie in einem Kriege muß man im entscheidenden Moment alles riskieren, egal wie die Lage ist.«

Nach der Zusammenkunft Mussolinis mit Dollfuß in Riccione berief die Sozialdemokratische Partei einen außerordentlichen Kongreß ein und beschloß, daß der Generalstreik, und damit der Aufstand, nur in folgenden Fällen ausgerufen werden sollte: wenn die Regierung in ungesetzlicher und verfassungswidriger Weise daran gehe, der Republik eine faschistische Verfassung zu geben; wenn die Regierung auf ungesetzlichem und verfassungswidrigem Wege die Wiener Stadtverwaltung ihres Amtes enthebe; wenn die Regierung Partei und Gewerkschaften auflöse.

Die allgemeinen im Linzer Programm festgelegten Voraussetzungen wurden hiemit durch andere, im einzelnen angegebene Bestimmungen ersetzt. Man räumte also dem Gegner die Möglichkeit ein, alle zu überspielen; die Initiative zur Aktion ging damit von der unduldsamen Masse auf die zaudernden Führer über. Diese scheinbar entschlossenen Führer erwiesen sich noch einmal als ihrer Sache unsicher und nicht gewachsen. Jedenfalls hatte von nun an der Gegner die Wahl des Augenblicks.

Nun war die Niederlage nicht mehr zu vermeiden. Der Partei fehlte jede moralische Kraft zur Offensive. Die Arbeitermassen waren tief entmutigt. Ihr Vertrauen in die Führung war dahin. Selbst der Schutzbund hatte seine Durchschlagskraft eingebüßt.

Die Partei hatte die politische Bedeutsamkeit der Situation aus den Augen verloren. Ende Jänner 1934 schlug sie der Regierung eine legale Einschränkung der Demokratie auf die Dauer von zwei Jahren vor! Dollfuß machte sich nur darüber lustig. Bevor er zum Angriff blasen ließ, wurden die Führer des Schutzbundes von vierundzwanzig Wiener Stadtbezirken und der Stabschef Alexander Eifler verhaftet.

Unter solchen Auspizien erfolgte der Aufstand vom 12. Februar. Er war von der Führung der Sozialdemokratischen Partei weder beschlossen noch gewollt worden. Die Provokation erfolgte durch den Linzer Schutzbund, der sich nicht entwaffnen lassen wollte, setzte sich im Wiener Aufstand fort, und die Parteileitung nahm die vollzogene Tatsache hin. Es war die spontane Revolte einer heldenmütigen Minderheit, die die Selbstaufopferung einer entehrenden Kapitulation vorzog. Nie noch auf der ganzen Welt hat sich das Proletariat in schwierigeren Verhältnissen so großherzig geschlagen. Im engeren politischen Sinn war es nicht einmal ein Aufstand, denn ein Aufstand setzt stets eine erfolgshöffige Revolte voraus. Dabei ist es egal, ob die Volkswut plötzlich zum Ausbruch kommt oder ob die Revolte von einer militärischen und politischen Avantgarde provoziert wird: Sie zielt stets auf den Umsturz der bestehenden politischen Ordnung. Den Kämpfen vom 12. Februar war die Hoffnung auf einen Endsieg nicht beschieden. Die Masse des Volkes hielt sich fern, selbst das organisierte Proletariat konnte dem Appell nicht Folge leisten. Vorhaltungen in dieser Richtung sind eine Verkennung der elementarsten Voraussetzungen für einen Aufstand. Das Volk ist kein Dienst schiebender Soldat, der Tag und Nacht auf Befehle zu horchen hat. Die Führer sind für sein Fehlen im Augenblick der Aktion verantwortlich. Nur der Schutzbund, und auch er nur zum Teil, schlug sich. Da er wegen der vorangegangenen Verhaftungen ohne zentrale Führung und seit Monaten zum Untergrunddasein verurteilt war, hatte er auch keine Ähnlichkeit mehr mit der Organisation des Vorjahrs. Nur in vier von neun Bundesländern brach der Aufstand, und da nur an einigen Stellen aus: in Wien, Niederösterreich, Oberösterreich und in der Steiermark. In keiner Stadt ging man zur Offensive über. In Linz hatte Bernaschek, der örtliche Führer des Schutzbundes, den Befehl erteilt, die Stadt einzunehmen. Er ließ um sieben Uhr früh das Feuer gegen die Polizei eröffnen, konnte jedoch das Arbeiterheim nicht mehr verlassen, wo er gefangengenommen wurde. Der Schutzbund verlor in ihm einen entschlossenen Führer.

Die Soldaten der Garnison von Wels, das 29 Kilometer entfernt liegt, eilten sofort auf Kraftwagen nach Linz. Der Schutzbund konnte sich freikämpfen, über die Donau setzen und sich bei Urfahr verschanzen. In Wien konzentrierte sich der Aufstand um die größten Arbeiterhäuser, folgte jedoch keinem Gesamtplan und mußte daher defensiv bleiben. Die Stadt Steyr in Oberösterreich erwies sich Linz ebenbürtig, doch war sie auch nicht erfolgreicher. In Graz und in Bruck an der Mur gab es einen raschen und heftigen Zusammenstoß, der ohne Weiterungen blieb. Dieses Fehlen jeglicher Koordinierung war der Zerrüttung in den letzten Monaten zuzuschreiben. Der Salzburger Schutzbund, der am besten ausgebildete und organisierte ganz Österreichs weigerte sich, am Aufstand teilzunehmen. Seine Führer hatten kein Vertrauen mehr in die politische Führung der Zentrale und wollten daher ihre Leute nicht in einem vergeblichen Kampfe opfern. Selbst wenn der Schutzbund sich im letzten Augenblick ein zentrales Stabsquartier hätte einrichten können, wäre die Offensive unmöglich gewesen.

Die Nachricht vom Linzer Zusammenstoß erreichte Wien am 12. Februar um zehn Uhr vormittag. Die Sirenen einiger großer Fabriken verkündeten sofort den Willen der Wiener Arbeiter, sich den Linzer Genossen anzuschließen. Die Parteileitung und die Gewerkschaftsführer versammelten sich, um die Entscheidung zu treffen. Gegen Mittag wurde der Generalstreik ausgerufen. Gleichzeitig aber verhängte die Regierung für ganz Österreich das Standrecht. Über das Telegraphen- und Telephonnetz und über Radio Wien, die von den Aufständischen unversehrt gelassen worden waren, konnte die Regierung mit allen Landesteilen in Verbindung treten und den militärischen und zivilen Behörden Befehle erteilen. Die Sozialdemokraten, die ohne eigene Kommunikationsmittel waren und die hilfreiche Mitarbeit der Eisenbahner entbehren mußten, die sich in Händen der Regierung befanden, vermochten nicht einmal die Verkündigung des Generalstreiks überallhin gelangen zu lassen. Die Aktion des Schutzbundes konnte erst um 5 Uhr nachmittag beginnen und mußte sich auf die Peripherie beschränken. Das Zentrum der Stadt war fest in Händen des Bundesheeres, der Polizei und der Heimwehren.

Dies war das wahre Ergebnis der Defensivhaltung. Die Arbeiter, die in jenen Tagen zu den Waffen gegriffen und vom 12. bis zum 15. Februar isoliert den vereinten Kräften der Reaktion Paroli geboten haben, sind der beste Beweis dafür, was das österreichische Proletariat hätte leisten können, wenn es eine wagemutige Führung gehabt hätte. Weder das Heer noch die vereinten herrschenden Klassen wären in der Lage gewesen, einer proletarischen Offensive standzuhalten, wenn diese zur rechten Zeit losgebrochen wäre.

Die Führung der Offensive

Es gibt also keinen anderen Weg zum Sieg: Der Aufstand muß offensiv sein, er muß den Feind überrumpeln und darf sich nicht selber überrumpeln lassen. Angriff, nicht Verteidigung ist die Parole. Die Aufständischen müssen im subjektiv günstigsten Augenblick angreifen, ohne sich um moralische oder politische Verantwortlichkeiten zu kümmern. Sie müssen wissen, daß ein Aufstand die gleichen Erfordernisse wie ein Krieg hat und daß nur der Sieg zählt. Die Offensive darf sich nicht auf den Angriff am ersten Tag beschränken, sondern muß eine ganze Reihe von immer heftigeren und entschlosseneren Angriffshandlungen umfassen, die erst an dem Tag aufhören, an dem alle feindlichen Kräfte unterworfen oder zerstört sind.

Dazu gehören wohlvorbereitete Führer, die man – wie in einem Krieg – nicht hervorzaubern kann. Ein Aufstand ist ein weitverzweigtes und verwickeltes Geschehen, und es wäre sehr naiv, zu glauben, daß alles von einem einzigen Menschen abhängt. Es bedarf vieler Führer, weil es viele Abschnitte gibt, die einer allein nicht überblikken kann. Jeder Führer muß unverzüglich Entscheidungen treffen können, wenn es unvorhergesehene Schwierigkeiten gibt oder alle Berechnungen umgestoßen werden.

Ein Aufstand muß eine möglichst harmonisch aufgebaute Einheitlichkeit des Vorgehens aufweisen. Die Führer müssen aus der gleichen Schule hervorgegangen sein. Jeder gut geführte Aufstand muß Methode haben. Daher muß jede Revolte nach Grundsätzen gelenkt werden, die auf der Kenntnis vergangener Aufstände, auf eigenen und fremden Erfahrungen basieren und uns richtig scheinen. Ein Aufstand wird also so gut wie seine Grundlagen sein und so gut wie seine politischen und militärischen Führer, wenn sie über eine Theorie des Aufstands verfügen. Die österreichische Sozialdemokratie hatte keine solchen Führer, und auch im spanischen Aufstand hatte man keine. Die bolschewistische Partei dagegen hatte welche im Oktoberaufstand. Nur mit entsprechenden Führern kann man unbekümmert, entschieden und kühn die Offensive ergreifen.

Freilich ist es ausgeschlossen, eine starre, allen Anforderungen entsprechende Theorie für die Offensive aufzustellen, in der jede Möglichkeit berücksichtigt wird. Eine Theorie kann nur allgemeinen Grundsätzen folgen. Es wird also immer Fälle geben, in denen es an richtungweisenden Beispielen mangelt und in denen es darauf ankommen wird, sich auf die eigene Eingebung zu verlassen. Man wird möglicherweise sogar im Widerspruch zur Theorie handeln müssen. Gute Führer vermögen dank ihrer Schulung in den entscheidenden Stunden der Geschichte auch der größten Schwierigkeiten Herr zu werden.

Für die Strategie eines Aufstands sind andere Schwierigkeiten in Rechnung zu stellen als für die Taktik. Der bolschewistische Oktoberaufstand etwa war in seiner Beschlußfassung weitaus größer angelegt als dann in seiner Ausführung. Die Schwierigkeiten, welche die bolschewistische Partei zu überwinden hatte, um den Beschluß zum Aufstand durchzusetzen, waren viel größer als jene im eigentlichen Aufstand. Es ist weitaus schwieriger, sich für den Aufstand und die Art seiner Vorbereitung unter Berücksichtigung der herrschenden Lage und der allgemeinen politischen Ziele zu entscheiden, als die Richtlinien für die Revolte selbst festzusetzen. Man kann also viel leichter eine Theorie für die Taktik des Aufstands als für seine Strategie aufstellen. Das liegt wohl daran, daß man Schwierigkeiten in ihrer ganzen Tragweite nur dann ermessen kann, wenn sie rein materieller Natur sind (der Angriff auf den Winterpalast war eine taktische Frage), aber nicht wenn sie moralische und politische Aspekte aufweisen (die Beschlüsse vom 10. und 16. Oktober des Zentralkomitees der bolschewistischen Partei betrafen die Strategie).

Ein Aufstand ist gefährlich, und darum ist auch Wagemut für die Führer unerläßlich. Eine revolutionäre Bewegung wäre verloren, wenn ihre Führung nicht über entsprechende Ausbildung und das nötige Temperament verfügt, um einen Aufstand erfolgreich zu machen. Die Führung ist im richtigen Zeitpunkt schlechterdings alles.

Der Aufstand vom Oktober 1934 in Barcelona zeigt überdeutlich, daß auch ein von den Umständen noch so sehr begünstigtes Unternehmen zum Scheitern verurteilt ist, wenn es keine der Situation gewachsene Führung hat. Die Generalidad in Barcelona hat den Aufstand nicht gelenkt, sondern ist von ihm mitgerissen worden, und dann hat sie sich nicht mehr zurechtgefunden. Die bislang verächtliche und drohende Haltung gegen die Madrider Regierung wich einer vorsichtig-klugen und sanftmütigen, was der allgemeinen Erwartung Hohn sprach, denn in den Augen aller Spanier waren politische Agitation und Krise eine Folge der Haltung der CEDA gegen Katalonien. Die Rede von Gil Robles vor den Cortes am 1. Oktober hatte die Demission des Ministeriums Samper wegen seines zu wenig energischen Auftretens gegen Katalonien zur Folge. Am 3. Oktober veranstaltete die Allgemeine Arbeiter-Allianz eine Kundgebung in Barcelona. Die Regierung verbot sie zuerst und zerstreute sie nachher mit Gewalt. Einer Arbeiterdelegation antwortete der Innenminister Dencás: »Wenn Ihr keine Ruhe gebt, dann lasse ich die Gewehre sprechen!« Das war vortrefflich geeignet, einen Aufstand anzuregen.

Am Mittag des 5. Oktobers war der Streik in Barcelona allgemein. Der Umzug der Arbeiter war eine imposante Kundgebung ihrer

Kraft. Companys wußte noch nicht, welchen Heiligen er anrufen sollte.

Am 6. Oktober weitete sich der Aufruhr in der Hauptstadt Kataloniens aus. Nach reiflicher Überlegung entschloß sich Companys, vor den Massen eine Rede zu halten, und ermahnte sie zur Ruhe. Das war um 13.30 Uhr. In der Stadt brodelte es. Um 15 Uhr hielt Companys eine weitere, diesmal energischere Rede. Aber nicht gegen die Madrider Regierung, sondern gegen die Heißsporne unter den Demonstranten. Als Vorbereitung zum Aufstand ist das nicht übel. Um 19.30 Uhr forderte eine tausendköpfige Volksmenge auf dem Platz der Republik die Ausrufung der katalonischen Republik. Badía und Dencás waren nicht abgeneigt, Companys schwankte. Schließlich raffte er sich dazu auf, die Ausrufung des »Katalonischen Staates der Spanischen Bundesrepublik« zu verlesen. Die vom Rundfunk sofort verbreitete Nachricht begeisterte die ganze spanische Linke. Asturien stand bereits unter Waffen. Der Aufstand triumphierte.

Nach der Proklamierung des katalonischen Staates forderte Companys General Batet, den Devisionskammandanten von Barcelona, zur Unterstützung des neuen Staates auf. Auch Batet war Katalane. Man konnte also auf Verständigung hoffen. Über das Telefon unterhielten sich die beiden Katalanen wie gute Freunde. Der General ließ sich nicht beirren und aus der Ruhe bringen. Um Zeit zu gewinnen, erklärte er, unbedingt eine schriftliche Klarstellung zu benötigen. Es ist ja bekannt, daß ein General ohne schriftlichen Befehl nichts unternehmen kann. Companys grübelte an seinem Schreibtisch über eine Formel, die ihn im Falle eines wohlweislich einkalkulierten Mißerfolges nach allen Seiten absichern konnte. Auf diese Weise kam allmählich ein Brief zustande, ein Meisterwerk juristischer Spitzfindigkeit, als Abhandlung des öffentlichen Rechtes vor einem obersten Verfassungsgerichtshof einfach unübertrefflich. Batet sah als einziger in dieser Finsternis klar. Er fand es zweckmäßig, sich mit dieser äußerst gelehrten schriftlichen Mitteilung nicht zufriedenzugeben, und stellte das Ansuchen, ihm angesichts der Wichtigkeit der Entscheidung eine angemessene Frist zum Überlegen zuzugestehen. Darüber wurde es zwei Uhr früh. In den sechs Stunden von 20 bis zwei Uhr früh am 7. Oktober hatte Batet genügend Zeit, seine Truppen aufmarschieren zu lassen, und Companys konnte sich über die Wahrscheinlichkeit oder Unwahrscheinlichkeit künftiger Ereignisse den Kopf zermartern.

Man hat Companys den Vorwurf gemacht, General Batet nicht gefangengenommen zu haben, als dieser sich bei ihm meldete. Die Aussprache erfolgte jedoch zweifelsfrei telefonisch, und der General war nicht im Gebäude der Generalidad. Der Vorwurf entbehrt daher jede Grundlage. Es ist überdies mehr als wahrscheinlich, daß General Batet in der Generalidad Companys gefangengenommen hätte.

Zur Bekräftigung des Ernstes des Ausnahmezustands eröffnete der General um 2.30 Uhr den Angriff auf das Innenministerium, auf das Palais der Generalidad und auf das Rathaus von Barcelona. Hier wurde bühnenreife militärische Strategie vorexerziert, die in der Geschichte der Kriegskunst ganz neu war.

Die Regierung des neuen Staates verfügte in Barcelona, außer den streikenden Arbeitern, die nur auf ihren Einsatz warteten, über 15.000 bewaffnete Freiwillige, die katalonische Miliz, die seit mehr als einem Jahr gedrillt und mit Gewehren, Bomben und Maschinengewehren ausgerüstet worden war. Sie war bereits ausgerückt und an den strategisch wichtigen Punkten postiert. Die rebellische Regierung dachte jedoch nicht einmal im Traume daran, Befehle zu erteilen. Über den Rundfunk erließ sie verzweifelte Aufrufe an die Bauern der Provinz, damit diese zur Befreiung herbeieilen sollten. Während sie geduldig wartete, daß sich die weitentfernten Aufständischen in Bewegung setzten, ließ sie die in Reichweite befindlichen tatenlos zusehen. Die Truppen des Generals konnten sich ungehindert bewegen und brachten ihre Artillerie vor den belagerten Palästen in Stellung. Zwei Bomben und vier Gewehrschüsse hätten genügt, um alles auffliegen zu lassen.

Um 5.15 Uhr war der katalonische Staat liquidiert und der Aufstand niedergeschlagen. Im Morgengrauen waren die Hauptdarsteller in diesem Drama Flüchtige oder Gefangene.

Was man alles hätte machen können, zeigte die Einzelaktion des Jonne Campez in der Handelskammer. Er mußte für seine Beherztheit mit dem Leben zahlen, doch vorher setzte er mit wenigen Schüssen die Bedienungsmannschaft der auf dem Platze aufgefahrenen Geschütze außer Gefecht.

General Batet verfügte nominell nur über eine Division Infanterie. Von dieser waren überdies einige Abteilungen außerhalb von Barcelona. Alles in allem hatte er in jener Nacht vom 6. auf den 7. Oktober nicht einmal 4000 Mann an Infanterie, Artillerie, Pioniertruppen, Zivilgarde und Sturmtruppen zur Verfügung. Die Zivilgarde hatte sich neutral erklärt und nahm am Kampfe nicht teil. Die Sturmtruppen stellten sich dem katalonischen Staat zur Verfügung. Nach Unterdrückung des Aufstands kamen 250 Mann vor das Kriegsgericht.

Das Scheitern des Aufstands wird im allgemeinen den Anarchisten angelastet, weil sie den Aufstand sabotiert haben. Ohne Zweifel hätte mit ihrer Teilnahme der Aufstand in Katalonien einen ganz anderen Verlauf genommen. Es hatte sich ja in Sabadell gezeigt, was die revolutionäre Einheit aller Arbeiter, einschließlich der Anarchisten, zuwege bringen konnte. Doch hätte der Aufstand auch ohne Anarchisten triumphieren können, und der tatsächliche Fehlschlag ist ausschließlich auf die Unzulänglichkeit der Führer der Generalidad zurückzuführen. In Lerida, Tarragona, Gerona, Sabadell, Sitges, Villanueva y Geltrú, Manresa, Reus und in anderen weniger bedeutenden Gemeinden der Provinz hatte der Aufstand den Sieg davongetragen. Die Männer der Generalidad schwankten zwischen Legalität und Revolte, und die ganze Zeit wurde auf Kosten der Aktion vertan. »Wir hatten einen Augenblick der Unsicherheit«, erklärte einer der Führer, »und dieser eine Augenblick wurde uns zum Verhängnis.« Dieser »Augenblick« war aber in Wahrheit von Dauer. Auch war die *Esquerra* keine homogene politische Einrichtung. Sie war zweifelsohne volkstümlich, verfügte jedoch über keine Ideologie, welche Kleinbürger und Proletarier in ihren zeitbedingten Forderungen auf einer Ebene miteinander hätte vereinen können. Zwischen ihnen beiden herrschten Meinungsverschiedenheiten. Als der Aufstand ausbrach, bangte die Mehrheit der Generalidad vor dem Einfluß, den die Arbeiter auf den Ablauf des Geschehens hätten nehmen können. Dazu kommt noch, daß die *Estat Catala*, die von Macia gegründete und von Dencás geführte Separatistenpartei, den oppositionellen Flügel der Esquerra bildete, so daß Companys Unterstützung suchte und sie bei außerhalb der Esquerra stehenden Leuten, meistenteils eingesessenen Bürgern Barcelonas, fand. Der Bewegung fehlten revolutionäre Führer. Es mangelte an politischen und militärischen Richtlinien. Die Aktion hätte sich nicht auf den Entsatz von Companys und seiner Genossen beschränken sollen. Die anderen Führer hätten während deren Belagerung eigene Initiative entwickeln müssen und sich nicht zerstreuen sollen, als wäre alles abgeblasen und beendet, während das doch erst der Beginn war. Eine Schlacht ist noch lange nicht geschlagen, wenn ein oder zwei Oberkommandierende gefallen sind.

Während des Oktoberaufstands hatten die Bolschewisten in weiser Voraussicht eines möglichen Handstreichs bereits seit dem Abend des 24. Oktobers drei Stabsquartiere, die zwar selbständig und voneinander entfernt waren, jedoch untereinander in Verbindung blieben. Eines befand sich im Smolnyj, dem Sitz der Bolschewisten und des Militärischen Revolutionären Komitees, am linken Ufer der Moskwa und war mittels Fernsprecher mit den Kasernen und den wichtigsten Werkstätten verbunden. Das war das eigentliche Generalstabsquartier. Das andere lag in der Peter-und-Paul-Festung, fünf Kilometer vom Smolnyj entfernt und vom Stadtzentrum getrennt, eine kleine Insel, die ebenfalls Fernsprechverbindung hatte. Das dritte Stabsquartier befand sich auf dem Kreuzer *Aurora*, der entweder vor Anker lag oder aber auf dem Kanal umherfuhr. Schließlich war da noch das Arbeiterviertel von Wyborg am rechten Newaufer in Daueralarm; es war das Herz des Aufstands, hatte eine mächtige, weitreichende Organisation und genoß allseits anerkannte Autorität. Es diente als Reserve und Depot. Dort lag auch der Finnische Bahnhof, für die aus dem Baltikum kommenden Matrosen der festgelegte Treffpunkt. Hätten die der Provisorischen Regierung treuen Truppen den Smolnyj angegriffen, so wären Arbeiter und Soldaten sofort zu Hilfe geeilt. Wären der Smolnyj und die Peter-und-Paul-Festung besetzt worden, hätte der Aufstand dennoch weiterhin seinen Lauf genommen.

Nichts von alledem ist in Barcelona im voraus disponiert worden. Batet war Herr der Lage und konnte in der Stadt ungestört und ungehindert wie in einem Kasernenhof umherziehen. Nachdem Companys und die anderen Regierungsmitglieder eingeschlossen und ihrer Bewegungsfreiheit beraubt waren, unternahmen die restlichen Führer des Aufstands gar nichts, weil sie darauf vertrauten, daß die Truppen der Division eine sofortige Schlappe erleiden würden. Das kennzeichnet eindeutig die ganze Aktivität dieser Tage. Companys blieb zwei Tage lang tatenlos, am 5. und dem größten Teil des 6. Oktobers, weil er hoffte, daß das übrige Spanien die Situation meistern werde. Im entscheidenden Augenblick hoffte Companys – statt etwas zu unternehmen – daß General Batet sich mit ihm verbrüdern und an seiner Stelle handeln werde. Während sie angegriffen und eingeschlossen wurden, dachten die Führer des Aufstands keine Sekunde daran, einen Gegenangriff zu starten, einen Ausbruchsversuch mit den bewaffneten Organisationen zu machen, von denen es im Gebäude genügend gab, nur weil sie hofften, daß die anderen draußen einschreiten und angreifen würden. Diese anderen wieder dachten nicht daran, einen Angriff zu riskieren, weil sie hofften, die Eingeschlossenen würden sich selber draufgängerisch befreien, ohne Hilfe von außen. Und so ging es weiter im Kreise, indem man sich falschen Hoffnungen hingab und einander die Verantwortung zuschanzte, so lange, bis alle zu dreißig Jahren Kerker verurteilt wurden. Dies war das einzige, was den Führern in dieser ganzen Angelegenheit zur Ehre gereichte.

Im Ruhraufstand schlug das Pendel in entgegengesetztem Sinne aus, doch offenbarte dieser Aufstand ebenfalls eine unfähige Führung. Der Beginn der Revolte wurde dadurch erleichtert, daß man sie als legale und verfassungsmäßige Verteidigung der republikanischen Demokratie, die an der Macht war, hinzustellen vermochte. Die Regierung hatte 1920 mit der SPD das Proletariat zum Generalstreik gegen den Kapp-Putsch aufgerufen, und das Proletariat hatte Folge geleistet. Das ist wohl ein Ausnahmefall im Verlauf eines Aufstands. Die erste Phase einer Revolte begegnet stets den größten Schwierigkeiten. Diese lösen sich jedoch in dem Augenblick, da Waffen nicht mehr geheim beschafft werden müssen, sondern in aller Öffentlichkeit gefaßt werden – zur Unterstützung der legalen exekutiven Gewalt. Kaum drei Jahre vorher, im August 1917, gab es in Rußland eine ähnlich unstabile politische Situation, in der Männer an der Regierung waren, die ebenso wie in Deutschland der Reaktion keinen Respekt abnötigten, sondern ihr das Rückgrat stärkten. Damals hatte Kornilow es sich nicht nehmen lassen, einen Staatsstreich zu wagen. Auch Kerenski hatte sich, wie die Regierung Bauer, mit einem Aufruf an das Proletariat gewandt. Dieses rüstete zur Verteidigung, bewaffnete sich, und es ist seinem Verhalten zu verdanken, daß der Versuch des reaktionären Generals im Keim erstickt wurde. Damit wurden die Voraussetzungen für den Oktoberaufstand geschaffen. Allerdings hatte das russische Proletariat seine politische Führung – die bolschewistische Partei –, und das deutsche Proletariat keine. Dennoch zeigte die Situation einige Analogien. In Rußland waren, wie in Deutschland, Sozialisten an der Regierung: revolutionäre Sozialisten und Menschewisten; das kommunistische Proletariat befand sich in der Opposition. Doch in Rußland beschränkten sich die Bolschewisten darauf, einen Gegner nach dem anderen zu bekämpfen und zu vernichten: zuerst Kornilow, zwei Monate später Kerenski. In Deutschland wollte man im Sturmschritt vorgehen, man koppelte Kapp mit der Regierung Bauer, und es kam zur Katastrophe. Den gleichen Fehler begingen die französischen Kommunisten im Februar 1934 in Paris, als sie in unfaßlicher und absurder Weise die Regierung Daladier-Frot mit den faschistischen Bünden gleichsetzten. Wenn eine unfähige Führung die elementarsten Regeln der Offensive mißachtet, so kommt das einer unvernünftigen Defensive gleich.

Der Hamburger Aufstand vom Oktober 1923 kann sich auch keiner klügeren Führung rühmen. Die deutschen kommunistischen Führer jener Zeit behandelten den Aufstand mit Leichtfertigkeit. Seit Monaten liebäugelte man mit dem Gedanken an eine Revolte, und man hatte zu diesem Zwecke mehr schlecht als recht enorme Summen ausgegeben. Manche politisch Eingeweihte behaupteten, daß der Grundsatz der Offensive um jeden Preis zu einem nicht geringen Teil von diesen Riesensummen bestimmt worden sei. Ohne Zweifel hatten der Zusammenbruch der nationalen Wirtschaft, der katastrophale Sturz der Mark, die wachsende Zahl der Arbeitslosen und die Besetzung der Ruhr dazu geführt, daß sich die Massen der revolutionären Aktion gegen die herrschenden Klassen anschlossen, weil sich diese aufzulösen schienen. Die vorangegangenen Kongresse der Kommunistischen Internationale hatten dem deutschen Proletariat die nächsten revolutionären Aufgaben zugewiesen: Der 2. und der 3. Kongreß hatten sogar die unmittelbar bevorstehende Notwendigkeit einer Aktion in Aussicht genommen. Die kommunistischen Führer, die an das Scheitern und das Durcheinander des Ruhrkampfes vom März 1920 dachten, hegten für Theorie und Praxis so manche Zweifel. Die Chemnitzer Konferenz der Betriebsräte war auf Betreiben der kommunistischen Führer am 21. Oktober

1923 einberufen worden, in der stillen Hoffnung, es würde der Generalstreik ausgerufen werden. Hamburg, das als Stadt der Proletarier und Vorkämpferin der revolutionären Bewegung galt, würde den Generalstreik zum Aufstand werden lassen. Alles weitere hätte sich in ganz Deutschland von selbst ergeben. Die Mehrheit der Konferenz lehnte aber den Generalstreik ab. Allen jenen, die nicht recht an einen Erfolg des Aufstands glaubten und ihn trotzdem vorbereiteten, fiel ein Stein vom Herzen. Doch die Bürokratie, selbst eine revolutionäre, verlangt ihren Tribut. Da beschlossen worden war, daß es weder Generalstreik noch Aufstand geben würde, mußte folgerichtig der Beschluß der Konferenz durchgeführt werden. Dennoch ließ man zu, daß Hamburg, das seiner Lage nach einen Aufstand begünstigte und angemessen vorbereitet war, von sich aus und allein den Aufstand am 23. Oktober ins Rollen brachte. Der Gegenbefehl erreichte die Aufständischen erst nach Beginn der Revolte. Hamburg spielte also die Avantgarde für ein Heer, das bereits wieder in sein Lager zurückgekehrt war. Es war gerade nur ein Paradeaufstand gewesen. Der Generalstab hatte mit einer glänzenden Aktion und einigen Opfern an Menschen den Kostenaufwand gerechtfertigt und seine strategische Fähigkeit unter Beweis gestellt.

Das außergewöhnliche Fehlen von Führungseigenschaften war der Hauptgrund für den Mißerfolg des Aufstands von 1923 und nicht, wie behauptet wird, die Spaltung der deutschen Arbeiterklasse in ein kommunistisches und ein sozialdemokratisches Lager. Freilich hat diese Spaltung den Erfolg nicht gerade begünstigt, doch war sie nicht der wahre Grund des Mißerfolgs. In Thüringen und in Sachsen, wo Sozialisten und Kommunisten sich verständigt und eine gemeinsame parlamentarische Mehrheit gebildet hatten, liefen die Dinge tatsächlich auch nicht besser. Die Reichsregierung entmachtete sie mit Hilfe der Reichswehr, ohne auf den geringsten Widerstand zu stoßen. Genauso verfuhr zehn Jahre später von Papen mit den preußischen Ministern.

Es lag also nicht an der fehlenden Einheitlichkeit, sondern an der mangelnden Führung. Die deutsche Arbeiterklasse mußte diese bitteren Erfahrungen mit unfähigen, minderwertigen und feigen Führern teuer bezahlen.

Asturien

Der Heroismus und die revolutionäre Gesinnung der Bergarbeiter Asturiens sind bereits Geschichte geworden. Das spanische Proletariat hat sein Heldenepos. Dennoch gab es sehr viele Irrtümer und Fehlhandlungen.

Man spricht sowohl von einer asturischen als auch von einer Wiener »Commune«, doch das sind hochtrabende Worte, denn weder Wien noch auch Asturien haben je eine Kommune gekannt. Wien war während des Schutzbundaufstands niemals, nicht einmal teilweise in den Händen der Aufständischen. In Asturien war die Garnison in der Hauptstadt Oviedo intakt geblieben. Ebenso war es in der Küstenstadt Gijón. Es gab also nirgends die notwendige Souveränität, mit der eine neue politische Macht im Aufstand innerhalb des Territoriums ihre Herrschaft hätte ausüben können. Deshalb kann man auch nicht von einer Kommune sprechen.

Die Niederlage des Asturienaufstands wird dem kläglichen Ende des Aufstands von Barcelona und der Untätigkeit oder Unzulänglichkeit des Proletariats im übrigen Spanien angelastet. Das trifft zum Teil auch zu. Zum besseren Verständnis der nachfolgenden kritischen Bemerkungen sollte man sich eine gute Landkarte dieser Gegend ansehen.

Am 5. und 6. Oktober war das ganze Bergwerksbecken in den Händen der Aufständischen. Die Kasernen der Gendarmerie, der Zivilgarde und der Sturmtruppen wurden angegriffen und eingenommen. Es war eine glänzend durchgeführte Offensive. Sofort danach wurden in den größeren Ortschaften revolutionäre Komitees gegründet und mit der Anwerbung von Freiwilligen begonnen. Den Regierungsstreitkräften stand eine erdrückend überlegene, in ihrer Bewegungsfreiheit ungehinderte Masse gegenüber.

Oviedo, eine Stadt von 80.000 Einwohnern, rührte sich nicht. Das Proletariat beschränkte sich darauf, den Generalstreik auszurufen. Die Garnison machte sich die Tatenlosigkeit des Proletariats zunutze, bereitete sich in aller Ruhe auf die Verteidigung vor und verbarrikadierte sich in den wichtigsten Gebäuden: in der Waffenfabrik, in der Kathedrale, im Pfandhaus, in der Statthalterei und in der Pelayo-Kaserne. Die Regierungsstreikräfte zählten nur 1500 Mann. Ihre Kampfmoral war durch den erfolgreichen Aufstand erschüttert. Das zeigte sich in den ersten Vorpostengefechten und dann in der Verteidigung des Rathauses.

Das Regionalkomitee ließ 5000 Bergarbeiter gegen Oviedo ziehen. Das Proletariat der Stadt vereinigte sich mit ihnen. Die Aufständischen verfügten über etwa tausend Gewehre, die sie den besetzten Kasernen und eigenen Geheimlagern entnommen hatten. Dafür waren sie reichlich mit Sprengstoff versorgt, in dessen Handhabung sie wahre Meister waren. Damit wurde das von den Sturmtruppen von Mieres verteidigte Rathaus angegriffen und eingenommen, ferner die Kaserne der Zivilgarde von Turón, die Gendarmeriekaserne von Mongaia und die Waffenfabrik von Trubía.

In der Waffenfabrik von Oviedo lagerten 24.000 Gewehre und an die hundert Maschinengewehre. Sie wurden von hundertfünfzig Soldaten verteidigt. In der Infanteriekaserne wurden ungeheure Mengen Munition sorgsam bewacht; man hatte sie auf Befehl der Regierung einige Tage vorher dorthin verlagert. Die Kaserne wurde vom Gros der Garnison, 800 Mann, verteidigt. Den Aufständischen war alles bekannt. Trotz ihrer Übermacht verharrten sie in der Defensive. Sie blieben stehen, weil sie von den Gebäuden aus, in denen sich die Truppen verschanzt hatten, unter Beschuß genommen wurden. Sie begnügten sich mit der Einnahme des Rathauses, das sich nach kurzem Scharmützel ergeben hatte. Dann jedoch warteten sie tatenlos.

Und das, obwohl eine Offensive erfolgversprechend gewesen wäre. Man hätte sich der Waffenfabrik bemächtigen müssen, anschließend wäre ein Angriff auf die Infanteriekaserne zur Eroberung der dort befindlichen Munition notwendig gewesen, danach ein Überfall auf die anderen verschanzten Abteilungen, wodurch man Herr der Stadt geworden wäre. Dann hätte man an die 30.000 oder 40.000 Bergleute, Arbeiter und Bauern bewaffnen, einteilen und so den Aufstand erweitern können. Die Aufständischen hatten soviel Sprengstoff, daß sie ihn sogar zum Sprengen von Gebäuden hätten verwenden können. Nach dem 6. Oktober hatten sie auch etwa zwanzig Kanonen aus der an diesem Tag eroberten Waffenfabrik von Trubía zur Verfügung. Der Widerstand der Garnisonstruppen wäre sicherlich nicht besonders erbittert gewesen, wie sich in der Folge zeigte. Die zwanzig Soldaten, die die Dynamitfabrik von Mongaia besetzt hielten, gehörten zum Infanterieregiment Nr. 3, das auch die Waffenfabrik und die Infanteriekaserne von Oviedo bewachte. Sie ergaben sich am 6.Oktober ohne Widerstand, ja schlossen sich dem Aufstand an. In einigen Kasernen der Zivilgarde und der Sturmtruppen im Bergwerksgebiet gab es am 5. und 6. Oktober fast überstürzte Kapitulationen.

Die Aufständischen verharrten untätig bis zum 8. Oktober. Erst an diesem Tag griffen sie mit 1000 ausgesuchten Freiwilligen die Waffenfabrik an. Entgegen allen Erwartungen gaben die Verteidiger nach kurzem Widerstand mit Gewehren und Maschinengewehren die Fabrik auf und suchten in der wenige hundert Meter entfernten Infanteriekaserne Zuflucht. Der Widerstand war so flau, daß der befehlshabende Oberstleutnant später von einem Kriegsrat wegen

Preisgabe seines Gefechtsstands zu dreißig Jahren Gefängnis verurteilt wurde.

Dieser Riesenerfolg wurde in keiner Weise ausgewertet. Man hätte nun Waffen für ein ganzes Heer gehabt. Bergleute und Arbeiter eilten herbei und bewaffneten sich. Doch die militärische Führung der Bewegung verlor mit nutzlosem Zuwarten und nichtigen Erwägungen kostbare Zeit.

In der Waffenfabrik fand man keine Munition, doch das war nicht enttäuschend, da man es bereits gewußt hatte. Man mußte also die Munition in der Infanteriekaserne beschaffen. Man hätte dies noch am 8. Oktober tun müssen. Die Kanonen von Trubia waren bereits in der Stadt. Man wartete jedoch auf ein Wunder und tat gar nichts. Eine Masse unter Waffen ist in Bewegung, setzt jedoch keine Handlung. Hunderte von Arbeitern in kleinen Gruppen lassen sich abschießen; ihr Heroismus verpufft ins Leere, es gibt keine Methodik und keine Koordinierung. Man sehe sich einmal genau die Landkarte an. Es wäre ein Unding gewesen, 20.000 oder 30.000 Arbeiter gegen das mehr als 500 km entfernte Madrid in Marsch zu setzen, die zwar Waffen ohne Patronen hatten, aber keine militärische Führung, und dafür die Garnisonen von Oviedo und Gijón im Rücken. Man hätte durch Leon und Valladolid ziehen müssen, einen Abstecher nach Salamanca machen können, um eine Rede von Professor Unamuno über Don Quichotte zu hören, und dann in Madrid, im »Mekka«, einziehen sollen.

Einen solchen Marsch unternahm im 18. Jahrhundert während eines Aufstands gegen die Feudalherren in Sardinien Giovanni Maria Angioy von Sassari nach Cagliari. Angioy war ein äußerst rechtschaffener Mann, der keinem der asturischen Führer nachstand, überdies vielseitig gebildet, doch kein glänzendes militärisches Genie war. Auf halbem Wege zwischen Solarussa und Oristano stießen seine Bataillone auf Hunderte Kellereien voll süßen Weißweins – und die Expedition nahm ein schlechtes Ende.

Man möchte es nicht glauben, es ist aber dennoch so: In Oviedo diskutierte man stundenlang über diesen Vorschlag. Es hätte nicht viel gefehlt, und die militärische Führung hätte ihn sich zu eigen gemacht. Dabei lag ihr Mekka wenige Schritte von ihnen entfernt: die Infanteriekaserne. Sie hätte man als Ziel erwählen sollen, nicht Madrid. Erst zwei Tage später, am 10. Oktober wurde sie ohne jede angemessene Vorbereitung angegriffen, wobei man sich überdies auf einen demonstrativen Akt beschränkte, dem ein Bomberangriff ein jähes Ende setzte.

General Lopez Ochoa, der an eben jenem Tag nach dem Angriffsversuch der Aufständigen die Infanteriekaserne betrat, berichtete von der Stimmung unter ihren Verteidigern. Die neunhundertfünfzig Eingeschlossenen (einschließlich der hundertfünfzig aus der Waffenfabrik), darunter etwa zwanzig Offiziere, trugen sich bereits mit dem Gedanken, mit den Aufständischen zu verhandeln. Wäre der General nicht zur rechten Zeit erschienen, hätten sie sich höchstwahrscheinlich ergeben.

Die militärische Führung der Revolte hatte nicht die leiseste Ahnung von ihrer Aufgabe. Noch bevor sich ein Erfolg abzeichnet, muß man zur Offensive übergehen. Und nach den ersten Erfolgen kann wieder nur die Offensive auch einen koordinierten Widerstand überwinden.

Die Folgen dieser Tatenlosigkeit waren für die Aufständischen katastrophal. Die Garnison verharrte eingeigelt im Zentrum von Oviedo, und die munitionslosen Arbeiter warfen ihre Gewehre als nutzlosen Ballast fort. Bis zum 18. Oktober, dem Tag der Kapitulation vor den Regierungstruppen, wartete man in allen Abschnitten verzweifelt und schmerzlich auf das Eintreffen von Munition. Die Dynamitwerfer verteidigten mutterseelenallein die Stellungen, und da sie ihre Deckung verlassen mußten, bezahlten sie ihre Standhaftigkeit mit dem Leben. Der Asturienaufstand wurde von Bergarbeitern getragen, die sich ohne technische Hilfsmittel und ohne Führung tapfer allein durchschlagen mußten.

Dieses vorwiegend defensive Verhalten wird von einigen Führern damit erklärt, daß die Kanonen von Trubía Granaten ohne Stellzünder hatten, daß man solch kostbare Kunstwerke wie die Kathedrale nicht mit Dynamit verwüsten wollte, daß es vor allem aber auch nicht zweckmäßig gewesen wäre, furchtbare Vergeltungsmaßnahmen herauszufordern, da nun einmal der Aufstand im übrigen Spanien gescheitert war.

Granaten ohne Stellzünder können nicht zum Schrapnellschießen verwendet werden und sind unwirksam gegen auf freiem Felde vorgehende Truppen. Doch gegen Gebäude wie etwa die Kathedrale oder die Infanteriekaserne abgeschossen, sind sie alles andere als harmlos. Zehn Kanonen, die ein Eingangstor mit solchen Granaten durchschlagen, ermöglichen zum Kampfe entschlossenen Trupps den Angriff. Und deren gab es genug unter den Bergarbeitern. Die Garnison hatte sich überdies in die erwähnten Gebäude zurückgezogen und darauf verzichtet, kleine Abteilungen in die benachbarten Häuser zu legen. Das Militärkommando hatte das nicht gewagt, weil es offenbar besorgt war, diese Abteilungen könnten sich mit Leichtigkeit den Aufständischen ergeben, und wollte auf alle Fälle die Truppeneinheiten massiert zusammenhalten. Die Aufständischen wiederum verteilten die Kanonen, die als Batterie so gute Dienste hätten leisten können, zwischen Trubía, Oviedo und Campomanes; so konnten sie nur einzelne zwecklose Schüsse abgeben.

Das Dynamit hätte vorbehaltlos verwendet werden sollen. Einige Zentner hätte man an den Seiten der Kathedrale aufhäufen können;

falls die Garnison sich nach Ablauf eines Ultimatums nicht ergeben hätte, wäre eine Sprengung angezeigt gewesen. Eine rasche und resolute Offensive kann keine sentimentalen oder künstlerischen Rücksichten nehmen. Richard Wagner war beileibe kein General, und dennoch sagte er, daß er, falls notwendig, zur Verteidigung der Freiheit sogar die Loggien Raffaels und die Sixtinische Kapelle in die Luft gesprengt hätte, als man ihm erzählte, daß 1849 die Verteidiger der Römischen Republik es vorgezogen hatten, schwere Verluste hinzunehmen, als ein Kunstwerk in der Umgebung der Porta S. Sebastiano zu zerstören.

Das von den militärischen Führern oft vorgebrachte Argument, man hätte angesichts des allgemeinen Scheiterns des Aufstands in Asturien zur Mäßigung raten müssen, um größere Verfolgungen zu vermeiden, ist militärisch nicht stichhaltig. Aufstand oder Krieg kann man nur gründlich durchführen, oder man läßt es bleiben. Entschließt man sich aber dazu, dann muß man alle zu Gebote stehenden Mittel und alle Gewalt einsetzen. Wenn falsche Besorgnisse dieser Art die Aktionen behindern, ist es müßig, irgendeinen Erfolg zu erhoffen. Die Madrider Regierung hegte keine derartigen Bedenken und ließ Oviedo, Gijón, Mieres und andere kleinere Orte erbarmungslos bombardieren, ohne sich im geringsten um die Drohungen der Aufständischen zu kümmern, daß sie Gefangene und Geiseln liquidieren würden.

Die Garnison der kleinen Küstenstadt Gijón war von den Aufständischen unbehelligt geblieben, was der Regierung die ungestörte Benützung des Seewegs gestattete. Die Küstenbatterien blieben nach einem bescheidenen, erfolglosen Versuch ebenfalls unangetastet. Mit deren Erstürmung hätten die Aufständischen das Herannahen der Kriegsschiffe und Truppentransporter verhindern können. Das Regionalkomitee der Aufständischen kümmerte sich so wenig um Gijón, als läge dieser Ort gar nicht in Asturien. Es überließ es dem Proletariat der Stadt, sich aus der Affäre zu ziehen. Dieses war schlecht organisiert, ohne militärisch erprobte Führer, und so floh es beim Herannahen der ersten Kriegsschiffe, flutete nach Oviedo zurück und löste dort Panik aus.

Die Fehler von Oviedo und Gijón wurden auch an der Front von Campomanes begangen. Wieder war es der Unfähigkeit der Führer zuzuschreiben, daß keine Offensive stattfand. In Campomanes, südlich von Lena, verhafteten die Aufständischen am 6. Oktober die Sturmtruppen und die Zivilgarde, die auf der Straße aus León herangekommen waren. Es waren höchstens noch dreihundert Mann. Nach dem ersten Zusammenstoß hatten die Aufständischen die Oberhand. Statt diesen Erfolg aber auszuwerten, die Besiegten zu verfolgen und zu vernichten, begnügten sie sich, ihre Positionen zu halten. Von diesem Augenblick an wurde Campomanes zum

Hauptkampfplatz, der das gesamte Kontingent der Aufständischen und alle Munition innerhalb des Bergwerksgebietes von Mieres absorbierte. Zu den ersten geschlagenen Abteilungen, die aber auf ihrem Posten blieben, stießen weitere von der Regierung entsandte Truppen. Jeder Tag war ein Kampftag. Die Truppen kamen zwar nicht voran, weil sie einer Übermacht gegenüberstanden, doch die Aufständischen waren auch nicht imstande, die Truppen zurückzuschlagen. Sie führten keine Flankenangriffe durch und versuchten auch nicht, ihnen den Rückzug abzuschneiden und die Straße nach León freizumachen. Es wurde auch nichts getan, um Verbindungswege und Nachschub zu blockieren. Als dann die Marokkaner und das 3. Regiment der Fremdenlegion zusammen mit den anderen regulären Truppen aus Gijón Oviedo angriffen, sahen sich die Aufständischen in die Zange genommen. Das erklärt die plötzliche, unberechtigte Entmutigung einiger Abteilungen der Aufständischen und des ganzen Regionalkomitees, als die Nachricht von der Ankunft der Kolonialtruppen in der Nacht vom 10. Oktober eintraf. Oviedo und die Front von Campomanes wurden hastig aufgegeben, während das Regionalkomitee in Anbetracht der Nutzlosigkeit weiteren Widerstands den Beschluß faßte, sich aufzulösen, und den allgemeinen Rückzug auf das Bergwerksbecken anordnete. Die Bergleute besetzten aus eigener Initiative die verlassenen Stellungen und nahmen den Kampf wieder auf. Bei dieser Gelegenheit konnte man feststellen, daß die so berüchtigten Kolonialtruppen nur dem Anschein nach besonders kampfesmutig waren. Hätten die Aufständischen ausreichend Munition gehabt, wenn auch nur für ihre Gewehre, hätten sie das schreckerregende Heer in alle Winde gejagt, auch ohne militärische Führung und ohne strategischen Kampfplan. Individueller Heldenmut siegte in diesem ungleichen Kampf. Oviedo wurde von den Bergleuten im Sturm wieder eingenommen, und die Kolonialtruppen erlebten, wie so gut wie waffenlose Männer um jede Handbreit Boden verbissen rangen. Die Truppen von Campomanes rückten keinen Schritt vor. Sie waren so demoralisiert, daß sie sich nicht einmal am 11. Oktober zu rühren wagten, als die Aufständischen die Front aufgaben.

Die defensive Haltung machte den bemerkenswerten Aufstand in Asturien zunichte. General Lopez Ochoa wagte mit einer Handvoll Männer, den ganzen westlichen Teil des Aufstandsgebietes fünf Tage lang zu durchstreifen, als wäre er auf einem Exerzierplatz. Die Regierung hatte ihn nach Oviedo entsandt, um das Kommando über die regulären Streitkräfte und über die Kolonialtruppen, die dort eintreffen sollten, zu übernehmen. Er verließ am 4. Oktober in der Nacht mit drei Kompanien des Infanterieregiments Nr. 12 und einer halben Kompanie einer Maschinengewehrabteilung auf vier Lastkraftwagen Lugo in Galicien. Nach einer Fahrt über Navia, Luarca, Salas, Grado,

Pravia, Soto del Barco, Piedras Blancas und Aviles gelang es ihm am Morgen des 10. Oktobers nach einer Reihe von Scharmützeln und erfolgreichen Kämpfen in die Infanteriekaserne von Oviedo einzudringen. Mit zweihundertneunzig Mann durchzog er ein Gebiet mit dreißigtausend Aufständischen. Das war eine wirkliche Offensive. Er handelte wie ein Bandenchef nach Guerillaart; die Aufständischen konnten nichts gegen ihn ausrichten. Sie begnügten sich mit der Verteidigung und mit dem anscheinenden Zurückdrängen der Kolonne des Generals. Dabei glaubten sie naiverweise, ihn in allen Zusammenstößen besiegt zu haben, weil er selbst sich zurückgezogen hatte. Hätten die Aufständischen eine militärische Führung gehabt, dann hätte der General unterwegs Männer, Maschinengewehre und Lastkraftwagen eingebüßt und sich glücklich schätzen müssen, wenn er wenigstens sein Leben hätte retten können.

Eine Offensive verlangt eben fähige militärische Führer. Der Asturienaufstand hatte keine. Das Regionalkomitee, das als militärisches Revolutionskomitee hätte agieren sollen, gab nur dem Druck der Massen nach und folgte im übrigen seinem Beharrungsvermögen. Es hatte keinerlei Plan, keine Prinzipien. Unter solchen Umständen ist die Defensive die elementarste Form des Kampfes. Sie scheint recht einfach zu sein. Es genügt, stillzustehen und zu schießen, bis die Munition ausgeht. Das Regionalkomitee verstand es nicht, die einzelnen Abteilungen zu organisieren. Es bildeten sich Gruppen zu dreißig Mann, das oberste Militärkommando war der Gruppenführer. Diese Art der Organisation blieb während des ganzen Aufstands unverändert. Mit selbständigen Einheiten in Zugstärke kann man weder manövrieren, was unbedingte Voraussetzung einer Offensive ist, noch ernstlich kämpfen. Es ist außergewöhnlich, daß die Aufständischen sich unter solchen Bedingungen so hartnäckig hatten schlagen können. Ein Leutnant und ein Unteroffizier der Zivilgarde, die in Gefangenschaft geraten waren, boten den Aufständischen ihre Dienste an. Sie wurden sofort angesehene und kompetente militärische Berater, so wenig kannte man sich in diesen Dingen aus, obwohl aus dieser Masse von Männern ein reguläres Armeekorps hätte aufgestellt werden können.

Sicherlich spricht nur eine geringe Wahrhscheinlichkeit dafür, daß sich unter Bergarbeitern ehemalige Offiziere oder Politiker mit militärischer Vorbildung befinden. Doch die Zentrale der Aufstandsbewegung der ganzen Halbinsel, die seit langem schon auf einen Aufstand hinarbeitete, hätte ihre besten militärischen Führer nach Asturien entsenden sollen. In keiner anderen Gegend Spaniens gab es eine derart in sich geschlossene Arbeitermasse wie in Asturien, weshalb leicht vorauszusehen war, daß man aus ihr in einem Aufstand das für einen Bewegungskrieg nötige Heer rekrutieren hätte können.

Das Regionalkomitee tat sein bestes. Seinen Mitgliedern aber mangelte es an eiserner Entschlossenheit, die aus dem Bewußtsein der eigenen Tüchtigkeit entspringt. Bei der ersten größeren Schwierigkeit am 11. Oktober gaben sie sich schon geschlagen. Das Regionalkomitee, das am 6. Oktober zusammengetreten war, löste sich am 11. Oktober schon wieder auf. Die Bergarbeiter revoltierten und veranlaßten Bellarmino Tomás, einen der angesehensten Bergarbeiterführer, der dem ersten Regionalkomitee nicht angehört hatte, ein zweites Regionalkomitee zu gründen. Dieses trat am 12. Oktober in Sama zusammen – Vertreter der örtlichen Komitees des Bergarbeiterbezirks waren anwesend – und nahm den Kampf wieder auf.

Hier hatten also die Massen der militärischen Führung ihren Willen aufgezwungen und ihren Wagemut eingeflößt.

Die Wahl des Zeitpunkts

Es ist wohl eine Binsenweisheit, daß ein Aufstand unter objektiv und subjektiv günstigen Umständen erfolgen muß, wenn er von Erfolg gekrönt sein soll. Nun läßt sich aber dieser aus zweierlei Sicht günstigste Zeitpunkt in keiner Weise bestimmen. Es gibt keine fixen oder auch nur beiläufigen Regeln für die politischen und militärischen Führer einer revolutionären Bewegung zur Bestimmung des geeigneten Zeitpunkts für eine Offensive. Man kann nur allgemein die Grundsätze aufstellen, die in einem Aufstand zu befolgen sind, keinesfalls aber ein festes Schema entwickeln. Entschlüsse sind also schwierig zu fassen. So wie in einer Schlacht zwischen zwei Heeren die Qualität der Generäle ist im Aufstand die Schulung der Führer von ausschlaggebender Bedeutung.

Der Dezember 1924 war für den Aufstand von Reval sicherlich günstig. Ebenso war es der Oktober 1923 für die Stadt Hamburg. Für Spanien im allgemeinen war der Zeitpunkt ungünstig gewählt, wenn dies auch für Katalonien und Asturien im Oktober 1934 nicht galt. Was aber aus zeitlicher Distanz klar ersichtlich ist, stellt sich im gegebenen Augenblick ungewiß und verworren dar. Ein Entschluß aber muß schnell gefaßt werden, denn es gilt zu handeln und nicht Kritik zu üben. Der günstige Zeitpunkt ist nicht auf die Stunde beschränkt, sondern kann einen Tag oder eine Woche, einen oder mehrere Monate dauern. Nicht einmal dies läßt sich im voraus bestimmen. Sicher ist nur, daß er in Anbetracht der Urteilsträgheit der meisten Menschen viel zu schnell auftritt und vorübergeht und sich kein zweites Mal in gleicher Form bietet. Seine Erfassung ist ein theoretisches und praktisches Gebot.

Wenn man im Rückblick die allgemeine Lage im Oktober 1917 untersucht, so scheint es unmöglich, daß die Geschichte nochmals eine für einen Volksaufstand so günstige Situation bieten könnte, und man muß sich wundern, daß in der bolschewistischen Partei jemand gegen den Aufstand gewesen sein kann. Niederlage und Unterwerfung der regierungstreuen Truppen und die Machtergreifung durch die Aufständischen erfolgte in Kämpfen, in denen auf beiden Seiten einige Schüsse in die Luft abgegeben wurden. Trotzki spricht zwar von Toten, nennt jedoch keine Zahlen. Bei John Reed gibt es bloß einen verletzten Junker, der von Kameraden gestützt herankommt, und etwa zehn Tote unter den Aufständischen. Doch auch diese Nachricht ist recht unklar formuliert: »Wieviel Gefallene habt ihr gehabt?« fragte ich. »Ich weiß nicht, so an die zehn...«

Der Entschluß zum Aufstand kam nicht ganz reibungslos zustande. In der von Lenin veranlaßten Sitzung des Zentralkomitees der bolschewistischen Partei am 10. Oktober in Suchanows Haus, in der man erstmals den Aufstand beschloß, waren von einundzwanzig Mitgliedern des Komitees bloß zwölf anwesend. Für den Aufstand stimmten zehn, dagegen zwei, nämlich Sinowjew und Kamenew. Der letztere war auch aus wohlüberlegten Gründen gegen den Auszug der Bolschewisten aus dem Vorparlament.

In der zweiten Sitzung des Zentralkomitees der Partei, die Lenin, der durch die unterschiedlichen Meinungen beunruhigt war, für den 16. Oktober nach Lessny in der Umgebung Petersburgs einberufen hatte, waren vierundzwanzig Anwesende zu verzeichnen, einschließlich der Vertreter der Hauptstadt. Die Resolution Lenins für den Aufstand wurde mit neunzehn Ja-Stimmen angenommen, es gab zwei Gegenstimmen und drei Stimmenthaltungen. Nach wie vor waren Sinowjew und Kamenew dagegen. Die Resolution Sinowjews, derzufolge jede Kundgebung unzulässig sei, ehe man nicht die bolschewistische Fraktion des Sowjetkongresses zu Rate gezogen habe, was eine indirekte, hinauszögernde Stellungnahme gegen den Aufstand bedeutete, wurde mit nur fünfzehn Stimmen abgelehnt. Sechs stimmten dafür, drei enthielten sich der Stimme. Kamenew war davon überzeugt, daß die Partei nicht über den nötigen Apparat für eine Revolte verfüge; Kalinin war hingegen der Meinung, es handle sich um eine Aktion, die nicht unmittelbar bevorstehe, was seinem Ja-Votum nur theoretischen Wert verleiht. Am 17. Oktober veröffentlichte Kamenew ein Protestschreiben gegen die Richtlinien des Zentralkomitees, so sehr war er von der Schädlichkeit des Unternehmens für Revolution und Partei überzeugt. Er sprach in seinem eigenen und im Namen Sinowjews und anderer Parteigenossen, die nicht die Absicht hatten, »alles auf die eine Karte des Aufstands zu setzen«. Um keine Mitverantwortung übernehmen zu müssen, trat Kamenew als Mitglied des Zentralkomitees zurück. Lunatscharskij protestierte auch in der Presse. Am 20. erklärte Sinowjew im Zentralorgan der Partei, der *Prawda*, er stimme in keiner Weise mit den Aufstandsideen Lenins überein. Was noch schwererwiegend ist: Die Zeitung veröffentlichte den Brief mit einem Sympathievermerk der Redaktion.

Es war weder Opportunismus noch Kleinmütigkeit, daß Männer in so gehobenen Parteistellungen, die zweifelsohne Revolutionäre waren, den Aufstand für noch nicht zeitgerecht hielten. Von damals an hielt man Kamenew und Sinowjew für Opportunisten. Allerdings beenden Opportunisten im allgemeinen ihre politische Karriere nicht im Kerker. Lunatscharskij und Sinowjew haben sich anscheinend niemals durch Mut ausgezeichnet, doch Kamenew galt als furchtlos. Trotz seiner abweichenden Ansichten nahm er in den Tagen des Aufstands mutig an der Leitung der Operationen teil.

Auch Tschudnowski war gegen den Aufstand. Er stürzte sich wagemutig in den Kampf, als die Mehrheit ihn beschlossen hatte. Er gehörte dann auch zum Triumvirat, das den Angriff auf das Winterpalais leitete. Man kann ihm vorwerfen, daß er militärisch unvorbereitet war und von Strategie keine Ahnung gehabt habe, doch sicherlich keinen Mangel an Mut. Während des Sturms auf das Winterpalais gelang es ihm unter Einsatz des Lebens, unbemerkt dort einzudringen und die Junker zur Übergabe aufzufordern. Kurz nach dem Aufstand wurde er in einem Zusammenstoß mit Kosaken in der Umgebung von Petersburg verletzt; später starb er in den Kämpfen in der Ukraine.

Das Widerstreben gegen den Aufstand erklärt sich wohl daraus, daß einige Führer das Gefühl hatten, der Augenblick sei für solch eine entscheidende und kompromißlose Aktion noch nicht reif. Sie sahen im Geiste nur die Schwierigkeiten und das Risiko, während ihnen die unzähligen günstige Aspekte der Situation entgingen. Die Gefahr wurde überbewertet. Es gibt Menschen, die hervorragend begabt und politisch gebildet sind, aber dennoch praktische Probleme nicht rasch erfassen und lösen können. »Die Grundsätze des Krieges«, schreibt Dragomirow, »übersteigen keineswegs das Fassungsvermögen des durchschnittlich intelligenten Menschen, was aber noch lange nicht bedeutet, daß er sie auch anwenden kann.« Das gilt auch für den Aufstand. Kamenew und seine Gesinnungsgenossen waren nicht die einzigen, die damals die Kräfte der Provisorischen Regierung und der Reaktion überschätzten. In der Nacht vom 24. Oktober, in der die Bolschewisten, ohne einen Schuß abzugeben, die strategisch wichtigen Punkte der Hauptstadt – Banken, Arsenale und lebenswichtige Dienststellen des Staates – in Besitz nahmen, behauptete Dan, der Präsident des Exekutivkomitees des Sowjetkongresses und einer der bedeutendsten menschewistischen Sozialisten, daß »die Konterrevolution noch nie so stark gewesen sei wie just in dem Augenblick«.

Selbst in den unteren Rängen der Partei, die Lenin für revolutionärer hielt als die Führung, gab es erhebliche Zurückhaltung. In der Gegend von Moskau war nur das Regionalkomitee für den Aufstand, während die Bolschewisten der Stadt die Offensive lieber auf später verschieben wollten. Überall hatte sich ein gewisser Argwohn gegen die Unnachgiebigkeit Lenins eingeschlichen, den etliche als tobsüchtigen Irren ansahen, der die Arbeiterklasse ins Verderben stürzte. Auf allen lag die Last ernster Verantwortung.

Lenin jedoch hatte für sich und die anderen einen eisernen Willen. Der Augenblick traf ihn nicht unvorbereitet. Er schrak vor Verantwortung nicht zurück. Er scheute sich nicht, alles auf eine Karte zu setzen. Wie ein General, der alle seine Kräfte in die Entscheidungsschlacht zu werfen im Begriffe steht, hatte Lenin vollstes Vertrauen in den seit Jahren herbeigesehnten Augenblick. Sein ganzes Bemühen ging dahin, den Führern und der Masse Vertrauen einzuflößen. In einem Kapitel seiner *Geschichte der russischen Revolution* beschreibt Trotzki in glänzender Weise die stürmischen Aufrufe Lenins zum Aufstand. Im Erfolg der Bolschewisten in den Sowjets der beiden Hauptstädte, Petersburg und Moskau, sah Lenin bereits die radikale Umgestaltung der Situation. Während der Demokratischen Beratung Mitte September schrieb er an das Zentralkomitee der Partei, man solle den Angriff auf die Provisorische Regierung und die Übernahme der politischen Macht sofort auf die Tagesordnung setzen. Das Zentralkomitee war keineswegs der Meinung, daß der Zeitpunkt günstig sei, und lehnte den Vorschlag ab. Lenin ließ nicht locker und schrieb erneut an das Komitee, diesmal allerdings ziemlich schroff. Das Präsidium des Sowjetkomitees in Finnland stand mit ihm in enger Fühlung. Ende September drang Lenin dort darauf, daß innerhalb der Partei eine Organisation für den Aufstand gegründet werden sollte. Er schrieb auch an das Zentralkomitee und gebrauchte leidenschaftliche polemische Ausdrücke, weil er entrüstet darüber war, daß die anderen nicht so klar sahen wie er. Schließlich war er am Ende seiner Geduld. Zum Zeichen des Protestes und um innerhalb der Partei Handlungsfreiheit zu haben, erklärte er seinen Austritt aus dem Komitee. Diese Drohung blieb allerdings platonisch. In den ersten Oktobertagen wandte er sich mit Hilfe der alten Bolschewisten direkt an die Komitees von Moskau und Petersburg, setzte sich also über das Zentralkomitee hinweg, und bestürmte sie, den Aufstand zu betreiben, weil Hinausschieben ein Verbrechen sei. Dem Komitee des Wyborgviertels, dem revolutionärsten der Hauptstadt, ließ er den an das Zentralkomitee gerichteten Brief zukommen, damit man in den unteren Rängen über seine Ansichten und seine daraus folgende Opposition zu den Führenden Bescheid wisse. Daraufhin wachten diese Kader auf und bedrängten das Zentralkomitee. Lenin wandte sich mit Ermutigungen an die Teilnehmer der Parteikonferenz in Petersburg und stachelte die Delegierten an, für den Aufstand einzutreten. Am 8. Oktober richtete er Appelle an die bolschewistischen Sowjetdelegierten von Petersburg, Moskau, Kronstadt, Helsingsfors und Reval, also an zwei Hauptstädte, an die Seefestungen und an die Baltische Flotte. Er hatte seinen Schlupfwinkel verlassen, war in der Sitzung des Zentralkomitees am 10. Oktober anwesend und setzte durch, daß auch dieses für den Aufstand stimmte.

Ohne Lenins klare Erfassung der Situation und ohne seine Hartnäckigkeit, mit der er den günstigen Augenblick nicht ungenutzt verstreichen lassen wollte, wäre die Provisorische Regierung schwerlich gestürzt worden. Und die Reaktion hätte in Rußland genauso wie in Italien, in Deutschland und in Österreich wieder ihr Haupt erhoben. Denn der schwankenden, unentschiedenen Haltung der Führung entsprach mangelhafte Organisation und Unsicherheit in den unteren Rängen, bei den Soldaten und den Arbeitern. Man darf nicht glauben, daß alles vollkommen gewesen sei. Aufstände sind solch außergewöhnliche Ereignisse, daß sie nicht unbedingt Begeisterung wecken müssen. Sie sind unvermeidliche Zufälligkeiten wie Kriege oder notwendige Folgen vorangegangener Geschehnisse, die das Volk kaum zu schätzen weiß. Die Petersburger Arbeiter hatten im selben Jahr bereits zwei solcher Aufstände hinter sich gebracht. Es war kaum anzunehmen, daß sie sich mit Selbstverständlichkeit danach sehnten, noch einen dritten durchzustehen. Der Juliaufstand war alles eher als eine ermutigende Erinnerung. Die Soldaten hatten zwar den guten Willen, dem Kriege ein Ende zu setzen, rasch nach Hause zu kommen und das Land untereinander aufzuteilen, doch herrschte unter ihnen heillose Disziplinlosigkeit. Die Regimenter konnten nur noch insofern als militärische Einheiten angesehen werden, als sie essen, schlafen und ausgehen konnten, ohne daß die Soldaten gegeneinander handgreiflich wurden. Ein Regiment in aller Ruhe in einer Stadt aufmarschieren und manövrieren zu lassen war ebenso schwierig geworden, wie es in einer Schlacht einzusetzen. Ganze Abteilungen hatten eine gewisse Fertigkeit im Gähnen entwickelt oder begnügten sich ebenso »kriegerisch« damit, Sonnenblumenkerne zu verspeisen. Sie führten wohl noch ihre Waffen, doch nur wenige glaubten ernsthaft, sich ihrer noch bedienen zu müssen. Am besten werden jene Tage durch den Umstand gekennzeichnet, daß der Aufstand nicht als illegale und blutige Angelegenheit angesehen wurde, sondern als eine durchaus gesetzliche und friedliche Kundgebung der eigenen Kraft. Da die Mehrheit der Sowjets die Macht für sich forderte, hatte Kerenski auch kein Recht, sich dem entgegenzustellen.

Diese Stimmung, der ein Großteil der Garnison und der Arbeitermassen Petersburgs unterlag, hatte gute, aber auch schlechte Seiten. Man war allgemein vom guten Recht überzeugt, die Provisorische Regierung zu stürzen – das war nicht etwa bloß Sache einer aberwitzigen Avantgarde, sondern aller Volksklassen. Diese Überzeugung hatte gewiß ihre gute Seite. Anderseits aber schien der Übergang der Macht von Kerenski an die Sowjets so ohne jeden Widerstand erfolgt zu sein, daß die Massen nicht im Traume daran dachten, noch einmal ernsten Gefahren die Stirne bieten zu müssen. Das aber wirkte sich ungünstig aus, denn ein Kampf, in welchem die Angreifenden sich der Gewißheit hingeben, daß sie einen kapitulationsbereiten Gegner vor sich haben, kann sehr leicht ein böses Ende nehmen, wenn der Feind dann doch Widerstand leistet. Die Aktion gegen das Winterpalais, das bedeutungsvollste militärische Geschehen des ganzen Oktoberaufstands, ist ein schlagender Beweis für diese unglaublich optimistische Einstellung, die glücklicherweise auch die aktiven Kräfte der Provisorischen Regierung erfaßte. Wer dächte da nicht an die seltsamen Schlachten im italienischen Quattrocento (15. Jahrhundert) darunter die unvergeßliche von Anghieri, in der das Waffengetöse unbeschreiblich war (»Der Kampf dauerte zwanzig bis vierundzwanzig Stunden«, schreibt Machiavelli), doch gab es nur einen Toten; und dieser war das Opfer eines Unglücksfalles, denn der Unglückselige hatte die Leichtfertigkeit begangen, mit dem Kopf nach unten vom Pferde zu stürzen.

Das Winterpalais war das politisch wichtigste Objekt. Nach der Abreise Kerenskis, der auf der Suche nach regierungstreuen Truppen war, hatten sich dort alle Regierungsmitglieder versammelt. Im Palais hatten sich die Getreuesten verschanzt, etwa 1500 Mann, die einzigen und letzten in der ganzen Hauptstadt. Sie waren das Herz des Widerstands. Von allen in Aussicht genommenen Objekten sollte das Winterpalais, dem Plan der Führung zufolge, zuerst in Besitz genommen werden. Doch seit der Nacht vom 24. Oktober war der Aufstand auf die Linie des geringsten Widerstands abgeglitten. Das Palais wurde als letztes eingenommen. Es gab eine Reihe von Aufschüben, man stellte immer wieder neue Ultimaten, und nach einem guten Dutzend Varianten verging der 26. Oktober, und es wurde wieder Nacht. So viele beeinträchtigende Umstände hätte man füglich nie voraussehen können. So kam man beispielsweise darauf, daß die Kanonen, mit denen man das Winterpalais unter Beschuß nehmen sollte, verrostet waren. Als sie schußbereit waren, fehlte die Bedienungsmannschaft. Ohne eine solche nützen die besten Kanonen der Welt nichts. Als schließlich alles bereit war, war auf der Peter-und-Paul-Festung keine rote Laterne zu sehen, die das Signal zur Eröffnung des Feuers hätte geben sollen. Vertuschen ist sinnlos. Die Dinge standen eigentlich denkbar schlecht. Doch auf der gegnerischen Seite war es auch nicht viel besser. Die Verteidigung bestand aus großen Kontingenten der beiden Militärakademien (der Junker) Oranienburg und Peterhof, dazu kamen eine Batterie zu sechs Kanonen der Artillerieschule Konstantin, eine halbe Kompanie des Junkerbataillons der Pioniere, zwei Hundertschaften der Uralkosaken, eine Sturmkompanie des Frauenbataillons, 40 invalide Träger des St.-Georgs-Ordens. Alle diese wahllos und rasch zusammengestellten Streitkräfte verloren sich größtenteils im Verlauf der Aktion ebenso rasch und ziellos. Die Belagerer, die ihre Sperren geöffnet hatten, um diese Streitkräfte ins Palais gelangen zu lassen, mußten sie nochmals öffnen, um sie wieder herauszulassen. Die Verteidiger hatten den Befehl, nicht als erste das Feuer zu eröffnen; die Belagerer hatten Order, nicht allzu wild und grausam vorzugehen. Wer den ersten Schuß abgegeben hat, ist ungewiß. Doch auf einmal wurde hüben und drüben geschossen, allerdings in die Luft. Die Artillerie der

Junker verlor die Nerven und räumte den Palast. Dasselbe taten die zwei Hundertschaften der Kosaken. Gruppen von Junkern ergaben sich auf eigene Faust, ohne erst auf die Genehmigung der Verteidigungschefs zu warten, die sich einer nach dem anderen zurückzogen. Die weibliche Sturmkompanie kapitulierte bei der ersten Kraftprobe. Ein denkwürdiger Angriff!

Die Statistik, eine offensichtlich unfehlbar exakte Disziplin, gibt die genaue Anzahl der auf das Winterpalais abgeschossenen Granaten an: nämlich fünfunddreißig. Nur zwei jedoch trafen ihr Ziel, wobei nicht einmal sicher ist, ob die 35 abgegebenen Kanonenschüsse nicht nur Schreckschüsse mit blinden Geschossen gewesen sind. Über die 33 Granaten, die nach der Wahrscheinlichkeitsrechnung jenseits des Winterpalais zu Boden gegangen sein müßten, hat man nichts in Erfahrung bringen können. Im Palast war jedenfalls keine Spur von ihnen zu sehen. Das Winterpalais wäre eine gute Zielscheibe für Geschütze der Feldartillerie gewesen, die achthundert Meter Reichweite hatte, also gerade die Entfernung zwischem dem Palais und den Bastionen der Peter-und-Paul-Festung. Gewiß herrschte finstere Nacht, aber es war ein direktes Schießen. Trotzki, der aus einem gewissen Stolz auf diesen Artilleriebeschuß unter so außergewöhnlichen Umständen kein Hehl machte, sagte: »Die vorausberechnete Gradation ist voll und ganz beachtet worden.« Es ist anzunehmen, daß diese am Tag und nicht nachts bestimmt worden ist, denn auf Grund des ersten Planes hätte die Artillerie am Mittag des 25. Oktobers in Aktion treten sollen. Angesichts dieser Tatsachen liegt der Schluß nahe, daß das ganze Getöse der Bombardierung, die Petersburg für einige Stunden ohrenbetäubend erschütterte, letzten Endes nur eitel Rauch gewesen sei, hätte man nicht die Spuren der beiden im Winterpalais explodierten Granaten gefunden. Höchstwahrscheinlich war auch nichts dahinter, denn diese beiden Granaten wurden den Kanonen des Kreuzers *Aurora* zugeschrieben, also Marine- und nicht Feldgeschützen. Sicherlich aber schoß die Peter-und-Paul-Festung mit Feldgeschützen, und ebenso sicher ist, daß die *Aurora* keine einzelne Granate abgeschossen hat. Der Kreuzer gab nur Salven ab.

Der Epilog ist nicht weniger interessant als das verwickelte eigentliche Geschehen. Matrosen und Rotgardisten gelang es, einzeln oder gruppenweise durch nicht bewachte Eingänge, die im letzten Moment aufgespürt worden waren, in das Winterpalais einzudringen. Die Nacht und die Verdunkelung im Palast begünstigten den Endcoup. Die Angreifer drangen in das feindliche Hauptquartier ein und wurden geradezu ritterlich empfangen, ohne daß ein Schuß abgegeben worden wäre. Auch die Angreifer machten von der Schußwaffe keinen Gebrauch, obwohl sie bis zu den Zähnen bewaffnet waren. So stießen sie auf die Junker, die ebenso martialisch gerüstet waren.

Zu Hunderten drangen sie ein, ließen sich aber sofort entwaffnen, sobald ein Junker schrie: »Ihr seid gefangen!« Bis im allgemeinen Durcheinander ein Aufgeweckter unter den Bolschewisten den Junkern erklärte: »Ihr seid doch die Gefangenen!« Das wurde auch sofort anerkannt. Die Junker ließen sich entwaffnen.

So fiel das Winterpalais, und mit ihm achtzehn Mitglieder der Provisorischen Regierung. Der Angriff mit seinen unblutigen militärischen Aktionen hatte acht Stunden gedauert. Nur der Kanonendonner hatte dem Ganzen einen kriegerischen Anstrich gegeben. Doch in aller Herzen herrschte Frieden. Den Verteidigern wurde gegen Ehrenwort freier Abzug gewährt. Die dankbare Menge versagte ihnen ihre Sympathie nicht.

Das Komplott

Aufstände brechen keinesfalls urplötzlich aus. Oft wird gesagt, daß gerade dann, wenn man es am wenigsten erwartete, das Volk wie der Blitz dreinfahre und zur Selbsthilfe greife. Dieser vertrauensvolle Optimismus hat bis heute viele Enttäuschungen im italienischen und im deutschen Antifaschismus nach sich gezogen, weil man die eigene Hoffnung mit der rauhen Wirklichkeit verwechselte und große Umwälzungen mit periodischer Regelmäßigkeit ankündigen zu können glaubte. Darauf folgte verzagte Niedergeschlagenheit, was nicht hinderte, daß man bald wieder in den gleichen Wahn verfiel.

In Italien wird seit Mazzini immer wieder behauptet, daß Cattaneo noch am Vorabend des Mailänder Aufstands diesen für unmöglich gehalten habe. Das trifft sicherlich zu. Er hielt ihn sogar noch am Morgen des 18. März 1848 für undurchführbar, denn zu diesem Zeitpunkt war er der Meinung, daß das österreichische Heer darauf aus war, ein Gemetzel anzurichten, und er wünschte es auch. Wenige Stunden später erwuchsen aus einer Demonstration, die von den meisten für legal und friedlich gehalten wurde, die Barrikaden. Vom September 1847 bis zum März 1848 gab es eine ganze Reihe von legalen und illegalen Demonstrationen, in denen das Volk seine Verachtung für das fremde Regime und seinen Willen, dieses nicht länger zu ertragen, bekundete. Bereits nach dem Tod des Erzbischofs Gaisruck hatte die Ernennung des ersten italienischen Erzbischofs deutlich gezeigt, wie tief in der ganzen Stadt die Animosität gegen die österreichische Besetzung verwurzelt war. Die Regierungsmaßnahmen gegen Freudenkundgebungen hatten die Erregung unter dem Volke nur noch gesteigert. Die Mailänder demonstrierten weiter – in der Kirche, im Theater, auf offenen Plätzen und auf den Straßen; denn sie waren sich bereits ihres guten Rechts und ihrer eigenen Kraft bewußt. Schließlich wühlten neue Nachrichten die Menge immer mehr auf: Einmal war es die Revolte in Palermo, dann wieder die Verfassung in den Städten Neapel, Florenz und Turin, später die Aufstände in Paris und in Wien. Jedes dieser Ereignisse hatte eine öffentliche Freudenkundgebung zur Folge. Geheimnisvolle Nachrichten zirkulierten: Für das Volk seien Waffenlager vorbereitet; demnächst würden Zehntausende Gewehre eintreffen; also Nachrichten, die zu solchen Zeiten geglaubt werden und die Einbildungskraft der kampflustigsten Elemente schüren. Die Österreicher glaubten, sie könnten einem Aufstand durch Deportierung der gefährlichsten politischen Agitatoren vorbeugen, doch diese Maßnahme fachte jetzt Erbitterung und Entrüstung nur noch mehr an. Die Forderung der Polizei nach dem Standrecht,

Volksaufstände, durch einige Ereignisse angekündigt worden. Die Teuerung, die niedrigen, in keinem Verhältnis zu den hohen Lebenskosten stehenden Löhne, die Leiden und die Unabsehbarkeit des Kriegs, eine Million Fahnenflüchtlinge, die Unordnung und Unfähigkeit der führenden Klassen, die Korruption des Hofes und seiner Umgebung, die Ermordung Rasputins als Zeichen des moralischen Zerfalls, all dies hatte die Massen in höchste Erregung versetzt. Nicht nur Zar Nikolaus II., sondern der Zarismus hatten nun endgültig ausgespielt. Der 18. Oktober 1916 in Petersburg war ein Auftakt, von dem zu erwarten stand, daß er sich wiederholen würde. An jenem turbulenten Tag waren gewaltige Arbeitermassen durch die Straßen gezogen, die so offen revoltierten, wie man es seit 1905 nicht mehr erlebt hatte. Bezeichnenderweise hatten sich die Soldaten mit ihnen verbrüdert. Als die beiden Regimenter auf die Polizei und nicht auf die Arbeiter zu schießen begannen, war dies kein vereinzelter Fall von Unbotmäßigkeit der Truppen, wie man es in amtlichen Kreisen wahrhaben wollte, sondern vielmehr ein Beweis jener Solidarität, die sich zwischen Volk und Heer gebildet hatte und die sich gegen die herrschende Führungsschicht richtete. Daran hätte man die unmittelbar bevorstehende Revolte erkennen können. Die als Vergeltung durchgeführte Erschießung von hundertfünfzig Soldaten der beiden Regimenter am 27. Oktober führte zum Streik der Arbeiterklasse. Beide Ereignisse besiegelten das Einvernehmen zwischen Garnison und Volksmassen. Der Aufstand war Wirklichkeit geworden. Die fünfzehn Tage vor dem Aufstand – vom 10. bis zum 26. Februar – standen ganz im Zeichen der Agitation und des Aufruhrs.

Aufstände kündigen sich stets an, auch wenn es nicht immer leicht fällt, ihre Entwicklung zu verfolgen.

Spontane Massenrevolten ereignen sich niemals von heute auf morgen. Eine revolutionäre Bewegung ginge sehr leichtfertig vor, wenn sie ihre bewaffnete Avantgarde zur entscheidenden Aktion einsetzte und sich auf die revolutionäre Reife der Massen verließe, ohne sich davon vergewissert zu haben. Die Entscheidung zum Aufstand muß auf zwei Voraussetzungen beruhen: auf der Fähigkeit der bewaffneten Avantgarde zum Angriff und auf der Bereitwilligkeit der Massen, die Avantgarde zu unterstützen. Die Organisation, Schulung und tatsächliche Schlagkraft der Avantgarde kann nicht aus der Papierform abgelesen, sondern nur in konkreten Versuchen ermittelt werden; auf die Bereitwilligkeit der Masse zu einem Aufstand kann man ebenfalls nur aus genau beobachteten Episoden in der Stadt und auf dem Lande schließen. Diese Episoden müssen demonstrativen Charakter haben und den Beweis erbringen, daß das Volksbewußtsein eine radikale Wandlung erfahren hat, daß an die Stelle einer stumpfen und stummen Resignation zunehmende Erregtheit und feste Entschlossenheit getreten sind.

Solche Aktionen sind als Kennzeichen einer reifen revolutionären also die Vollmacht, jemand innerhalb von zwei Stunden abzuurteilen und aufzuhängen, wirkte nicht einschüchternd, sondern provozierend. »Blut«, schrieb Cattaneo, »flößte keinem mehr Schrecken ein.« Die Stunde war für den Aufstand reif, was Cattaneo, der die Kräfte des Heeres im Verhältnis zu den revoltierenden Massen überschätzte, nicht erkannte. Er hatte nicht erfaßt, daß man nach einem langen Weg die letzte Etappe erreicht hatte.

In Frankreich heißt es oft, daß über den plötzlichen Ausbruch des Aufstands vom Februar 1848 niemand mehr überrascht war als die Führer der republikanischen Partei: Ledru-Rollin, Marrat, Armand und Louis Blanc. Daraus könnte man schließen, daß Louis Philippe durch einen unerwarteten Handstreich gestürzt worden wäre. Der Februaraufstand kam jedoch keineswegs unvorhergesehen. Louis Philippe fiel genauso wie Dom Pedro, der letzte Kaiser Brasiliens. Der König hatte keine Verteidiger mehr um sich, das Heer befand sich in einer Krise. Die Reforminitiativen in Dijon und in Lille Ende Dezember 1847 waren große Vorhutgefechte gewesen, denen die Monarchie nicht entgegenzutreten vermocht hatte. Auch die flammendsten Reden und Schriften der Opposition überraschten nicht mehr, denn der Gedanke an einen nahen Aufstand war Allgemeingut geworden. Die beiden republikanischen Blätter, *Le National* und *La Reforme,* das erste das Organ des revolutionären Bürgertums, das zweite das Organ der Pariser Arbeiter, hatten ungemein starken Einfluß und sammelten zunehmend Gefolgschaft. Die republikanischen Kräfte gewannen von Tag zu Tag mehr an Boden, während die Anhänger der Monarchie verschwanden. Das erklärt, weshalb das Volk in der Reformbewegung im 12. Pariser Arrondissement so selbstbewußt und kampfbereit auftrat.

Auch vom Februaraufstand 1917 in Rußland hieß es, daß ihn niemand vorhergesehen habe, daß er gänzlich unerwartet erfolgt sei. Basilius Maklakow, der Führer der Kadetten, war geradezu verblüfft. Kerenski berichtete über die Versammlung, die das Informationsbüro der Linksparteien, Sozialrevolutionäre, Menschewisten, Bolschewisten, am Vorabend des Aufstands, am 26. Februar, in seinem Hause abgehalten hatte. Er erklärte, daß selbst die entschiedensten Extremisten der Ansicht gewesen waren, die revolutionäre Bewegung wäre im Abklingen; die Arbeitermassen – ohne Organisation und Führung – verhielten sich passiv und gingen auf die Herausforderungen der Kosaken nicht ein; für die nächste Zeit wäre keinerlei Aufstand zu erwarten und man müßte daher alle Bemühungen auf die Propaganda konzentrieren, die das einzige Mittel wäre, in der Zukunft eine ernsthafte revolutionäre Bewegung in die Wege zu leiten. Augenscheinlich war dieses Informationsbüro nicht gerade das bestinformierte. Der Petersburger Aufstand hingegen, den freilich niemand für diesen bestimmten Tag hatte voraussehen können, war immerhin, wie alle spontanen

Situation unerläßlich, denn nur dann soll die Führung einer revolutionären Bewegung den Aufstand beschließen. Andernfalls wäre es verantwortungslose Waghalsigkeit, einen Aufstand vom Zaun zu brechen. Sporadische Einzelhandlungen genügen allerdings nicht; kennzeichnend sind nur Aktionen, in denen sich das Kollektivbewußtsein der Massen in Stadt und Land ausdrückt, also öffentliche Kundgebungen, Aufruhr, Revolten oder wiederholte Aufstandsversuche, Zusammenstöße mit der bewaffneten Macht oder offenkundiges Einverständnis der letzteren mit den Forderungen des Volkes. Solche Vorkommnisse berechtigen zur Annahme, daß sich das Land in Aufstandsbereitschaft befindet.

Eine wohlorganisierte revolutionäre Bewegung muß imstande sein, Vorpostengefechte auszuführen, wie sie bereits beschrieben worden sind. Diese zeigen die tatsächlichen Kräfteverhältnisse im herrschenden Regime und seine schwächsten Punkte, außerdem die Kampfkraft des Heeres, der Miliz, der faschistischen Organisationen und den Geist der Massen. Erst wenn die nötigen Voraussetzungen als günstig zu bezeichnen sind, kann man über die Aktion der Avantgarde entscheiden und das Komplott in den Volksaufstand einbauen. Das Komplott gehört zum Aufstand wie der Operationsplan zur Schlacht im Krieg.

Das erste Erfordernis des Komplotts ist seine Geheimhaltung. Für Italiener ist dies ein schwieriges Problem, weil wir die Gewohnheit haben, unserem Temperament zu folgen und mehr zu reden als zu schweigen. Man denke nur an die außerordentlichen Sitzungen der Aventinianer (die antifaschistische Opposition der italienischen Kommunisten, Sozialisten, Demokraten, Liberalen und Katholiken, die nach Matteottis Ermordung 1924 nicht mehr an den Parlamentssitzungen teilnahm). Im engeren, geheimen Komitee waren nur fünf Personen anwesend, doch immer fühlte sich jemand bewogen, einen Freund, also die Öffentlichkeit, davon zu benachrichtigen, und so kam es, daß eine Stunde nach jeder Zusammenkunft die Regierung unfehlbar davon unterrichtet war. Tatsächlich war es in der Praxis ohnehin gleichgültig, ob diese Sitzungen nun geheim oder öffentlich abgehalten wurden, denn sie waren unter diesen Umständen harmlos. Die Opposition konnte sich jedoch damit trösten, daß sie über die Erörterungen in den Geheimsitzungen des faschistischen Ministerrates ebenfalls in kürzester Zeit ganz im Bilde war. Die Italiener hassen eben jede Schweigepflicht. In Italien reden auch die Trappistenmönche. Das eklatanteste Beispiel ist General Capello, der Sieger von Görz und der Verlierer der Schlacht von Karfreit. Trotz seiner militärischen Laufbahn und seiner führenden Position in der italienischen Freimaurerei konnte er seine Redeleidenschaft nicht zügeln. Unter der Anklage, zusammen mit dem früheren sozialdemokratischen Abgeordneten Zaniboni die Ermordung Mussolinis und einen Militärputsch vorbereitet zu haben, wurde er 1927 zu lebenslänglichem Kerker verurteilt. Nur die Jesuiten Italiens machen mit der Geheimhaltung Ernst. Doch sind sie nichtitalienischen Ursprungs, und ihre Führung liegt in fremden Händen.

Auch das Volk pflegt kaum irgendwelche Traditionen hinsichtlich der Geheimhaltung; selbst der Fluch ist für den Italiener nur spontaner, umfassender Ausdruck seiner innersten Gefühle. Eine Ausnahme bilden lediglich einige übriggebliebene Carbonari-Zirkel, in denen absolute Geheimhaltung herrscht. Die faschistische Polizei konnte sie nie aufspüren. Sie waren politisch untätig, aber stets geheimnisumwittert, und man weiß nie recht, ob sie noch existieren. Das Geheimnis wird hier zum Selbstzweck, und es ist nicht auszuschließen, daß sie nur noch aus einer Person bestehen.

Die Geheimhaltung des Komplotts betrifft nur die Art und Weise, in der ein Aufstand ins Rollen gebracht werden soll, sie hat nichts mit dem eigentlichen Aufstand zu tun. Dieser muß allen Beteiligten als unmittelbar bevorstehend eingehämmert werden. Die Regierung eines Staates, der Krieg führen will, wahrt ja auch das Geheimnis des Datums der allgemeinen Mobilmachung und der strategischen Operationen, doch die öffentliche Meinung des ganzen Landes wird auf den kommenden Krieg Tag für Tag vorbereitet und mit allen zu Gebote stehenden Mitteln bearbeitet. Ebenso wahrt die Führung einer politischen Bewegung das Geheimnis des eigentlichen Komplotts für den kommenden Aufstand (Tag, Örtlichkeit, militärische Formationen, Aktionsplan und dergleichen mehr), doch wird sie alles tun, damit der Aufstand von den Massen als unumgänglich anzustrebende Notwendigkeit empfunden wird. Der bolschewistische Oktoberaufstand und in mancher Hinsicht auch jener von Hamburg bieten ein Beispiel, wie Komplott, Geheimhaltung und Aufstand geartet sein müssen. Die bewaffnete Macht der Reaktion, nicht die Volksmeinung muß überrumpelt werden.

Die Geheimhaltung des Komplotts ermöglicht die plötzliche und überraschende Aktion. In Petersburg waren die öffentlichen Gebäude in der Nacht vom 24. auf den 25. Oktober schon fast alle von den Aufständischen besetzt, und die Regierung hatte noch keine genaue Vorstellung von den Geschehnissen. Selbst die Menschewisten handelten in gutem Glauben, als sie sich ins Mittel zu legen versuchten, um die Ruhe wiederherzustellen, weil sie meinten, es handle sich um bedauerliche Initiativen einzelner. Tatsächlich war der Aufstand auf der Tagesordnung aller Arbeiter- und Soldatenversammlungen gewesen. Die Bolschewisten hatten es verstanden, ihn den Massen als mögliche Defensivaktion hinzustellen, deren Verwirklichung vom Verhalten der Regierung abhänge. Selbst jene Gegner, die davon überzeugt waren, daß die Bolschewisten um jeden Preis in Aktion treten würden, waren verwirrt. Zuerst glaubten sie, daß der Start der Aktion am 20. anberaumt sei, dann wieder in der Nacht vom 16. zum 17. und schließlich in der Nacht vom 22. Oktober. Zuletzt glaubten sie überhaupt nicht mehr daran. Obwohl die Stadt Hamburg in höchster Erregung war und die Massen von einem Augenblick zum anderen den Appell an die Gewalt erwarteten, glaubten die örtlichen Behörden nicht an einen unmittelbar bevorstehenden Aufstand, und so wurde die Polizei überrumpelt.

Überraschungsmoment und Initiative entgleiten den Führern des Aufstands, wenn das Komplott nicht in allen seinen Phasen sicher getarnt bleibt. Mit Überraschungsmoment ist in diesem Zusammenhang nicht die Möglichkeit gemeint, einen Handstreich gegen eine Kaserne oder ein Gebäude von öffentlichem Interesse mit Erfolg auszuführen, sondern der Vorteil, die allgemeine Offensive dann zu beginnen, wenn die Reaktion es am allerwenigsten erwartet, selbst wenn lokale Husarenstückchen nicht möglich sein sollten. Die Offensive eines Heeres gegen ein anderes im Kriege bedeutet ja auch nicht Überrumplung des Feindes im Schlafe, sondern Irreführung des feindlichen Generalstabs, so daß dieser niemals rechtzeitig eine Umgruppierung für den Gegenschlag durchführen kann.

Das Überraschungsmoment entfiel im spanischen Aufstand vom Oktober 1934 gänzlich. Nicht die sozialistische Partei wurde offensiv, sondern Lerroux und Gil Robles ergriffen die Initiative. Einige Monate lang hatten die Führer der sozialistischen Partei in aller Freimütigkeit erklärt, daß die Arbeiterklasse im Falle einer Regierungsübernahme durch die reaktionäre und antirepublikanische Rechte ihre Zuflucht zum Aufstand nehmen würde, um die Republik zu sichern. Eine solche Erklärung war eine feierliche Verpflichtung, die der Rechten erlaubte, den für sie vorteilhaftesten Zeitpunkt zu bestimmen, zu dem die Sozialistische Partei in den Aufstand zu treten hatte. Sie wählten auch den für sie günstigsten Augenblick: als das Heer sicher in ihrer Hand und das Abkommen über die Machtverteilung unter Dach und Fach war, als die Übereinstimmung im Lager der Arbeiter und Bauern fehlte und die Arbeitermassen in Anarchisten und Sozialisten gespalten waren, als viele revolutionäre Bauernführer im Kerker saßen, als die republikanische Linke an der Arbeiterkoalition nicht teilnahm und in der Sozialistischen Partei großes Widerstreben herrschte, Largo Caballero in der illegalen Aktion Folge zu leisten. Der Aufstand wurde also von der Rechten provoziert. Gil Robles und Lerroux trafen eine Absprache, brachten das Ministerium Samper zu Fall und kamen so an die Regierung. Die Sozialistische Partei und die Allgemeine Arbeiter-Allianz riefen den Generalstreik aus. Die Regierung unterdrückte den Aufstand. Dennoch wurde der Irrtum der Sozialistischen Partei letztlich verhängnisvoller für die Reaktion als für die Arbeiterklasse. Die eindrucksvolle Großartigkeit der Revolte in Asturien verlieh dem allgemeinen Aufstand, selbst wenn er scheiterte, einen unvorhergesehenen Aspekt. Die Regierung verlor in den kritischsten Tagen den

Kopf, und sogar als Sieger wagte sie nicht, die bereits festgelegten Vergeltungsmaßnahmen in die Tat umzusetzen. Manuilski wirkt jetzt eher lächerlich, wenn man seine damalige Behauptung notiert, daß die spanische Revolution weniger Bedeutung gehabt habe als ein Teilstreik in einem beliebigen anderen Land Europas. 30.000 Bergarbeiter haben die traditionelle europäische Legende vom kastagnettenklappernden Spanien Lügen gestraft; sie haben der Reaktion in ihrem Lande Einhalt geboten und der Welt an einem Schulbeispiel gezeigt, was die Arbeiterklasse gegen den Faschismus alles zu unternehmen vermag.

Wenn die Initiative bei den Führern eines Aufstands liegt, so kann dieser auch für einen bestimmten Tag festgesetzt werden. Vielen scheint dies nicht stichhältig zu sein; aber wenn die nötigen günstigen Voraussetzungen gegeben sind und eine politische Bewegung über eine einsatzbereite bewaffnete Avantgarde verfügt, so kann der Aufstand zu einem vorherbestimmten Datum zum Ausbruch gebracht werden. Das war im Oktoberaufstand in Rußland der Fall. Es gibt zwar darüber Meinungsverschiedenheiten, wie so oft, wenn die Ansichten Trotzkis und Stalins aufeinandertreffen, doch die Argumente scheinen für das festgelegte Datum zu sprechen. Der Aufstand wurde am 10. Oktober 1917 beschlossen. Das Zentralkomitee der Bolschewisten legte das Datum fest: vor dem Sowjetkongreß (der für den 20. Oktober anberaumt war) und nicht später als der 15. Oktober. Doch die bolschewistischen Organisationen waren am 15. Oktober noch nicht einsatzbereit. Am 17. Oktober verlegte das bolschewistische Zentralkomitee die Eröffnung des Sowjetkongresses auf den 25. Oktober. Die Bolschewisten trieben ihre Vorbereitungen zum Umsturz der Provisorischen Regierung soweit voran, daß der Aufstand noch vor Beginn des Sowjetkongresses erfolgen konnte. Das war ein fixer Gedanke Lenins. So wurde der äußerste Termin der Aktion für die Nacht zum 24. Oktober festgelegt. Trotz allem fehlte noch zu viel, als daß man hätte sagen können, die nötige Vorbereitung sei zur Gänze durchgeführt worden – beispielsweise erschienen die baltischen Matrosen erst am Tag darauf.

Ob nun der Aufstand auf ein bestimmtes Datum festgelegt oder aber im letzten Augenblick beschlossen wird, ist belanglos. Wesentlich ist, daß alles einsatzbereit ist: Menschen, Führer, Plan und Mittel. Der Entschluß kann im letzten Moment gefaßt werden, doch die Vorbereitung braucht Zeit. Trotz gewissenhaftester Organisation wird sie stets Mängel aufweisen. Eine Geringfügigkeit genügt nur zu oft, um die Ausführung eines Details zu behindern, zu verzögern oder gar unmöglich zu machen. Dadurch kann der Ablauf des ganzen Plans in Mitleidenschaft gezogen werden. Überstürzte Vorbereitungen im allerletzten Augenblick machen selbst unter sonst günstigsten Bedingungen den Erfolg fraglich.

Planung und Aktion

Für die Gestaltung eines Aufstands gibt es keine festen Regeln, sie muß sich nach der jeweiligen Situation richten. Das beste Verfahren läßt sich nicht am grünen Tisch ausarbeiten. Ein Aufstand ist eben kein Krieg, in dem die Heere nach in Friedenszeiten ausgearbeiteten Aufmarschplänen vorgehen. Mobilisiert man im Osten, wird das Heer entsprechend vorgehen. Geschieht dasselbe im Süden, wird der Generalstab entsprechende Vorkehrungen treffen. Die strategische Aktion ist bereits festgelegt; nur die Taktik muß noch bestimmt werden.

Ein Aufstand ist ganz anders geartet. In ruhigen Zeiten kann man niemals voraussehen, wie sich der Aufstand gestalten wird. Werden die Bauern eines großen landwirtschaftlichen Bezirks als erste revoltieren oder die Arbeiter einer großen Industriestadt oder die Volksmasse der Hauptstadt? Wird es in einzelnen Gegenden schrittweise zu Aufständen kommen wie 1848 in Italien, oder wird es eine vorwiegend zentrale Revolte geben wie im Februar und im Oktober 1917 in Rußland? Wird die Führung einer revolutionären Bewegung die Rotgardisten zur Unterstützung und Ausbreitung einer Teilrevolte einschreiten lassen, oder wird die Rote Garde als erste von sich aus eingreifen müssen, ohne sich mit örtlichen Revolten in Verbindung zu setzen? Auf alle diese Fragen gibt es keine Antwort.

Der Aufstandsplan kann von den Führern nur innerhalb der kurzen Zeitspanne knapp vor Ausbruch des Aufstands festgelegt werden. Darin müssen alle Umstände berücksichtigt werden, die in der Zwischenzeit entstanden sind. Die bewaffnete Avantgarde muß allerdings bereits herangebildet und auf Grund von Recherchen ihrer Kader ortskundig sein; sie darf nur noch auf den Einsatzbefehl warten.

Selbst ein solcher gut durchdachter Plan muß abgeändert werden können, um allen eventuell eintretenden Umständen gerecht zu werden. Die Aktion kann sich dann ganz anders entwickeln, als im voraus geplant war. Der bolschewistische Oktoberaufstand mag als Lehre dienen. Napoleon hat einmal über die Schlacht gesagt, daß man sich zunächst entschlossen in den Kampf einlassen solle, und dann werde man weitersehen. Das gilt auch für den Aufstand. Wenn der Gegner dann das geringste Anzeichen von Schwäche erkennen läßt, muß man die Anstrengungen vervielfachen und aufs Ganze gehen, ohne sich noch um Planungseinzelheiten zu kümmern.

Es ist unmöglich, über den ersten Zusammenstoß mit der bewaffneten Macht der Regierung hinaus einen fixen Aufstandsplan auszuarbeiten. Die Folgen eines solchen Zusammenstoßes sind ungewiß, nur rasche Entschlüsse der Führer können Entscheidungen bewirken.

In Asturien sind die Aufständischen während einer Woche von Tag zu Tag vor unterschiedlichen Situationen gestanden, daß selbst ein noch so genial konzipierter Plan nicht unverändert hätte bleiben können. Tatsächlich wird man niemals einen fix und fertigen Operationsplan für einen Aufstand haben. Es kommt darauf an, zu wissen, was man erreichen will, und dann das Hauptziel nicht aus den Augen zu verlieren, trotz aller Fehlschläge oder nebensächlichen Teilerfolge, wodurch es in Vergessenheit geraten könnte. Daher müssen die höchsten Kader alle auftretenden Schwierigkeiten meistern können; folglich müssen sie bereits in der Wartezeit voll ausgebildet und geschult werden. Dem Unvorhersehbaren kann man nur durch Erfahrung begegnen.

Trotz all dieser Ungewißheit gibt es einen unumstößlichen Grundsatz, der stets befolgt werden muß. Der Sieg des Aufstands bedeutet die Vernichtung des Zentrums der gegnerischen Kräfte: Winterpalais im russischen Oktoberaufstand, Waffenfabrik und Infanteriekaserne von Oviedo im Asturienaufstand. Wenn das Herz des Gegners getroffen ist, beschleunigt die Demoralisierung die allgemeine Auflösung und Niederlage. Dann zählt jedes noch so gewagte Husarenstück gegen demoralisierte Truppen doppelt und dreifach. Daher muß man unentwegt und mit äußerster Heftigkeit alle wichtigen Punkte angreifen, besetzen und bis zur Selbstaufopferung verteidigen. Wenn der Gegner zum Gegenangriff ausholt und Erfolg hat, muß man erneut angreifen, das Verlorene wiedergewinnen und dann daraus eine Basis für weitere Offensivhandlungen schaffen, wenn der Gegner nicht mehr angreifen sollte.

Es erhebt sich die Frage, ob die den Angriff durchführende Rote Garde laut Aktionsplan eine Reserve haben soll. Bisher gibt es kein einziges Aufstandsbeispiel, in dem die Aufständischen vor ihrem Angriff eine Reserve vorbereitet hätten. Das ist ein weiterer Unterschied zu regulären Heereskämpfen. Falls jedoch die zahlenmäßigen Verhältnisse der Aufständischen eine Reserve gestatten sollten, was in der Praxis sehr selten vorkommt, kann sie nur von Nutzen sein. Sie könnte ein wertvolles Mittel sein, um unvorhergesehenen Widerständen oder Manövern des Gegners entsprechend entgegenzuwirken. Im allgemeinen aber ist die bewaffnete Avantgarde der Aufständischen zahlenmäßig den Streitkräften der Reaktion so unterlegen, daß sie schon in der ersten Angriffsaktion alle Kräfte einsetzen muß. Die Reserve bildet die Masse des Volkes, die sich dem Aufstand bewaffnet anschließt.

Manchmal mag es zweckmäßig sein, wenn dem Hauptangriff ein Scheinangriff auf ein Objekt geringeren Interesses vorausgeht. Der getäuschte Gegner wird dort ansehnliche Streitkräfte zusammenziehen, die er vom wirklich bedrohten Kampfabschnitt abzieht. Ein demonstrativer Angriff muß mit der gleichen Stoßkraft durchgeführt werden wie der Hauptangriff. Der Gegner darf keinen Unterschied merken, sonst wäre die Täuschung illusorisch. Daher dürfen auch die Aufständischen nicht wissen, daß sie an einer zweitrangigen Aktion teilnehmen, sonst könnte ihre Energie erlahmen. Jeder Angriff ist gleich wichtig und muß mit gleicher Energie geführt werden. Die Taktik macht da keinen Unterschied. Was für ein Angriff es jeweils ist, unterliegt strengster Geheimhaltung und muß sich daher der Kenntnis der operierenden Abteilungen entziehen. Nur die Führung weiß Bescheid. Dies muß so deutlich gesagt werden, besonders jenen Italienern, die am Ersten Weltkrieg teilgenommen haben. Denn unter General Cadorna hat man Unerhörtes erlebt. Einige demonstrative Angriffe bleiben unvergeßlich; Soldaten und Offizieren war bewußt, daß sie zu Demonstrationszwecken in den Tod gingen. Die italienische Demokratie, die wenig Sinn für das Kämpferische hat, schickte den unfähigen General nach Hause. Der kampflustige Faschismus holte sich ihn wieder und machte ihn zum Feldmarschall.

Alle Aufstände der Neuzeit wurden von einer Avantgarde provoziert und haben nachts oder im Morgengrauen begonnen. Diese Zeit scheint für Überraschungsangriffe besonders geeignet zu sein. Doch auch da gibt es keine festen Regeln. Spontane Volksaufstände, die bei Tageslicht begannen, waren nicht weniger erfolgreich. Falls die Umstände dafür sprechen, kann der Aufstandsbeginn auch für den Tag angesetzt werden. Startzeichen dürfen jedoch nie konventionelle Signale sein, etwa Laternen, Fahnen, Gewehr- oder Kanonenschüsse und dergleichen. Die Erfahrung spricht dagegen. Aus geringfügiger Ursache läßt sich eine Laterne nicht anzünden, flattert die Fahne nicht, geht der Gewehr- oder der Kanonenschuß nicht los. Und der Angriff ist gescheitert. Der schriftliche und der mündliche Befehl und genaue Uhren sind die einzigen und besten Mittel zur Bestimmung des Angriffszeitpunkts.

Auch der Aufrechterhaltung der Kontakte zwischen den einzelnen Abteilungen ist besondere Aufmerksamkeit zu widmen. Umständliche Geheimnistuerei ist jedenfalls am wenigsten geeignet. Telegraph, Telephon und Funk sind nicht immer verfügbar, also muß man sich der Menschen bedienen. Kinder haben bei Aufständen in Städten stets wertvolle Dienste geleistet. Sie können sich leichter unbemerkt bewegen. Auch Frauen haben sich für solche Dienste oft als geeignet erwiesen.

Eine gute Verbindung zwischen den einzelnen Abteilungen wird weniger wichtig, wenn die Aktion flott vonstatten geht. Von einem in wilder Flucht befindlichen oder demoralisierten Gegner hat man nichts zu befürchten.

Zur Kommunikation gehört auch der Kommandostand der Führer. Die einzelnen Abteilungen müssen wissen, wo er ist. Er darf nur in offensichtlichen Notfällen gewechselt werden, und nur nach vorheriger zeitgerechter Benachrichtigung der Abteilungen. Die größten Gefahren für die Führung ergeben sich normalerweise aus zuviel Mut oder zu großer Ängstlichkeit. Beide Extreme sind nachteilig, weil sie eine entschiedene Führung der ganzen Aktion in Frage stellen.

Ein Führer, der von Panik erfaßt wird, verliert die Gelassenheit der Übersicht und des Urteils, mit denen allein er den Kämpfenden Vertrauen einflößen und die notwendigen Entschlüsse mit wirksamer Entschiedenheit fassen kann. Dann beseelt ihn nur noch der Wille, nicht etwa zu siegen, sondern seine Haut zu retten. Er würde allen Tagesruhm für einen sicheren Schlupfwinkel hergeben. Shakespeare hat dies glänzend charakterisiert: »Ein Pferd! Ein Pferd! Ein Königreich für ein Pferd!« schreit Richard III., als das Schlachtenglück sich wendet, obgleich er sich bis dahin mit männlicher Würde geschlagen hatte. Wenn alles in die Brüche geht, verliert man leicht auch seine Würde. Im politischen Kampf läßt sich so manche Fahnenflucht nicht so sehr im marxistischen Sinn, als von der pathologischen Seite her erklären. Während eines Aufstands befindet sich der Führende wohl kaum geborgen in einem Unterstand, sondern inmitten der Kämpfenden. Wenn die Sache schiefzugehen droht, läuft er Gefahr, an Ort und Stelle von den Siegern niedergemacht zu werden. Er muß also gewisse Eigenschaften haben, mit denen nicht alle Menschen bedacht sind. Manche Leute kennen Mut nur von Hörensagen. »Kleidet sie, wie ihr wollt«, pflegte der Bourbonenkönig über seine Soldaten zu sagen, »sie werden stets davonlaufen.« Derartige Kämpfer – diesfalls Generäle – haben wir in Italien etliche im Kampf gegen den Faschismus gehabt – allen voran Nicola Bombacci. Eine Bewegung, die in einem Aufstand von solchen Leuten geführt wird, kann den Kampf als verloren betrachten.

Das Gegenteil davon ist ein Führer mit allzuviel Mut: »Maßlosigkeit ist kein Heldenmut.« Diesen Gedanken hat Mussolini logisch zu Ende gedacht, als er sich während des Marsches auf Rom in 500 km Entfernung in Mailand niederließ, und ebenso dachte de la Rocque, als er sich während der heißesten Stunden des 6. Februars in einen dreißig Meter unter der Erde befindlichen Keller begab, natürlich nur, um den Fernsprecher in Reichweite zu haben.

Von einem Aufstandsführer, der die Verantwortung für eine bestimmte Aktion in mehreren Kampfabschnitten übernimmt, erwartet man keine Mutproben, sondern Kommandofähigkeit. Gewiß setzt diese auch einen gewissen Mut voraus. Er muß die verschiedenen Aktionen leiten, miteinander koordinieren und immer auf seinem Posten sein. Da ist der Kommandostand der geeignetste Ort dafür. Doch gibt es sicherlich Momente, in denen es angezeigt ist, daß selbst die ranghöchsten Führer aktiv eingreifen, weil sie nur so die Kämpfenden anfeuern und den Kampf wieder in Gang bringen können. Als Beispiele seien Carnot in Wattignies, Bonaparte an der Brücke von

Arcole und Trotzki in Petersburg gegen Judenitsch angeführt. Nur die Persönlichkeit eines Führers kann in verzweifelten Situationen über Sieg oder Niederlage entscheiden. Da muß er aber mit gutem Beispiel vorangehen, nicht mit schönen leeren Worten. Allerdings verlangten bei Eßling Napoleons Gardegrenadiere, daß er sich in die Lobau zurückziehen solle, weil er sich allzu sehr ausgesetzt hatte. Von allen anderen Marschällen, Herzögen, Fürsten und Baronen des Kaiserreiches dachten die Soldaten, daß deren Haut nicht kostbarer sei als ihre eigene.

Die Taktik des Aufstands: das Manövrieren einer Abteilung, der Angriff gegen Straßen, Plätze, Kasernen, bestimmte Gebäude, gegen Maschinengewehrnester, Geschütze, Panzerwagen, die Art ihres Einsatzes, wenn man sich ihrer bemächtigt hat, die Beherrschung aller Phasen des Kampfes – all dies gehört zum praktischen Teil der Erörterungen über den Aufstand. Davon müssen die Kader genaue Kenntnis haben. Ist die Aktion einmal in vollem Gang, dann müssen Entscheidungen wie in einem regulären Krieg getroffen werden, etwa ob man einen Bahnhof oder ein Telegraphenamt gleich besetzen soll oder ob man sie lieber betriebsunfähig machen und erst später besetzen soll, wenn man mehr Leute zur Verfügung hat.

Was aber im voraus festgelegt werden muß, sind einige Grundsätze von militärisch-politischer Bedeutung:

Die Mobilisierung der gegnerischen Streitkräfte muß verhindert werden. Das faschistische Regime darf nur jene Streitkräfte einsetzen können, die es im Augenblick der Aktion zur Verfügung hat. Örtlichkeiten, an denen sich die Miliztruppen und faschistischen Organisationen konzentrieren und versammeln, müssen zuerst besetzt werden. Es muß den gegnerischen obersten Führern, militärischen und politischen, unmöglich gemacht werden, an der Verteidigung teilzunehmen. Eine militärische Division ohne Kommandeur und ohne Stab ist ungefährlicher. Die faschistischen Organisationen einer Stadt werden ohne ihre obersten politischen und gewerkschaftlichen Führer kaum in der Lage sein, etwas zu unternehmen.

Barrikaden

Die Zeit der Barrikaden ist noch keineswegs vorüber. Vor allem in Städten können Barrikaden unter gewissen Umständen von Nutzen sein. Sie sind die Kampfform der provisorischen Defensive. Allerdings muß der Barrikadenkampf Teilepisode und den allgemeinen Erfordernissen der Offensive untergeordnet bleiben. Er hält den Gegner auf und zwingt ihn, alle seine Kräfte zu entfalten, während die Aufständischen Zeit gewinnen. In Hamburg haben sich Barrikaden in den Stadtbezirken Barmbek, Eilbek, Hamm und Schiffbek im Oktober 1923 sehr bewährt.

Defensive Barrikaden können auch offensiven Zwecken dienen, etwa wenn in Mailand ein Aufstand losbricht, in dem die Aufständischen Herren der Stadt werden, dann können Barrikaden in Turin die Garnison festhalten, so daß sie nicht gegen Mailand vorgehen kann. In diesem Falle sind Barrikaden taktisch defensiv, aber strategisch von offensiver Wirksamkeit.

Keineswegs sind nur enge Gassen – wie in Paris und in Mailand anno 1848 – für Barrikaden geeignet. Dazu eignen sich alle Straßen, selbst die breitesten. Nur müssen Barrikaden nach einem Plan gebaut und verteidigt werden. Von den Massen improvisierte Sperren müssen sogleich den Erfordernissen des modernen Straßenkampfes angepaßt werden. Provisorische Barrikaden aus Möbeln, Wagen, Betten und anderen wahllos zusammengetragenen Gegenständen sollten raschest wieder abgetragen und nach einem technischen Plan neu errichtet werden.

Barrikaden sollten nie am Eingang einer Straße, sondern mehr gegen die Mitte zu aufgerichtet werden. Wenn wir einen menschlichen Arm als Straße betrachten und annehmen, der Feind greife in Höhe unserer Hand an, so wird die Barrikade nicht auf der Höhe des Handtellers, sondern beim Ellenbogen aufgerichtet. Wenn Aufständische beispielsweise die am linken Tiberufer gelegenen Stadtviertel Roms besetzen und den Corso Umberto, die Via Ripetta und die Via del Babbuino gegen überlegene militärische Streitkräfte, die aus der Via Flaminia heranrücken, verteidigen wollen, dürfen sie niemals den Fehler begehen, in diesen drei Straßen Barrikaden in der Höhe der Piazza del Popolo (Handgelenk) aufzurichten. Sie müssen diese vielmehr nach innen, in Richtung auf die Kirche S. Carlo (Ellenbogen) aufbauen und untereinander verbinden. So liegen sie näher dem Zentrum der Verteidigung – Piazza Colonna und Piazza Venezia –, und die Verbindungswege und der Nachschub werden sich leichter gestalten. Vor allem werden die zwischen der Piazza del Popolo und den Barrikaden gelegenen Häuser Hindernisse und Hinterhalte gegen die anrückenden feindlichen Truppen bilden.

Die angreifenden Truppen können in die drei Straßen nicht eindringen, ohne sich zuvor vergewissert zu haben, daß die dortigen Häuser keine Hinterhalte der Aufständischen sind. Sie werden es aber sein. Alle Häuser oder bloß besonders geeignete sollten von kleinen Gruppen Aufständischer – nie weniger als zwei – besetzt sein, die aus Fenstern, von Balkonen und von den Dächern aus auf die Truppen schießen oder Handgranaten werfen. Bomben, die von oben auf die Straße geworfen werden, haben eine beträchtliche physische und psychische Wirksamkeit. Der Gegner muß anhalten und jedes Haus durchkämmen.

Die individuelle Einsatzbereitschaft der Aufständischen ist allerdings überaus bedeutsam. Zwei Männer, die sich durch Geschrei und blindwütig abgegebene Schüsse nicht beeindrucken lassen, können allein ein Haus stundenlang verteidigen, wenn sie bloß gut gezielte Schüsse abgeben oder geschickt mit Handgranaten umzugehen wissen. Bei genügend Zeit kann man auch die Stiegen vom Erdgeschoß zum ersten Stock zerstören, um den Angreifer aufzuhalten. Der Gegner, und da gerade der zahlenmäßig starke, muß große Verluste hinnehmen und viel Zeit verlieren, bis er zu den oberen Stockwerken und aufs Dach gelangen kann. Und dort wird er dann niemand mehr antreffen, denn ein großes im Verband stehendes Gebäude bietet immer viele Möglichkeiten zum unbemerkten Entkommen.

Ist es dem Gegner endlich gelungen, in ein Haus einzudringen und es ganz zu besetzen, so muß er im Nebenhaus von vorn anfangen, wo ihn die gleichen Schwierigkeiten erwarten. Aus solchen Häusern müssen die Aufständischen alle Bewohner evakuieren, denn die Anwesenheit Nichtbeteiligter hemmt nur jede Aktion. Außerdem muß man vermeiden, daß die durch den Widerstand erbitterten gegnerischen Truppen an den Bewohnern grausame Vergeltung üben. In allen Aufständen haben die siegreichen Truppen einen Großteil der Bewohner von Häusern, die von Aufständischen erbittert verteidigt wurden, getötet. Auch Frauen und Kinder sind nicht verschont geblieben.

Barrikaden verteidigt man vor allem mit einer schwachen Vorpostenkette, so wie eine verschanzte Infanterieeinheit sich durch Vorpostenketten, Wachposten und Spähtrupps absichert. Die wahre Verteidigung der Barrikaden findet heute vor ihnen statt.

Truppen im Barrikadenkampf, im Kampf von Haus zu Haus müssen nicht nur darauf bedacht sein, sich gegen die angrenzenden Häuser zu verteidigen, sondern auch gegen die Seitenstraßen zu, aus denen überraschende Angriffe an den Flanken und im Rücken drohen. Sie verlieren bei diesem schrittweisen Vorgehen Zeit und Nerven. Bis sie die Barrikaden endlich angreifen können, werden sie durch den Kampf um jede Handbreit Boden schon geschwächt sein.

Barrikaden sollen in die Tiefe gehen, wie Schützengräben in die Erde gebuddelt werden. Sonst werden die Hindernisse von wenigen Geschütztreffern hinweggefegt. Barrikaden sollen keine gute Zielscheibe abgeben. Eine Lage Sandsäcke oder auch nur Erdwälle, die Gewehrfeuer abfangen, müssen als Schießstände dienen. Die nun allenthalben verwendeten Drahtverhaue müssen in mehreren Reihen vor den Gräben aufgestellt werden. Ein Schützengraben sollte möglichst an beiden Seiten in einem Haustor enden. So wird er zur Verbindung zweier gegenüberstehender Häuser, in denen sich weitere bewaffnete Abteilungen, der Nachschub und die Ambulanzen befinden. Eine Barrikade kann auch eine Kurve bilden oder gebrochen verlaufen. Sie muß nur den anschließenden Häusern angepaßt sein, den sie verteidigenden Aufständischen jederzeit Schutz vor dem feindlichen Feuer gewähren und Bewegungen nach beiden Seiten oder nach hinten erlauben. In die Mauern der Nachbarhäuser kann man Durchgänge brechen, damit die Verbindung gesichert ist. In den Barrikaden darf es keine Zusammenrottungen der Verteidiger geben. Wenige gute Schützen genügen. Das Gros der Verteidiger muß sich in den benachbarten Häusern befinden. Diese Häuser beherrschen die Barrikaden von oben her. Die Aufständischen müssen abteilungsweise Balkone, Fenster und Dächer besetzen und von dort aus schießen. Weitere Reserveabteilungen müssen sich in unmittelbarer Nähe zu Gegenangriffen bereit halten.

Wenn der Angreifer über keine Panzerwagen und keine Artillerie verfügt, so wird es Tage dauern und viele Opfer fordern, ehe eine Barrikade erobert wird. Wenn die Aufständischen gut verteilt und verschanzt sind, so werden die Truppen oft angreifen müssen und große Verluste und Schlappen erleiden. Bomben, selbst ganz primitive, können höchst wirksame Verteidigungsmittel sein. In der Offensive haben sie keinen großen Wert, wohl aber in der Defensive. Sind Maschinengewehre vorhanden, sollten die Aufständischen sie mit bestmöglicher Wirksamkeit einsetzen. Sie eignen sich besonders zum Einsatz in breiten Straßen und Alleen, in denen Barrikaden errichtet wurden. Drohende Maschinengewehre auf Dächern und Türmen wirken demoralisierend, große Weitenstreuung garantiert große konkrete Wirksamkeit. Zur richtigen Postierung bedarf es fachmännischer Kenntnis. Was am Tag sinnvoll ist, muß es in der Nacht nicht sein. Jedenfalls darf man Maschinengewehrnester weder am Tag noch in der Nacht ausmachen können, sonst ist es verloren. In guter Tarnung kann es hingegen enorme Verluste verursachen und den Gegner niederhalten. Wer es bedient, muß entschlossen sein, auch aus nächster Nähe zu feuern und vielleicht zu fallen.

Am gefährlichsten für Barrikaden sind Panzer und Geschütze. Panzer verbreiten unter jenen Angst und Schrecken, die sie nicht kennen. Aber sie verlieren viel von ihrer Gefährlichkeit, wenn man in aller Ruhe entsprechende Gegenmaßnahmen trifft.

Die Verteidigungsmaßnahmen für Barrikaden bleiben gleich, auch wenn der Gegner Panzer einsetzt. Nur die Panzerbekämpfung kommt noch hinzu. Verfügen die Aufständischen über ein Geschütz, können sie damit Panzer sofort unschädlich machen. Fünf oder sechs Kilogramm Sprengstoff, gut hergerichtet und sachgemäß geworfen, können es mit einer Granate aufnehmen. Damit kann man Panzer knakken. Gegen die Bergarbeiter Asturiens, die in der Verwendung von Sprengstoff Meister waren, hätten Panzer nichts ausgerichtet. Sprengstoffe können von revolutionären Organisationen leichter beschafft werden als Geschütze – jedenfalls können Sprengstoffe leicht und rasch von Fachleuten hergestellt werden.

Als Ersatz für fehlende Sprengmittel können Panzergräben dienen. Getarnte Gruben von vier Meter Breite und zwei Meter Tiefe werden auch den schwersten Panzern zum Verhängnis. Auch aufgegebene Schützengräben können diesem Zweck dienen.

Man darf Panzer nicht überschätzen. Allein vermag ein Panzerwagen nichts. Er kann keine Barrikade erstürmen, sondern nur bis zu ihr vordringen, sie durchbrechen, überrollen, aber nicht besetzen, Eine moderne Barrikade ist keine festungsartige Barriere, hinter der sich Hunderte Bewaffnete verschanzt halten, sondern ein einfacher Erdgraben mit wenigen sichtbaren Verteidigern. Der Panzer kann ihn unbehindert um- oder überfahren, wobei sich an der Situation selbst nicht viel ändert. Ohne Infanteriebegleitung ist er so gut wie unwirksam. Auch auf dem Schlachtfeld sind Panzer nur die Vorhut der Infanterie. Immer zählt der menschliche Einsatz, nicht die Maschine. Die Infanterie kann nicht vorrücken, wenn die Verteidigung der Barrikade vornehmlich von den Häusern aus erfolgt. Panzer sind schließlich nicht unverwundbar, auch sein Lenker kann aus nächster Nähe von Schüssen getroffen werden. Manövriert ein Panzer in einer engen Gasse, kann er sich festfahren und sogar erobert werden. Beides hat sich im Hamburger Aufstand zugetragen.

Die Artillerie ist ein weiteres Gefahrenmoment. In einer Stadt lassen sich keine schweren oder mittleren Kaliber einsetzen. Nur leichte Artillerie kann hier Verwendung finden. Ihre Geschosse werden einer Barrikade von der beschriebenen Art keinen großen Schaden zufügen können. Sie richten mehr Schaden in Häusern an, weil sie Türen und Fenster durchschlagen und das Hausinnere mit einem Höllenlärm erfüllen. Bundeskanzler Dollfuß hat sie in Wien gegen die vom Schutzbund verteidigten Gemeindebauten einsetzen lassen. Die Arbeiterwohnhäuser der Wiener Peripherie, einschließlich des monumentalen und größten Gemeindebaus, des Karl-Marx-Hofes, waren fast alle aus dünnem Eisenbeton errichtet worden. Auch Granaten kleinen Kalibers konnten die Außenmauern leicht durchschlagen. Aus Steinen oder Ziegeln erbaute Häuser – wie die alten Häuser aus der Vorkriegszeit – sind jedoch Hindernisse, gegen die leichte Artillerie nichts ausrichten kann. Derartige Häuser können tagelang dem Beschuß ganzer Batterien Widerstand leisten, wenn die Verteidiger sich nicht durch das ohrenbetäubende Krachen beirren lassen.

Wenn die Aufständischen davon Kenntnis haben, daß ihnen Geschütze gegenüberstehen werden, müssen sie die Barrikade so gestalten, daß der Angreifer gezwungen wird, seine Geschütze möglichst nahe an der Barrikade aufzustellen. Macht die Straße einen Knick, so wird man die Barrikade in dessen Nähe errichten, damit sie von ferne nicht beschossen werden kann. Denkt man sich eine Straße als gebogenen menschlichen Arm, so wird man die Barrikade nicht längs des Oberarms, sondern an seinem Ende beim Ellenbogen anlegen, wenn der Angriff auf Schulterhöhe erfolgt. Um das Feuer auf ein sichtbares Ziel eröffnen zu können, ist die Artillerie gezwungen, näher heranzurücken, und setzt sich damit dem Beschuß aus den angrenzenden besetzten Häusern aus. Auch wenn die Geschützmannschaft durch Panzerplatten gedeckt ist, bleibt sie dennoch den Schüssen von oben, von den Flanken und aus dem Rücken ausgesetzt.

Die Regierungstruppen können auch Granatwerfer verwenden. In Berlin wurden sie im Jänner 1919 gegen die Spartakisten eingesetzt. Schwere Granatwerfer können das Dach und mehrere Stockwerke eines Hauses durchschlagen. Im Freien reißen sie tiefe Löcher auf. Sie zertrümmern alles und sind ohne Zweifel furchtbare Belagerungswaffen. Doch gibt es im Gegensatz zum Krieg keine regelrechten Granatwerferabteilungen. In Italien sind sie aufgelöst worden, und die Werfer lagern im Arsenal. Trotzdem könnten sie in einem Aufstand eingesetzt werden. Die Treffsicherheit ist aber nicht sehr groß; es gab erschütternde Szenen bei Treffern in den eigenen Reihen. Granatwerfer müssen nahe an das Zielobjekt herangebracht werden. Das setzt sie dem Beschuß durch die Aufständischen aus. Sie haben ferner den Nachteil, daß ihre Geschosse eine hohe, eher langsame Flugbahn haben. Im Freien kann man sich vor ihnen in Sicherheit bringen, indem man in Deckung geht oder sich zu Boden wirft. In den Häusern bieten die Keller sicheren Schutz.

Man darf nicht vergessen, daß die zur Verteidigung und zum Widerstand errichtete Barrikade stets auch die Möglichkeit zu offensivem Vorgehen bieten muß. Die Aufständischen müssen versuchen, den Gegner unvermittelt in den Flanken anzugreifen, um ihn zu überrumpeln und ihn im allgemeinen Durcheinander von seiner Hauptstreitmacht abzuschneiden. In einer Stadt ist jede abgeschnittene Abteilung verloren. Wird eine Defensive in diesem angriffslustigen Geiste durchgeführt, werden Geschütze und Granatwerfer nur unter großen Schwierigkeiten zum Einsatz kommen können und mitunter sogar in die Hände der Aufständischen geraten.

Die Regierung Lerroux-Gil Robles setzte gegen die Aufständischen Asturiens auch Bombenflugzeuge ein. Eine faschistische Regierung wird kaum Bedenken haben, Flugplätze, über die sie noch verfügt, zu nützen, ob die Bomben nun nur Barrikaden oder auch die unbeteiligte Bevölkerung treffen. Falls die Aufständischen Maschinengewehre haben, dürfen sie nie den Fehler begehen, diese von den Barrikaden zu entfernen, um sie auf Hausdächern oder anderen erhöhten Punkten gegen Flugzeuge einzusetzen. Gegen diese sind Maschinengewehre und Gewehre nur Spielzeugwaffen, man kann bestenfalls Zufallstreffer erzielen. Die Führung des Aufstands muß vielmehr versuchen, die Flugplätze in ihre Gewalt zu bekommen oder sie unbrauchbar zu machen. Wenn die Regierung frei über die Bomber verfügen kann, sind Luftschutzräume in der Stadt der einzige Schutz.

Eine faschistische Regierung, die etwas auf sich hält, wird auch nicht davor zurückschrecken, gegen ihre andersdenkenden Staatsbürger Giftgas anzuwenden. Die Aufständischen müssen daher von vornherein entsprechende Gegenmaßnahmen zum Schutz der Kämpfenden und der Zivilbevölkerung treffen. Es gibt wohl kaum noch eine größere Stadt ohne Gasmasken in den Arsenalen. Die italienischen Städte können auf Brot verzichten, aber nicht auf Gasmasken.

Falls sich die faschistischen Truppen der Barrikaden bemächtigen sollten, wären die in der Nähe befindlichen Reserven der Aufständischen im wahrsten Sinne des Wortes fahnenflüchtig, wenn sie nicht sofort zum Gegenangriff übergingen. Ein solcher Kampf ist kein unnützes Gemetzel. Er ist eine teure, aber unfehlbare Geheimwaffe für den Endsieg. Im Aufstand bedeutet die Preisgabe einer wichtigen Stellung ohne äußersten Widerstand Verrat an der Sache. Nie darf man einer Schwäche nachgeben oder dem Gegner eine Waffenruhe gewähren. Der Kampf muß unerbittlich und wagemutig geführt werden. Die Abteilungskommandanten müssen vorangehen und gekonnt befehlen – dann wird der Gegner nur geringe Fortschritte erzielen. Gutgeführten Abteilungen kann man viel mehr abverlangen. Doch darf die Führung nie vergessen, daß auch Kämpfer müde werden. Wer nachts im Einsatz war, muß tagsüber ruhen dürfen, und umgekehrt. Abgekämpfte Abteilungen müssen abgelöst werden. Nur jene Abteilungen, die aus dem Kampfgebiet abgezogen worden sind, dürfen und können ausruhen. An Ort und Stelle gibt es kein richtiges Ausruhen. Abteilungen, die eine Schlappe erlitten haben, sollen nicht zu weiteren Aktionen eingesetzt werden, ehe sie nicht reorganisiert worden sind.

Sollte sich der Gegner trotz aller Gegenangriffe auf der erstürmten Barrikade festsetzen, dann müssen die Aufständischen vorsorglich hinter diese Barrikade eine weitere errichtet haben. Die Aktion muß so lange weitergeführt werden, bis die in anderen Abschnitten siegreiche Revolte auch in diesem Kampfabschnitt zur Offensive übergehen kann.

Der Aufstand auf dem Land

Die Richtlinien und Grundsätze für einen Aufstand bleiben für Stadt und Land gleich. Für das Land aber ist noch eine besondere Taktik notwendig.

Die großen Landgemeinden in Apulien und in Sizilien erfordern die gleiche Vorgangsweise wie in den Städten. Taktisch gesehen gibt es keinen Unterschied zwischen Industriestädten und ausgedehnten Landgemeinden, die allerdings selten sind. Auf dem Land überwiegen ja doch die kleinen Gemeinden. Und in diesen liegen die Dinge anders als sonst.

In solch kleinen Orten kann man natürlich keine großen Erfolge erzielen, doch gestaltet sich der Kampf wesentlich leichter, und falls er siegreich endet, kann er viel zum Enderfolg beitragen. Die Bergarbeiter Asturiens konnten von ihren in der ganzen Gegend verstreuten Bergwerken nach Oviedo ziehen, weil in fast allen Landgemeinden der Widerstand der Streitkräfte des Staates – Gendarmerie, Zivilgarde und Sturmtruppen – sehr gering war, so daß sie ziemliche Bewegungsfreiheit hatten. Militärgarnisonen gibt es nur in den großen Landgemeinden. In den anderen befinden sich normalerweise nur kleine Gendarmerieabteilungen, in Italien etwa die Carabinieri in ihren Kasernen und die faschistische Miliz, die jedoch selten mobilisiert ist, aber einen Versammlungsort hat, an dem sich auch das Waffenlager befindet. In noch kleineren Gemeinden gibt es keine Carabinieri und meist auch keine Miliz. Die anderen faschistischen Organisationen sind je nach der Bedeutung der Gemeinde entsprechend stärker oder schwächer vertreten.

Nehmen wir also als Beispiel Italien.

Die revolutionäre Organisation einer Landgemeinde kann den Aufstand für den Ort beschließen, um entweder den Weisungen der Parteiführung oder ihrer politischen Bewegung nachzukommen oder um einen Aufstand in anderen entscheidenden Orten zu unterstützen. Wenn die politische Lage gespannt ist, dann darf die revolutionäre Organisation der Gemeinde keinesfalls erst Weisungen von oben abwarten, um in den Aufstand zu treten – die bestätigte Nachricht vom Aufstand in einem nahegelegenen größeren Ort muß sie sofort dazu veranlassen, in Aktion zu treten.

Das erste Ziel muß die Entwaffnung der Carabinieri sein, doch die erste Tat gilt der Unterbindung des Telegraphen- und Telephonverkehrs.

Es ist kaum anzunehmen, daß sich die Carabinieri in allen Gemeinden dem Druck des Volks widersetzen und der Situation gegenüber gleichgültig bleiben könnten. Dennoch muß man stets berücksichtigen, daß die Carabinieri ein ausgewähltes Korps sind. Mit ihnen muß man vorsichtig und entschlossen umgehen, denn sie werden sich immer vortrefflich zu schlagen wissen. Ihre militärische Erziehung ist auf Ergebenheit der Krone gegenüber und auf strikte Einhaltung der Befehle der Obrigkeit ausgerichtet. Solange sie geeint und bewaffnet sind, bilden sie eine dauernde Gefahr für die Aufständischen. Der Antifaschismus der Carabinieri ist ein frommes Märchen. Soweit vorhanden bestand er vornehmlich aus Mißtrauen gegen die faschistische Miliz und aus beruflicher Eifersucht. Carabinieri sind und bleiben die verläßlichsten Streitkräfte des herrschenden Regimes, verläßlicher als die Miliz. Gewiß gibt es Ausnahmen, aber diese sind auf dem Land wohlbekannt. So groß der Einfluß der Carabinieri in ländlichen Gegenden ist, so gering ist er in den Städten. Auch in verworrenen Zeiten haben sie möglicherweise noch geheime Informanten und eine gewisse Gefolgschaft.

Es läßt sich nicht im voraus bestimmen, welches Vorgehen im gegebenen Augenblick am zweckmäßigsten ist, um die Carabinieri auszuschalten. Die Entscheidung hängt von der örtlichen Lage und vom Verhalten der Betroffenen ab. Es gibt oft Volkskundgebungen, in denen sich die Carabinieri mitten in der Menge bewegen und eher Geiseln denn eine Bedrohung sind. Dann ist es leicht, sie zu entwaffnen. Unter irgendwelchen Vorwänden kann man sie zusammenrufen und aus der Kaserne entfernen. In einer so hervorgerufenen Isolierung werden sie keinen Widerstand leisten. Nackte Gewalt wird man nur im äußersten Notfall anwenden, sonst sollte man alles daransetzen, um das gewünschte Ergebnis ohne Gewalttaten zu erzielen. Muß man aber doch Gewalt anwenden, dann muß das entschieden, ohne jede Rücksichtnahme und ohne Zögern erfolgen, vergleichbar einem Sturmangriff im Krieg. Aufstand bedeutet ja Krieg, und darum muß man ihn auch wie einen Krieg führen.

Wenn nötig muß man die Carabinieri in ihrer Kaserne angreifen. Niemals aber darf man den Fehler begehen, eine Kaserne während einer Massenkundgebung, an der auch Frauen und Kinder beteiligt sind, anzugreifen. Das muß mit allen Mitteln verhindert werden. Sooft eine Menge in Süditalien oder auf den Inseln eine Carabinierikaserne angegriffen hat, wurde sie von Gewehrsalven empfangen und zurückgeschlagen. Falls die Aufständischen innerhalb der Gemeinde eine zahlenmäßig starke Rote Garde haben, werden sie auch nicht den Fehler begehen, die Kaserne in geschlossener Formation anzugreifen. Man greift eine Kaserne, die meist von kaum zehn Carabinieri besetzt ist, niemals in geschlossener Front an. Ein solcher Angriff muß als Handstreich von wenigen Wagemutigen ausgeführt werden. Er bedarf sorgfältiger Vorbereitung. Denn angegriffene Carabinieri lassen sich kaum von einem bißchen Geschrei beeindrucken, in die Flucht schlagen oder werden sich gar auf Gnade oder Ungnade ergeben. Dazu haben sie zuviel Korpsgeist und werden sich wehren, auch wenn sie wissen, daß sie den kürzeren ziehen werden. Nur eine klug ausgedachte und rasch durchgeführte Attacke vermag sie zu besiegen.

Die bauliche Gestaltung der Carabinierikasernen, selbst der neuen, beruht auf dem Vertrauen in die Unerschütterlichkeit des Regimes und in die unabänderliche Unterwürfigkeit des Volkes. Sie sind simple Wohnhäuser, ohne besondere Vorkehrungen zur Verteidigung. Sie haben nichts Militärisches an sich. Ein Angriff auf eine solche Kaserne ist ein Angriff auf ein Wohngebäude. Doch auch das ist nicht einfach, wenn die Hausinsassen entschlossen sind, das Haus mit Waffengewalt zu verteidigen.

Die örtlichen Führer müssen über die innere Gestaltung des Hauses und über den Wachdienst bei Tag und bei Nacht genau Bescheid wissen. Die Angreifer müssen damit rechnen können, daß sich keine unvorhergesehenen Zwischenfälle ergeben. Nur dann kann eine Attacke mit einem wahrscheinlichen Erfolg rechnen.

Die ganze Operation darf nur Minuten in Anspruch nehmen. Wenn sie länger dauert und die Aufständischen über geringe Streitkräfte verfügen, kann man die örtliche Aktion schon abschreiben. Daher muß jede Einzelheit überlegt sein und mit Elan durchgeführt werden.

Wenn der Überraschungsangriff nicht gelingt, dann müssen alle verfügbaren Mittel, auch Sprengstoff, eingesetzt werden, um sich der Kaserne zu bemächtigen. Ein Aufstand ist zum Scheitern verurteilt, wenn die Carabinieri nicht außer Gefecht gesetzt werden.

Nach der Entwaffnung der Carabinieri muß sofort das Milizhaus besetzt werden, noch ehe sich die Miliz einfinden kann. Mit dieser ist jedoch kaum zu rechnen, da sie nur als stehende Formation von einigem Wert ist, also in Städten und in großen Landgemeinden.

Waffen und Munition der Carabinieri und der Miliz dienen zur Bewaffnung der Aufständischen, die nun sofort aus den jüngeren Bauern neue Abteilungen bilden können. Mittlerweile werden die politischen Führer, der Bürgermeister und die namhaftesten Faschisten festgenommen. Ernster Widerstand ist nach den ersten Erfolgen nicht zu erwarten, die Gegner werden sich mit den vollzogenen Tatsachen abfinden müssen. Das Postgebäude muß besetzt und die Leitungen müssen wieder instandgesetzt werden. Das Rathaus wird zuletzt besetzt; die Gemeindeverwaltung geht in die Hände ausgesuchter Aufständischer über. Um Sabotageakte zu verhindern sind einige Geiseln nötig.

Nach erfolgreicher Revolte im Landbezirk muß eine Rote Garde aufgestellt werden. Danach setzen sich die Bauern mit der obersten Führung in Verbindung und warten auf Befehle, um im allgemeinen Aufstand aktiv werden zu können.

Selbst wenn der Aufstand noch nicht in der ganzen Gegend erfolgreich war, kann die Gemeinde, in der ein Erfolg zu verzeichnen ist, wirksam zum Gesamtergebnis beitragen. Gerade dann bieten sich neue Möglichkeiten. Faschistische Abteilungen, die die Gegend durchkämmen, können bedrängt und überrumpelt werden. Die zahlenmäßige Bedeutung einer Gemeinde und ihre Lage im Bergland, im Hügelgebiet oder in der Tiefebene bestimmen die Guerillaaktionen und deren Erfolg.

Sogar eine kleinere Gemeinde kann einen Stoßtrupp zusammenstellen, der durch seine Beweglichkeit imstande ist, Anmarsch und Manövrierfähigkeit feindlicher Kolonnen ernstlich zu behindern. Ein reguläres Heer vermag nichts gegen solche Angriffe.

Nachts müssen solche Abteilungen ohne Sicherheitsvorkehrungen marschieren, der Kommandant an der Spitze, sein Stellvertreter am Ende des Zuges. Nachtmärsche werden durch genaue Kenntnis des Terrains ermöglicht. Während des Tages sollen sich die Abteilungen in Wäldern oder in Gehöften versteckt halten, doch immer untereinander in Verbindung bleiben und Späher auf Bäumen oder Dächern placieren. Bei Tagmärschen braucht man einige Mann als Patrouille an der Spitze, an den Flanken und als Nachhut. Nie sollte man sich in Dörfern zur Ruhe niederlegen, sondern nur in Gehöften oder auf Biwakplätzen. Niemals darf man an stark frequentierten Straßen, außer im Hinterhalt, stehenbleiben, und man sollte immer nur wenige Stunden am gleichen Orte halten. Beweglichkeit macht die Abteilungen unangreifbar. Es gibt Hunderte verschiedener Möglichkeiten, sich jeder Verfolgung zu entziehen; Sache des Anführers ist es, sie zum eigenen Vorteil auszunutzen. Die Abteilung darf sich nie in ein Gefecht einlassen, weder bei Tag noch bei Nacht, auch wenn die Umstände noch so günstig scheinen. Aufgabe dieser Abteilungen ist nicht der Kampf, sondern Überraschung, Überrumpelung, Panik zu säen. Daher möglichst leichtes Gepäck, keine Maschinengewehre, kein Train. Mögliche Aktionen: Beschädigung von Brücken, Unterbrechung von Bahntrassen, Telephon- und Telegraphenleitungen, Aufgreifen von Kurieren und Patrouillen, Überrumpelung einzelner Batterien oder Nachschubfahrzeuge, Angriffe auf marschierende Infanteriekolonnen. Überraschungsaktionen sollten vornehmlich während des Halts feindlicher Kolonnen, beim Passieren einer Brücke, eines Waldstückes oder einer Schlucht, während eines schwierigen Aufstiegs oder auf einer kurvenreichen Straße ausgeführt werden.

Bewegliche Abteilungen können noch in faschistischer Hand befindliche Ortschaften unerwartet überfallen, Geiseln ausheben, von reichen Leuten Geldbeträge eintreiben, Lebensmittel und Material requirieren. Dabei darf kein Vandalismus oder Raub begangen werden. Alle notwendigen Requirierungen müssen der Einwohnerschaft stets ordnungsgemäß zurückgezahlt werden.

Im Feldzug von 1813 vermochte der preußische Hauptmann De

Colomb mit einer Schwadron von 85 Reitern (72 Freiwillige Jäger, 10 Husaren, 2 Oberleutnants und 1 Leutnant) die Große Armee südlich der Elbe vier Wochen lang ernsthaft zu behelligen und zu dezimieren. Seine stets erfolgreichen tollkühnen Handstreiche wurden ohne Verluste ausgeführt.

Mit größeren beweglichen Truppeneinheiten können Züge in entferntere Gegenden unternommen und wesentlichere Erfolge erzielt werden. Dann aber muß der Aufstand bereits eine Phase kontinuierlicher Erfolge erreicht haben und über feste Stützpunkte verfügen.

Derartige Aktionen können jedoch nur innerhalb eines Gebietes durchgeführt werden, in dem die Aufständischen auf die Mithilfe und die Sympathie der Landbevölkerung rechnen können, also lediglich in einer günstigen revolutionären Situation. Selbst De Colomb, der anno 1813 auf eigenem Staatsgebiet operiert hatte, erreichte im Feldzug von 1814 nichts auf französischem Gebiet. Freischärler, die sich allgemeiner Feindseligkeit der Bevölkerung ausgesetzt sehen, sind machtlos und zur Vernichtung verurteilt. Der Bandenkrieg, den Mazzini oft, aber stets vergeblich erhoffte, hat nur einen Sinn im allgemeinen Aufruhr und Volksaufstand.

Auch Infanterieeinheiten der Aufständischen müssen gering an Stärke sein. Für derartige Kleinkriegaktionen sind Unterabteilungen schon zu schwerfällig. Sie können sich keiner Verfolgung entziehen, nur langsam Stellungswechsel vornehmen, und sie müssen sich dem Kampf stellen, um nicht in regelloser Flucht niedergemacht zu werden. Kampf aber bedeutet das sichere Ende. Nur ein Zug von höchstens zehn Mann kann sich unbemerkt und rasch fortbewegen, ohne Straßen, Feldwege und Saumpfade zu benützen. Dadurch kann er sehr wirkungsvolle Aktionen, vor allem in gebirgigen, unübersichtlichen Gegenden, aber auch in der Ebene, wenn sie bewachsen ist, durchführen. Nach dem Fall von Metz bereiteten die kleinen französischen Freikorps in der Gegend von Orléans der Zweiten preußischen Armee unter Prinz Friedrich Karl viele Ungelegenheiten. Diese Guerillatrupps bestanden aus Bauern und Angehörigen der Nationalgarde; sie stellten und verschleppten Patrouillen, zerstörten Brücken und überrumpelten ganze feindliche Kolonnen. Dann verschwanden sie, versteckten die Waffen und nahmen ihre Arbeit auf den Feldern wieder auf. Die Freikorps in den Vogesen und in der Seine-Gegend erzielten ebenfalls recht schöne Erfolge. Der Kleinkrieg der französischen Partisanen aus der Vendée (*Les Chouans*) bestand vornehmlich aus Unternehmen dieser Art.

Kampfeinheiten, die unter solch abenteuerlichen Verhältnissen operieren, laufen trotz guter Führung stets Gefahr, plötzlich überrascht und versprengt zu werden. Es wird daher zweckmäßig sein, wenn der Anführer jeweils für den nächsten Tag einen Treffpunkt bestimmt.

Einheiten einer Gemeinde können sich mit Abteilungen einer anderen Gemeinde verständigen und dann gemeinsam vorgehen.

Ein solcher Kleinkrieg kann von keiner langen Dauer sein. Falls der allgemeine Aufstand nicht siegreich ist, kann auch der Bandenkrieg nicht weitergeführt werden, weil er mit Banditentum gleichgesetzt und rücksichtslos niedergeschlagen würde. Behauptet sich der Aufstand, hört der Guerillakampf von selbst auf, und die Kämpfer schließen sich dem Revolutionsheer an.

Man darf nicht erwarten, daß die Landbevölkerung außergewöhnliche Manöver wie eine bewaffnete Masse ausführen kann. Ohne schlagkräftige Organisation und tüchtige Führer, ohne straffe militärische Schulung nützt die Zahlenstärke nichts. Heutzutage können mit Heugabeln und Sensen bewaffnete Bauern nicht gegen reguläre Truppen ankämpfen. Selbst die bulgarischen Bauern, unter denen es viele ehemalige Kriegsteilnehmer gab, waren mangels Koordinierung nicht imstande, einem zahlenmäßig unterlegenen Heer Widerstand zu leisten. Der Staatsstreich Alexander Zankoffs traf sie im Juni 1923 ganz unvorbereitet. Und im September wurden sie, obgleich sie die Initiative an sich gerissen hatten, überall niedergeschlagen. Die zahlenmäßige Überlegenheit mußte sich vor der Kriegstechnik eines geschulten Söldnerheeres beugen. Im vorigen Jahrhundert erhoben sich die Tiroler unter Andreas Hofer, weil der Kaiser von Österreich das Land Tirol an Bayern hatte abtreten müssen. Zwischen Innsbruck und Bozen kämpften die bewaffneten Bauern gegen Franzosen und Bayern. Doch ihr Erfolg hielt nicht lange an. Napoleon überwältigte sie mit wenigen Regimentern.

Wenn eine große Landgemeinde in den Aufstand tritt, wird sie wie eine Stadt zum Mittelpunkt der militärischen Organisation der ganzen Umgebung. Dann aber wird es kein Kleinkrieg sein. Die Schlagkraft der Aufständischen wird in direktem Verhältnis zur Beschaffungsmöglichkeit von Waffen und Munition, zur Fähigkeit der Anführer stehen, die Massen militärisch zu formieren und einzusetzen.

Realisierung des Sieges

Nehmen wir an, daß wir uns mitten in einem Aufstand befinden. Die bisher entwickelten Theorien und die geübte Kritik verfolgten die Absicht, den Sieg des Aufstands herbeizuführen und keinesfalls das Gegenteil. Nicht einmal die Hypothese einer Niederlage sei gestattet, denn sonst könnte man keine Theorien aufstellen und keine Abhandlungen schreiben oder lesen. Bestenfalls könnte man noch asketische Betrachtungen über einen abgeklärten Tod anstellen, als letzten Trost für die Verlierer.

Der Aufstand hat sich also – unserer Annahme folgend – örtlich durchgesetzt. In einer Stadt haben die Aufständischen alle Streitkräfte des faschistischen Regimes überwältigt. In der Umgebung sind größere Landgemeinden ebenfalls in den Händen der Aufständischen. Es ist unbedingt notwendig, daß beide Bewegungen miteinander Kontakt aufnehmen, sich verbinden und sich einer einheitlichen Führung unterstellen, denn nur so kann die Aktion planmäßig durchgeführt werden. Das gleiche gilt auch für den Fall, daß sich der Aufstand überwiegend auf dem Lande durchgesetzt hat und daß sich die Stadt, wie im Asturienaufstand, erst später dem Aufstand angeschlossen hat. Getrennte Führungen für die Bauern und für die Arbeiter oder zwei Fronten für die Stadt und für das Land sind unzulässig. Es darf nur eine Front geben, die sich in mehrere Abschnitte unterteilen kann, doch unter einer Führung stehen muß. Die Erfordernisse sind vorwiegend militärischer Art, und daher ist Vergeudung von Menschen, Material und Zeit nicht gestattet. Gleichgültig, ob man nun Autonomist oder Föderalist ist – ein jeder muß sich der militärischen Leitung unterstellen und sie vorbehaltlos und uneingeschränkt unterstützen.

Eine einheitliche Leitung, ja die Fortsetzung des Aufstands ist nur möglich, wenn es eine sichere Operationsbasis, ein Hauptquartier und einen Stützpunkt für alle Aufständischen gibt. Dazu muß zuerst einmal die ganze Gegend von noch vorhandenen Abteilungen des faschistischen Heeres gesäubert werden. Alle Streitkräfte des Regimes müssen vernichtet oder unterworfen sein, ehe man von einem Hauptquartier oder Stützpunkt sprechen kann. Wenn – wie in Oviedo – die Garnison und alle Polizeikräfte in ihren Kasernen oder an anderen Punkten verschanzt bleiben, kann der Aufstand keine Fortschritte machen. Die Aufständischen können sich erst dann als Herren einer Stadt betrachten, wenn die Garnison vernichtet ist. Wenn das Heer – wie die Reichswehr im Ruhrgebiet nach dem Fall von Dortmund und der Räumung Essens – sich an einem anderen

Ort sammelt, wird man in der ganzen Region erst dann einen sicheren Stützpunkt finden, bis sich die Aufständischen dieses neuen Konzentrationspunktes bemächtigt und die Verteidiger zur Kapitulation gezwungen haben.

Nicht nur die Garnisonen von Heer, Miliz und Polizei müssen bezwungen werden, auch die faschistischen Streitkräfte müssen in die Gewalt der Aufständischen geraten, denn sie sind durchaus nicht belanglos. An der Gegenoffensive der Junker am 29. Oktober, nach dem Fall der Provisorischen Regierung, nahm die Elite der reaktionären Jugend teil. Gegen beide wollten die vom Erfolg mitgerissenen Bolschewisten Großherzigkeit üben. Die Geschichte wird mit aller Strenge die Ausschreitungen zu beurteilen haben, zu denen sich die Bolschewisten dann in ihren Vergeltungsmaßnahmen hinreißen ließen. Dennoch kann nicht geleugnet werden, daß sie noch vor der Konterrevolution ihre Macht ohne Blutvergießen und sogar ohne Verfolgungen zu festigen gedachten. Alle Faschisten müssen entwaffnet werden, jede Möglichkeit zu einer neuen faschistischen Offensive muß unterbunden werden. Obwohl nach Kapitulation von Heer, Miliz und Polizei der Widerstandsgeist der regimetreuen Kräfte gebrochen sein dürfte, wird man sich dennoch all jener bemächtigen müssen, die kraft ihrer politischen oder persönlichen Autorität in der Lage sein könnten, Schaden anzurichten. Innerhalb weniger Stunden müssen überdies alle Waffen abgeliefert werden. Das Standrecht muß proklamiert werden, wie es in eroberten Gebieten unter einem Militärregime üblich ist.

Die Einheiten der Miliz und der Polizei, die in die Hände der Aufständischen gefallen sind, werden vorläufig gefangengehalten, jedoch so bald wie möglich wieder freigelassen, und ebenso verfährt man mit den Heereseinheiten. Wer mit der Sache der Revolution sympathisiert und sich auf die Seite der Aufständischen schlagen möchte, kann nach gründlichster Prüfung eingegliedert werden.

Das revoltierende Gebiet muß sofort für die Entwicklung des Aufstands organisiert werden. An die Stelle der faschistischen Behörden treten die politisch-administrativen Behörden der Revolution. Ohne Ausnahme müssen sie alle jedoch der Autorität und den Erfordernissen des militärischen Komitees, das den Aufstand leitet, unterstellt werden. In dieser Phase des Aufstands darf es keine Spaltung zwischen militärischen und politischen Stellen geben. Die Befehlsgewalt liegt ausschließlich in Händen der Militärbehörde, mit der die neuen politischen Behörden eng zusammenarbeiten müssen. Von der Qualität dieser Zusammenarbeit hängt der Erfolg der allgemeinen Aktion ab.

Spätestens zu diesem Zeitpunkt wird klar, daß ein Aufstand zu seiner Behauptung nicht nur einer militärischen, sondern auch einer politischen Avantgarde bedarf und daß er nur dann über den

Tageserfolg hinaus andauert, wenn der Großteil der öffentlichen Meinung dahintersteht.

Gemeinden, Banken, Telegraf und Telefon, Eisenbahnen und Straßenbahnen, Garagen und alle übrigen öffentlichen Dienste gehen in die Hände der Aufständischen über. Alles muß ihrer Kontrolle unterstehen. Ganz plötzlich entsteht da ein neues Regime, und eine Minderheit, die keinen wahren politischen Anhang im Land aufwiese, sähe sich bereits nach den ersten Erfolgen gezwungen, die neuen Schlüsselstellungen wieder ihren ureigenen Gegnern zu überlassen. Das Proletariat wäre machtlos, wenn seine Interessen nicht auch von Intellektuellen, Technikern und Vertretern des Kleinbürgertums, von freiberuflich Tätigen und von Angestellten in der öffentlichen Verwaltung und in der Privatwirtschaft geteilt würden.

Als erste Organisation muß eine militärische geschaffen werden. Die Massen stellen das Reservoir für neue Freiwillige dar. Die zunächst kleine rote Avantgarde wird allmählich zum wahren und eigentlichen revolutionären Heer, zum Roten Heer. Dieses muß sich aus einer Art Infanterieeinheit zum regulären Heer mit Infanterie, Artillerie, Kavallerie, Pionieren und allen anderen unerläßlichen Spezialeinheiten entwickeln. Die Abteilungen werden bewaffnet und fahren an die Front, wo die Aufständischen den Sieg bekräftigen oder sich schlagen, um ihn auszuwerten. Dort können sich die Einheiten leichter eingliedern, üben und mit den Kämpfern der ersten Stunde Kontakt aufnehmen.

In der Stadt ist der Stützpunkt gesichert. Die lokale provisorische Polizei sorgt für Ordnung und Sicherheit, da die Unterwelt mit Raub und Plünderung auch ihr Teil an der Revolution haben möchte. Das Kriegsrecht muß mit aller Strenge gehandhabt werden.

Unter der Leitung des militärischen Komitees müssen Kommissionen gebildet werden: für den Lebensunterhalt, für das Transportwesen, für Kriegsmaterial, Sanität, zur Unterstützung der notleidenden Familien der Freiwilligen und andere.

Das ist die erste Phase des siegreichen Aufstands. In der zweiten nehmen die Schwierigkeiten zu. Hat sich der Aufstand auch in der Hauptstadt behauptet, so ist der Endsieg nahe. Ein zentralisiertes und totalitäres faschistisches Regime hält einer solchen materiellen und moralischen Niederlage nicht stand. An der Peripherie fehlt es an Direktiven und vor allem an Vertrauen. Die Provinzen werde rasch mürbe. Revoltiert aber die Hauptstadt nicht, dann wird der Bürgerkrieg noch eine arge Verschärfung erfahren. Die Zentralregierung kann sich dann auf größere Heeresteile und auf alle aktiven Elemente des Regimes stützen. Wie sich seinerzeit Offiziere, Adelige und Großgrundbesitzer mit ihrem Gefolge um die weißen Heere von Judenitsch, Koltschak, Denikin und Wrangel geschart haben, wird sich die Reaktion mit einigen noch regierungstreuen militärischen Divisionen zusammenschließen. Es ist kaum anzunehmen, daß diese beim ersten Erfolg des Aufstands die Waffen niederlegen und auf jeden Widerstand verzichten werden. Das Bürgertum wird nur angesichts des totalen Zusammenbruchs der reaktionären Kräfte kapitulieren. Wenn diese aber eine Möglichkeit zur Fortführung des Kampfes sehen, werden sie sich weiter schlagen. Selbst im Falle eines Triumphs 1934 in Asturien oder Katalonien hätte die Madrider Regierung immer noch auf einige noch treue Truppeneinheiten zählen können. Die Reaktion wäre ihrem Appell gefolgt und hätte ihr für den äußersten Widerstand Mittel und Menschen angeboten. Beim leisesten Hoffnungsschimmer auf Erfolg gibt man Privilegien und Kommandostellen nicht kampflos auf.

In einer solchen Situation muß das Rote Heer seine Kampfformationen ständig vergrößern, jeden Erfolg nützen, die öffentliche Meinung begeistern und das Land mitreißen. Die Operationen müssen aus aufeinanderfolgenden Offensiven bestehen, denn die Eroberung jedes neuen Teilgebietes bringt neues Menschenmaterial. Das Rote Heer, das ein Gebiet beherrscht, muß sich mit den Kampftruppen anderer aufständischer Gebiete vereinen. Die militärischen Bemühungen müssen bis zum äußersten getrieben werden. Die Kämpfer müssen eine Entschädigung erhalten; die Tapfersten und alle, die sich besonders ausgezeichnet haben, müssen an Ort und Stelle belohnt und dem Volk als nachahmenswertes Beispiel hingestellt werden. Beförderungen, Geldprämien für Kämpfer, die notleidende Familien haben, ehrenvolle Abzeichen sind notwendig, um die Großherzigsten zu edlem Wettstreit in Krieg und Revolution anzuspornen. Allen muß klargemacht werden, daß die Kinder und die Angehörigen der gefallenen Revolutionäre als Ehrenmitglieder der Revolution stets auf die Hilfe ihres Landes rechnen können.

Nach der Vereinigung zweier oder mehrerer Heere der Aufständischen, die nun größere Gebiete beherrschen, kann das Militärkommando endlich mit Sicherheit strategische Maßnahmen durchführen. Die bis dahin lückenhafte militärische Front wird zur geschlossenen Linie werden. Damit beginnt ein klassischer Krieg mit allen strategischen und taktischen Regeln. Das ist die zweite Phase eines siegreichen Aufstands.

Die letzte Phase schließt mit dem Endsieg, wenn alle militärischen und politischen Kräfte des Regimes vernichtet sind. Keine Spur darf mehr übrigbleiben. Das neue Heer ist das Rote Heer – es bildet die Grundlage der Armee des neuen Regimes. Aus ihm werden hauptsächlich die neuen Kader und Formationen des regulären Revolutionsheeres kommen. Von ihm werden auch Offiziere und Unteroffiziere des alten Regimes absorbiert werden, die sich vorbehaltlos und verläßlich der Sache der Revolution angeschlossen haben.

Unter dem Schutz des Roten Heeres schließt sich der militärische Zyklus und beginnt der politische. Der Aufstand ist beendet, die Revolution geht weiter. Die militärischen Behörden treten ihre Machtbefugnisse der politischen Gewalt ab, die das Heer im nationalen Wiederaufbau unterstützen wird.

Nun heißt es den faschistischen Staat vernichten. Auf seinen Trümmern wird der sozialistische Staat aufgebaut.

Jeder gegnerische Widerstand muß gebrochen, jeder Schlupfwinkel ausgeräuchert werden. Der Reaktion darf keine Chance zur Wiederkehr bleiben. Jede Schwäche in der Unterdrückung der Reaktion wäre ein verhängnisvoller Fehler. Schon Clausewitz schrieb, daß einen humanitäre Erwägungen nur der Gefahr aussetzen würden, von einem weniger sentimentalen Gegner geschlagen zu werden. Hitler und Mussolini haben uns diesbezüglich einiges gelehrt, und Bundeskanzler Dollfuß hat der österreichischen Sozialdemokratie und der ganzen Welt diese Grundwahrheit überdeutlich vor Augen geführt.

Wer aber überzeugt ist, daß die Vernichtung des Faschismus gleichbedeutend mit der Liquidierung aller Faschisten sein müsse, täte gut daran, ein Rechenexempel aufzustellen. Die Revolution wäre bevölkerungspolitisch von recht fragwürdigem Nutzen, wenn sie zu einem allgemeinen Gemetzel führte. Vernichtung eines Heeres bedeutet nicht die physische Liquidierung jedes Soldaten. Sie bedeutet nur, ihn zu schlagen, ihn zu zwingen, sich als besiegt zu ergeben. Die Niederlage ist stets mehr moralischer denn physischer Natur. Den Mut des Gegners niederkämpfen heißt ihn besiegen. Die Vernichtung des Faschismus in Italien durch Liquidierung aller, die Faschisten gewesen sind, bedeutete, daß man etwa ein Achtel des italienischen Volkes niedermetzeln müßte – so an die fünf Millionen Menschen. Denn so groß ist die Zahl jener, die als Parteimitglieder, Gewerkschafter oder Mitglieder ähnlicher Organisationen freiwillig oder unfreiwillig, in höheren oder niedrigeren Funktionen auf seiten des Regimes gestanden sind. Das wäre zuviel Schlächterei. Der »unauslöschliche Haß«, von dem Maxim Gorki als nötiger Wegzehrung für jeden revolutionären Proletarier spricht, ist eine äußerst zweifelhafte Sache. Nicht einmal im Krieg haben belesene Generäle bei ihren Soldaten damit besonderes Gehör gefunden. Wäre Haß wirklich eine treibende Kraft, dann hätten jene geduldigen Helden in Italien, die mit stoischem Gleichmut das ihnen aufgezwungene Rizinusöl getrunken und Tag für Tag die Rache des Himmels erfleht haben, seit langem dem Regime den Garaus gemacht.

Man muß festhalten, daß im revolutionären Kampfe, den das Proletariat zur Befreiung des Volkes von den übelsten Unterdrückern führen muß, die Freiheit kein Mittel, sondern das Endziel ist.

Jeder Aufstand und jede Erhebung haben ihr eigenes Aussehen.

Kein Aufstand und keine Revolution gleicht einem anderen Aufstand oder einer anderen Revolution. Jeder Aufstand wird vom Charakter, von den Mitteln und von der Seele eines Landes geprägt. Wer die Vergangenheit, auch jene seines eigenen Landes studiert, kann nur ein ungefähres Schema für die Zukunft entwerfen, denn die Geschichte der Menschheit entzieht sich jeder wissenschaftlichen Vorausschau.

Emilio Lussu,
geboren 1890 in Armungia (Cagliari) auf Sardinien. 1915 bis 1918 Offizier in der berühmten Infanterie-Brigade »Sassari«. 1919 Mitgründer der autonomistischen Sardischen Aktionspartei. 1921 bis 1925 Abgeordneter zum römischen Parlament. Nachdem er 1926 in Notwehr einen Faschisten erschossen hatte, auf der Insel Lipari interniert. 1929 Flucht nach Frankreich. Mitgründer der antifaschistischen Bewegung »Giustizia e libertà« (Gerechtigkeit und Freiheit). 1943 Rückkehr nach Italien; führender Politiker der Befreiungsbewegung und der Aktionspartei. Minister in den Kabinetten Parri und De Gasperi. 1964 Mitglied der Sozialistischen Partei (Nenni) und nach deren Spaltung Anschluß an die Linkssozialisten (PSIUP). Bis 1968 Mitglied des Senats. Lebt in Rom und in Cagliari. Im Europaverlag sind von ihm erschienen: *Ein Jahr auf der Hochebene* 1968 und *Marsch auf Rom und Umgebung* 1971.